思想的・睿智的・獨見的

經典名著文庫

學術評議

丘為君　吳惠林　宋鎮照　林玉体　邱燮友
洪漢鼎　孫效智　秦夢群　高明士　高宣揚
張光宇　張炳陽　陳秀蓉　陳思賢　陳清秀
陳鼓應　曾永義　黃光國　黃光雄　黃昆輝
黃政傑　楊維哲　葉海煙　葉國良　廖達琪
劉滄龍　黎建球　盧美貴　薛化元　謝宗林
簡成熙　顏厥安（以姓氏筆畫排序）

策劃　楊榮川

五南圖書出版公司 印行

經典名著文庫

學術評議者簡介（依姓氏筆畫排序）

經典名著文庫097

論李維羅馬史

Discourses on the First Ten Books of Titus Livy

馬基維利（Niccolò Machiavelli）著
呂健忠 譯

經典永恆・名著常在

五十週年的獻禮・「經典名著文庫」出版緣起

總策劃 楊榮川

五南，五十年了。半個世紀，人生旅程的一大半，我們走過來了。不敢說有多大成就，至少沒有凋零。

五南忝爲學術出版的一員，在大專教材、學術專著、知識讀本出版已逾壹萬參仟種之後，面對著當今圖書界媚俗的追逐、淺碟化的內容以及碎片化的資訊圖景當中，我們思索著：邁向百年的未來歷程裡，我們能爲知識界、文化學術界做些什麼？在速食文化的生態下，有什麼值得讓人雋永品味的？

歷代經典・當今名著，經過時間的洗禮，千錘百鍊，流傳至今，光芒耀人；不僅使我們能領悟前人的智慧，同時也增深我們思考的深度與視野。十九世紀唯意志論開創者叔本華，在其〈論閱讀和書籍〉文中指出：「對任何時代所謂的暢銷書要持謹慎的態度。」他覺得讀書應該精挑細選，把時間用來閱讀那些「古今中外的偉大人物的著作」，閱讀那些「站在人類之巔的著作及享受不朽聲譽的人們的作品」。閱讀就要「讀原著」，是他的體悟。他甚至認爲，閱讀經典原著，勝過於親炙教誨。他說：

「一個人的著作是這個人的思想菁華。所以，儘管一個人具有偉大的思想能力，但閱讀這個人的著作總會比與這個人的交往獲得更多的內容。就最重要的方面而言，閱讀這些著作的確可以取代，甚至遠遠超過與這個人的近身交往。」

爲什麼？原因正在於這些著作正是他思想的完整呈現，是他所有的思考、研究和學習的結果；而與這個人的交往卻是片斷的、支離的、隨機的。何況，想與之交談，如今時空，只能徒呼負負，空留神往而已。

三十歲就當芝加哥大學校長、四十六歲榮任名譽校長的赫欽斯（Robert M. Hutchins, 1899-1977），是力倡人文教育的大師。「教育要教眞理」，是其名言，強調「經典就是人文教育最佳的方式」。他認爲：

「西方學術思想傳遞下來的永恆學識，即那些不因時代變遷而有所減損其價值的古代經典及現代名著，乃是眞正的文化菁華所在。」

這些經典在一定程度上代表西方文明發展的軌跡，故而他爲大學擬訂了從柏拉圖的《理想國》，以至愛因斯坦的《相對論》，構成著名的「大學百本經典名著課程」。成爲大學通識教育課程的典範。

歷代經典．當今名著，超越了時空，價值永恆。五南跟業界一樣，過去已偶有引進，但都未系統化的完整舖陳。我們決心投入巨資，有計畫的系統梳選，成立「經典名著文庫」，希望收入古今中外思想性的、充滿睿智與獨見的經典、名著，包括：

- 歷經千百年的時間洗禮，依然耀明的著作。遠溯二千三百年前，亞里斯多德的《尼各馬科倫理學》、柏拉圖的《理想國》，還有奧古斯丁的《懺悔錄》。
- 聲震寰宇、澤流遐裔的著作。西方哲學不用說，東方哲學中，我國的孔孟、老莊哲學，古印度毗耶娑（Vyāsa）的《薄伽梵歌》、日本鈴木大拙的《禪與心理分析》，都不缺漏。
- 成就一家之言，獨領風騷之名著。諸如伽森狄（Pierre Gassendi）與笛卡兒論戰的《對笛卡兒沉思錄的詰難》、達爾文（Darwin）的《物種起源》、米塞斯（Mises）的《人的行爲》，以至當今印度獲得諾貝爾經濟學獎阿馬蒂亞·森（Amartya Sen）的《貧困與饑荒》，及法國當代的哲學家及漢學家余蓮（François Jullien）的《功效論》。

梳選的書目已超過七百種，初期計劃首爲三百種。先從思想性的經典開始，漸次及於專業性的論著。「江山代有才人出，各領風騷數百年」，這是一項理想性的、永續性的巨大出版工程。不在意讀者的眾寡，只考慮它的學術價值，力求完整展現先哲思想的軌跡。雖然不符合商業經營模式的考量，但只要能爲知識界開啓一片智慧之窗，營造一座百花綻放的世界文明公園，任君遨遊、取菁吸蜜、嘉惠學子，於願足矣！

最後，要感謝學界的支持與熱心參與。擔任「學術評議」的專家，義務的提供建言；各書「導讀」的撰寫者，不計代價地導引讀者進入堂奧；而著譯者日以繼夜，伏案疾書，更是辛苦，感謝你們。也期待熱心文化傳承的智者參與耕耘，共同經營這座「世界文明公園」。如能得到廣大讀者的共鳴與滋潤，那麼經典永恆，名著常在。就不是夢想了！

二〇一七年八月一日　於

五南圖書出版公司

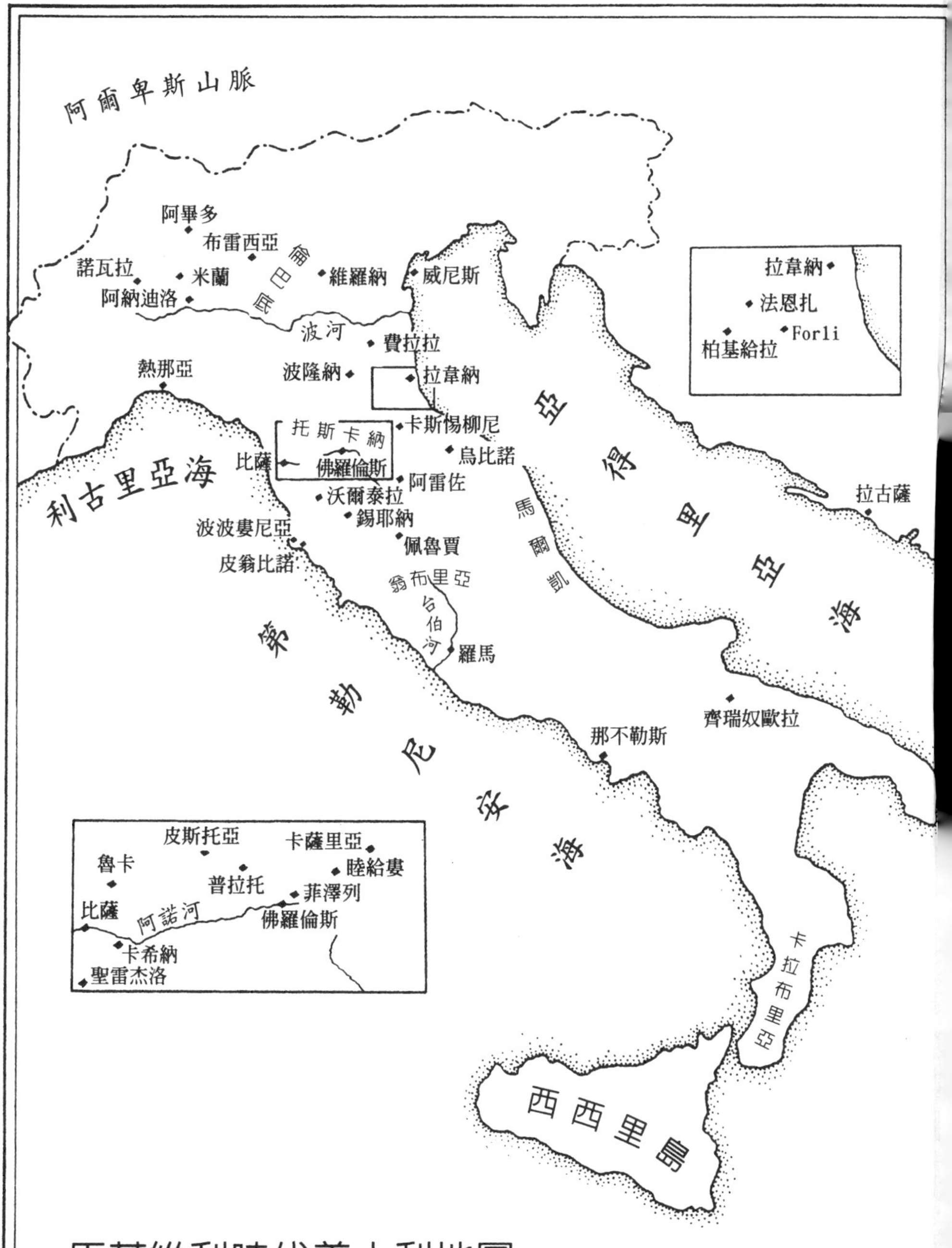

馬基維利時代義大利地圖

阿爾卑斯山脈
阿德里亞
亞得里亞海
利古里亞
亞
平
山
脈
第勒尼安海
菲澤列
阿諾河
翁布里亞
佛羅倫斯
埃特魯斯坎
沃爾泰拉
阿雷佐
丘西
薩賓
薩
謨
奈
辛米納
森林
Falerii
埃魁
台伯河
拉丁姆
艾里亞河
羅馬
赫爾尼基
索拉
沃爾西
西迪西嫩
科迪姆岔口
諾拉
諾切拉
阿奎婁尼亞
坎尼
塔蘭托
坎帕尼亞
魯卡納
普萊維嫩
明特尼
卡普阿
菲迪尼
Capenae
泰柏
維愛
普瑞內斯提
阿諾河
羅馬
阿爾巴
阿爾巴諾湖
維萊翠
阿爾代亞
安齊奧
Cercii
黎帕里島
墨西拿
雷吉姆
西西里島
敘拉古
地中海
0 50 100 150 200 公里
0 50 100 150 英里

古代義大利地圖

導讀

本書初版在二〇〇三年問世，題為「李維羅馬史疏義」。八年來，我對馬基維利有更深入的理解，對翻譯也有更深刻的體會。我領悟到馬基維利是以隨興的筆調闡述他閱讀李維《羅馬史》油然而生的思古幽情，我有信心提高馬基維利的政治哲學思想對於中文讀者的親和力。這一番領悟與信心促使我決定推出修訂版，不只是標題更改，連內文也大刀闊斧修訂。

馬基維利的標題，直譯作「論提圖斯．李維的前十卷」，是馬基維利閱讀李維《羅馬史》開頭十卷的心得，結合他個人在佛羅倫斯的從政經驗和對於義大利當代歷史的觀察，從中歸納出政治哲學的理念。

提到「哲學」難免令人望而生畏，套在馬基維利身上其實不然。傳統所定義的哲學家是以縝密的推理營構博大精深的思想體系，藉全面的觀點嘗試為人生或知識的根本問題解惑。以「全面的觀點」探討「根本的問題」，這樣的特性使得哲學家所要解決的疑惑超越具體的經驗、特定的現象與技術的層面，因此在一般人看來往往顯得不切實際或大而無當。此一「哲學家印象」根本不適用於馬基維利，因為他的務實性格處處以具體的經驗和特定的現象為念，念茲在茲的是如何把解惑之道落實在技術的層面。

馬基維利雖然講求實用原則，雖然不曾為自己的政治理念建構一套有系統的理論，卻心繫哲學家的關懷。他的關懷，一言以蔽之，從歷史的角度來看，人類處身在政治的洪流，有何安身立命之道？他主張共和體制優於君主統治，以具體的事例闡明「政治權威來自人民的同意」這個原則。他舉證或引述的事例有古代的，也有當代的，李維的《羅馬史》爲這些事例提供了一個串連古今歷史、觀照人類政治情境的平台。

李維及其《羅馬史》

李維，全名提圖斯．李維烏斯（Titus Livius，公元前五九到公元後一七），英文省略拉丁文的陽性字尾（-us）成爲Livy，故稱「李維」。他是屋大維的外甥孫，卻只比屋大維（公元前六三到公元前十四）年輕四歲。他出生的城市帕塔維翁（現在的帕度亞）是當時義大利半島僅次於羅馬的富庶大城。他十五歲那一年，凱撒被暗殺，羅馬陷入內戰。屋大維統一分裂的羅馬之後，於公元前二七年由元老院授與「奧古斯都」的稱號，大權定於一尊，羅馬的共和體制淪爲有名無實，羅馬帝國正式誕生。差不多就在羅馬政體由共和國轉爲帝國的那幾年間，李維離開故鄉來到羅馬城，在那裡花了四十年的時間完成名山之作《羅馬史》，直到奧古斯都去世才回歸故里。

《羅馬史》（*Ab Urbe Condita Libri*）直譯「建城以來」，從羅馬建城（傳統上訂爲公元前七五三），經共和制取代王制，一路寫到公元前九年，此時帝制肇建已經十八年。李維本人目睹羅馬在屋大維的領導下從內戰的廢墟浴火重生的歲月，又在奧古斯都的身影下從事歷史著述，下筆處處強調羅馬的豐功偉業。在羅馬的歷史學家當中，唯獨李維沒有從政的經驗，因此得以展現獨樹一幟的歷史觀：他從人格和道德的觀點看待歷史的進程，徹底揚棄從政治觀點解讀歷史的傳統。一如維吉爾的《埃涅伊德》，以史詩的體裁描寫羅馬帝國的英雄情操與民族精神，李維以歷史的體裁歌頌歷代羅馬名人的事蹟。這樣一位為羅馬黃金盛世代言的歷史學家，可以恰如其分稱為「史學的維吉爾」，兩人異曲同工在萬象更新的歷史情境中奮勉追尋新時代的英雄典範。對維吉爾和李維來說，那樣的典範就具現在奧古斯都身上。李維在《羅馬史》自序寫道：「即使我的名聲在史家群像中湮沒無聞，擋我光環的名人偉業也可以使我沾光。」他描寫典型在夙昔的古人古事，自己化身為古人心的同時，也在奧古斯都身上看到想像中的楷模。

《羅馬史》總共一四二卷，分十二包（羊皮紙卷的包裝術語，相當於現在套書的分冊）。開頭五卷合為第一包，在公元前二十七年出版，一時洛陽紙貴，後續的部分無不是在「應讀者要求」聲中源源問世。一直到古典時期結束，李維的盛名始終不衰。可是在中古時期，他的聲望走下坡，加上這一套書卷帙浩繁，抄寫、閱讀與保存無不是挑戰。可信就是在這樣的情況下，《羅馬史》逐漸散失。到了尚古成風的文藝復興時期，李維再度成為炙手可熱的作家，素有「文藝復興之父」之美譽的佩脫拉克就是積極搜尋散失抄稿的主要人物。儘管如此，我們現在還能讀到的《羅馬史》只約為原作的四分之一。

在文藝復興火車佩脫拉克（一三〇四到一三七四）去世之後九十五年，馬基維利從政治實務的觀點疏陳《羅馬史》的義理，寫出《論李維羅馬史》，這一番評述更是把李維的名望推到另一個高峰。馬基維利本人則承襲李維「史以載道」的觀點而成為古典共和主義的終結者，同時又憑其現實主義論述而成爲現代性的一個重要源頭。

馬基維利

一四六九年五月三日，馬基維利出生於佛羅倫斯望族中貧寒的一支。他的父親是律師，他自己在佛羅倫斯大學接受正統的學術訓練，修習科目包括邏輯、數學、音樂、天文學與哲學等人文學科。二十八歲（一四九八）步入政壇，被任命爲佛羅倫斯共和國的國務秘書，積極與聞國防與外交事宜，先後出使法國和德意志，還在佛羅倫斯推動國防改革，以民軍取代雇傭兵。他四十二歲（一五一二）那一年，於一四九四被法國推翻的麥迪奇家族在西班牙扶植下重返佛羅倫斯執政，共和派失勢，馬基維利被麥迪奇家族的羅倫佐解除公職，又因涉及反麥迪奇家族的陰謀而在一年後被捕，獄中慘遭逼供，獲釋後退隱城外祖傳的一塊小地產，著述度日。一五一九年，他和麥迪奇家族達成某種程度的妥協，重出政壇。一五二七年，麥迪奇家族遭罷黜，馬基維利嘗試在重新建立的共和政府謀得一官半職，卻因爲與舊政權的關係而無法贏得信任。他在同年六月二十一日（五十八歲）逝世，葬於故鄉的聖十字教堂，與米開朗基羅和伽利略等一代宗師爲鄰，墓碑刻了一句拉丁文：「TANTO NOMINI NULLUM PAR ELOGIUM」（頌詞無以匹配如此盛名）。

馬基維利雖然也是詩人，又是劇作家，他的墓誌銘所稱的「盛名」其實是指他身爲現代政治學的奠基人。他生逢時局板蕩，義大利半島上城邦傾軋無已，又有教皇對於發動戰爭比對於推廣教義更有興趣，權力起伏無常。內亂引來外患，西班牙、法國和神聖羅馬帝國固然垂涎覬覦，甚至連瑞士也想分一杯羹。政治軍事聯盟有如走馬燈，傭兵首領換東家是家常便飯，政權甚至比人生還短命。馬基維利的親身經歷反映那樣的時局，他的從政與歸隱恰是時代變局的縮影。慶幸的是，他失意政壇卻造就學術成功的機緣。

使馬基維利名垂青史的學術著作有四部。歸隱田園之後一年完成的《君主論》（一五一三）是獻給麥迪奇家族，寄望重返政壇卻落了空。失望之餘，他在六年後完成的《論李維羅馬史》（一五一九）寫道：這一次「選擇獻書的對象不是君主之輩，而是具備君主才德的出類拔萃之士；不是可以授我官階、榮譽與財富之輩，而是力不能及卻心有餘之士。」接著《戰爭的藝術》（或譯作《兵法》，一五二〇）是他研究歷史上著名戰役的心得，並結合自己擔任軍事指揮觀的第一手經驗。他的最後一部著作《佛羅倫斯史》（一五二五）是一五二一到二五年間，獲麥迪奇家族任命爲史官，奉命編修佛羅倫斯共和國歷史的成果。這四部著作使得馬基維利成爲文藝復興文明一座醒目的標竿。

正如十六世紀歐洲的知識分子以魔鬼撒旦的俗名「老滑頭」（Old Nick）爲他取綽號，他在世就被看作是不道德而且欺詐成性；即使在今天，「Machiavellian」（「馬基維利作風」）這個字的用法仍不脫在政治場域逐權奪位、機心巧詐、寡廉鮮恥之類的意涵。多虧個人的歷史素養與政壇閱歷，他有機會站上「識古鑑今」這個正席捲歐洲文藝復興風潮的浪頭。他在現實世界目睹赤裸裸的官場與政壇現形記，在書壁學海中遙想古道照顏色的夙昔典範。羅馬的榮耀仍有餘暉殘存，能否啓迪深陷於無邊黑暗而前途茫茫的義大利？他在提圖斯．李維的《羅馬史》看出一條「沒有人踩過的新途徑」，他「相信將會對每一個人帶來共同利益」，慧心所得發而爲文就是《論李維羅馬史》。一本書爲相隔一千五百年的兩個世界提供交流的平台，在這個平台上我們欣然看到廢墟中飛揚著共和主義的神采。

共和主義是以共和國政體治理國家的一套意識形態，政體的首腦則是經由繼承以外的方式產生，通常透過選舉。共和主義的實質內涵因時因地而異，其中一種是文藝復興時期受政府形態與古典作家的啓迪而發展出來，特稱爲古典共和主義，第一手資料就是由馬基維利在《論李維羅馬史》所提供。至於現代性，其核心命題爲人的主體性。所謂「人的主體性」，借用馬基維利的措詞來表達可以說是發揚政治人的「德性」以克服機運之「無常」，這可能是他透過李維的歷史觀緬懷古代的自由，慧心所得最可貴的體悟。大而化之歸納他在書中的論點，可以這麼說：只有在自由的基礎上才可能建立強大的國家。這裡的「自由」指的是公民自治。但是，唯有公民具備德性，國家才能確保自由，也只有這樣的國家才能改變機運，主動創造自己的命運。

馬基維利與文藝復興

十二世紀中葉，義大利北部出現嶄新的社會形態和政治組織，和當時蔚成歐洲主流的封建制度大相逕庭。到了一三〇〇年，義大利中部和北部人口超過二萬八千的城市多達二十三個。這些城市享受到高度的自治，有的甚至轉變成獨立的共和國，政體形態類似上古時代的城邦。佛羅倫斯就是那樣的一個城邦共和國。

馬基維利在佛羅倫斯出生的時候，佩脫拉克已經過世將近一個世紀。下面幾件大事有助於我們瞭解當時的文化氛圍。佩脫拉克在一三三七發表《論名人》，書中完全忽略中古時代的聖徒和殉道者，卻從上古時代非基督教的英雄找實例。四年後他在羅馬受封為「桂冠詩人」，隨後在維洛納校勘李維的《羅馬史》。一四五二年，馬奈蒂（Giannozzo Manetti）發表《論人的尊嚴與優越》，表明他相信人具有「無可限量的尊嚴和優越」。接著古騰堡在一四五五以活字版印刷《聖經》。最後，馬基維利出生的那一年，達文西抵達佛羅倫斯，在這個文藝復興之都透過藝術家的眼光多方面落實「人是宇宙的中心」這個抽象的觀念。

文藝復興是一場重生。由佩脫拉克在義大利領軍的這一場運動，以人文主義廣為人知，因為它專注的是人文研究，研究重點在於「人文學科」，而不是物理學、形上學或神學。在馬基維利那個時代，物理學、形上學與神學是唾手可得的文化遺產，但是馬基維利幾乎全面拒絕，獨力抗拒他的時代。雖然重生的觀念本身暗示對於當時通行的方法感到不滿，馬基維利對於他所見到如火如荼的文藝復興尤其不滿。在《論李維羅馬史》的開頭，他抱怨他那個時代的人，購買古代雕像的殘片擺在家中，拿來模仿，以此沾沾自喜，卻不知模仿政治上的「古德」。他感慨古德一去不返，認定有必要復古，因為他們比現代人優越，可是對於在他有生之年，甚至就在他自己的城市佛羅倫斯當著他的眼前所創造出來的藝術精品，他卻看不上眼，反倒呼籲大家師法古人的行為。他也分享了人文主義者推崇羅馬的風氣，竟至於喜歡羅馬甚於喜歡希臘。古德主要在羅馬人身上發現，特別是在羅馬歷史學家李維的《羅馬史》，書中主體就是記載共和時期羅馬人的行為。

「共和」是與君主制相對的政體。《君主論》開宗明義就斷言統治人類的政府不外共和制與君主制這兩種政體。共和國是擁有自由的公民基於共同的利益而共同努力維持其生活方式的政治共同體，此一理念自從柏拉圖的《理想國》以來，始終緊扣歐洲知識份子的想像，源遠流長蔚爲烏托邦傳統。馬基維利無法忘情於那樣的想像與那一個傳統，與眾不同的是，他的「理想」既不在虛無飄渺的仙境樂園，也不在與世隔絕的海外荒陬，而是在腳踏實地的塵世社會。令人難以思議的是，一直到文藝復興時代，「烏何有」的傳統依然是歐洲政治哲學的主流！

猶如西塞羅（公元前一〇六到四三）稱美蘇格拉底把哲學從天上帶到人間，馬基維利就是把政治哲學從烏托邦帶到人世間的開宗祖師。烏托邦政治關心的是政府應該如何運作，馬基維利則是第一個關注政府在實際上如何運作的政治學家。我們常說政治如何如何的現實，現實就是實際，我們不自覺承襲了馬基維利的現實主義觀點。不論喜歡或不喜歡，任誰也無法否認「國家」是父權社會出現以來最巧奪天工的發明，說它是一件既繁複又精細的藝術品並不爲過——布克哈特（Jacob Burckhardt）在《義大利文藝復興的文明》論「國家即藝術作品」，就是以馬基維利界定那個時期的政治。義大利文藝復興在政治領域的建樹可以用一句話概括：政體即藝術作品。馬基維利正是政體藝術理論的創始人。

馬基維利的《佛羅倫斯史》又進一步展現文藝復興的人文主義思想。麥迪奇家族拔擢馬基維利，本意是要他爲家族歌功頌德，可是馬基維利有更高超的視野。他一改傳統編年史體裁的插曲式敘述，同時徹底揚棄中古時代視歷史發展爲體現上帝意志這樣的「天意」史觀，只從形形色色的活動探求人類行爲的動機，從中探討歷史發展的軌跡，把自己生於斯又死於斯的城市描寫成一個活生生的有機體。歷史不再是爲了實現天意而存在，而是人類有生之年在世間活動的總結，其成其敗與其功其過都可以一覽無遺。人有能力塑造自己的生活方式進而創造生命的意義，命運掌握在自己的手中，這正是義大利文藝復興最醒目的成就。這種歷史感滲透到世俗的價值觀，用我們熟悉的措詞來說就是在實踐「人的尊嚴」。

《論李維羅馬史》則讓我們見識到「人的尊嚴」如何落實在政治領域。基督教神學觀在中古時代投下巨大的身影，籠罩整個歐洲文明，馬基維利代表政治領域揮別那個龐然身影的嶄新思維，強調共和主義的理想，特別著重於如何在實務層面促成穩定的政治秩序以避免腐敗，俾使共和體制在動盪之世得以卓然挺立。就人文主義的傳統來說，馬基維利的「佛羅倫斯公民」這個身分意味著他是共和理想的擁護者，不只是反對君主制，而且絕對效忠自由，以務實的態度面對自己生活於其中的時代，這樣的信念促使馬基維利在外交和軍事領域獻身母城義無反顧。正因爲對人世經驗不抱幻想，他能夠以前無古人的大膽筆法分析權力的本質，這就是馬基維利的現實主義精神——現實的觀點是文藝復興和中古時代分道揚鑣的另一個里程碑。

馬基維利生活在文藝復興，文藝復興存活在馬基維利；他這個人與那個時代似乎融合無間。然而，文藝復興不只是舊東西的「重生」，影響更爲深遠的是「現代性」的這個新東西的源頭。要不是有馬基維利，文藝復興恐怕不會有那個意思。在文藝復興蔚成風潮的新觀念偏好原則的創新，並且主張在觀念與制度上不斷推陳出新，改變爲的是要接受進一步的改變。不論現代爲何，總之不是一成不變，而是持續變爲更現代。馬基維利在《君主論》中描繪的新君主固然如此，他在《論李維羅馬史》中陳明的「新模式與新秩序」也一樣。

馬基維利的影響遠遠超乎政治的領域。他讚美古代的功德爲的是要有所改善。他的詮釋把古德轉化爲功德本身，即馬基維利式功德。這個詮釋還把文藝復興從古代的重生一變而爲新時代的黎明，即現代。馬基維利眼中的「現代人」簡直可以說是懦弱之輩，但是他爲現代人的衰弱提供進補之道，其藥效將使現代人比古代人更強壯。「現代性」就是現代人是，或可能變得，比古代人更強壯這樣的看法——就是認爲現代人能夠從對他們有利而不可逆轉的進步之道獲益。文藝復興蛻變成現代性，馬基維利有功與焉。

附帶說明

讀經典作品而不對作者油然興起仰止情懷者幾希，馬基維利的《論李維羅馬史》就是這樣的一部作品。可是，「超越時代」也意味著有一個作爲立足點的時代可供超越。換句話說，馬基維利也有他的時代侷限，而時代侷限同時也隱含個人的侷限。借用一點篇幅針對馬基維利個人的侷限做個說明，我相信可以幫助讀者親近這一部劃時代的鉅著。

關於時代的侷限，他一再提到運氣/機運的影響力，特別突顯德性/功德的作用，這是當時的文化背景使然。可是他強調德性/功德足以扭轉乾坤，從而改變運氣或創造機運，這就是具有超越意義的見解。關於個人的侷限，馬基維利使用筆記的體裁抒寫閱讀史書的心得，雖然個人的史識使得全書有個統一的觀點和明確的主題，論述畢竟難免流於散漫，以當今的學術觀點來看尤其如此。他下筆容易以偏概全，措詞常顯誇張，用語不夠精確（例如以法國稱呼羅馬時代的高盧），或引述資料常有錯誤，這方面的缺失極其明顯，但不妨礙讀者對於論述內容的理解。必要時，譯註會一一說明。

除了譯註，我還在正文以夾註方式標示小標題和馬基維利引用的文獻出處，這方面的資料主要取自逯譯所據H. C. Mansfield and N. Tarcove的一九九六年英譯本。但是在翻譯的過程中，我同時也參考A. Gilbert（1958）和L. J. Walker（1950）兩種紙本英譯，修訂版另又參考美國憲法學會（American Constitution Society）網站附設自由圖書館（Liberty Library of Constitutional Classics）所提供Henry Neville在一六七五出版的英譯本（http://www.constitution.org/mac/disclivy_.htm）。

目次

第二卷〔羅馬主權的成長〕

〔獻函〕

尼寇洛・馬基維利致

查諾比・布翁戴蒙提與柯西莫・魯切萊[1]

惠鑒

謹此獻上薄禮，縱使配不上對於兩位仁兄的虧欠，無疑是尼寇洛・馬基維利能力所及的厚禮。小弟長期浸淫於世俗之事，實踐與閱讀不敢偏廢，傾所知與所學發爲此書。既然兩位和其他人一樣，對我別無奢求，就算我沒能付出更多，你們也不至於失望。倒是我才疏學淺可堪一嘆，如果書中所述貧乏；判斷謬誤也請雅諒，如果我疏陳義理多方面欠缺自知之明。

實情如此，我不禁茫然，我們之間到底誰對誰虧欠比較少：到底是我對你們虧欠比較少，因爲你們

【1】譯註：查諾比・布翁戴蒙提（Zanobi Buondelmonti）與柯西莫・魯且萊（Cosimo Rucellai）是馬基維利的朋友，他們一起參加在佛羅倫斯近郊一座庭園定期舉行的討論會，即名為「奥提・歐瑞且拉瑞」（*Orti Oricellari*）的會社。其中的一場討論會報導於馬基維利一五二一年出版的對話錄《戰爭的藝術》，他們兩人在書中參與對談。在對話錄的開頭，馬基維利提到柯西莫後來於一五一九年去世。馬基維利也把他的《卡斯崔坎尼傳》（*Castracani*，一五二一；一五三一出版）獻給查諾比和阿拉曼尼（Luigi Alamanni），也都是他在奥提會社的朋友。

非要我寫出我自己根本想都沒想過會要寫的一本書；或者是你們對我虧欠比較少，如果書既成而我辜負你們的期望。所以，尙請海涵笑納朋友的禮物，畢竟人情考慮的總是送禮的心意多於禮物的份量。在這方面，請相信我唯一問心無愧的是，我想到自己縱使在許多場合欠缺自知之明，唯獨這一次準錯不了，從衆人當中特別挑出你們兩位接受這些論述：不論是因爲這麼做讓我覺得自己對於以往的受益已略表謝忱，或者是因爲這麼做讓我覺得自己擺脫了作家的俗套——他們習慣把自己的著作呈獻給君主，因野心或貪心而不辨是非，該譴責的劣跡惡行不思求全責備，反而讚美對方德質俱備。爲了避免重蹈覆轍，我選擇獻書的對象不是君主之輩，而是具備君主才德的出類拔萃之士；不是可以授我官階、榮譽與財富之輩，而是力不能及卻心有餘之士。理由無他，敬佩當前而非可能好善樂施的人，並且以同樣的態度對待通曉治術而非有機會治國卻不識治國之道的人，這才稱得上正確的判斷。論者讚美登基前的敘拉古人耶羅超過已登基的馬其頓人佩修斯，因爲耶羅雖無公國卻具備君主風範，而佩修斯徒擁王國卻不配爲國王。

因此，既是仁兄自己所求，利弊得失且盡情品評。如果你們執迷不誤，硬說愚見深得兩位之心，小弟只好再接再厲，依當初的承諾完成這部史書其餘部分[2]的論述。後會有期。

【2】譯註：李維第十一卷以後的部分。

第一卷
〔羅馬憲政的發展〕

〔本卷以前十章爲引言，接著論羅馬共和體制的發展，評述所據爲李維《羅馬史》卷一到卷六，含括年代從王制時期到公元前三八七年開始征服義大利爲止。〕

〔序：歷史的價值〕

〔1〕

〔沒人走過的新途徑〕

人天生會嫉妒，不惜歷險尋求新模式與新制度，不下於尋找新海域和新土地，因爲寧可指責而不樂意讚美別人的行爲是人之常情。儘管如此，與生俱來的一股慾望極力驅策我從事一項我相信將對全體人類帶來共同利益的事情，我決定走一條還沒有人走過的路。我這麼做可能給自己製造麻煩，舉步維艱，卻也可能會有人設身處地，懷著善意看待我費心勞神的目標而獎賞我。即使自己才疏學淺，對於當前的事經驗有限，對於古代的事又知識貧乏，竟使得這一番嘗試功虧一簣，沒有太多的效益可言，起碼可以展現一條途徑給德性高超、文采可觀、判斷精準，因而有能力實現我這一番心意的什麼人，這就算不會招來讚揚，應該也不至於招惹指責。

〔2〕

〔識古足以鑑今〕

我因此想到厚古薄今的無數事例。舉例來說，多少殘缺不全的古代雕像被高價收購，因爲有人想要擺在身邊為住家增輝，並且讓喜愛那一門藝術的人有所師法，後學孜孜矻矻在他們所有的作品中努力複製。在另一方面，我們看到歷史展現最有德可表的作為，那是多少古代的王國與共和國奮勉完成，多少國王、將帥、公民、立法者等人為自己的祖國勞心勞力的豐功偉蹟，備受稱賞卻無人效法，不論宏圖或細行一概避之唯恐不及，竟至於沒留下一鱗半爪的古德給我們，我能做的就只有驚訝和悲嘆。看到公民因公共事務而生齟齬，或人們因疾病而受苦，他們總是求助於古人所下的判斷或所定的對策，更是令人感慨係之。民法說穿了只不過是古代法學家所下的判決，簡約成規則之後供當今的法學家據以判斷。醫學也不過是古代醫師的實踐經驗，當今的醫師據以進行診斷。儘管如此，在治理共和國、維繫政體、統治王國、整軍征戰、審判臣民、拓展版圖等方面，既沒有君主也沒有共和國可能求助於古人的事例。

〔李維的《羅馬史》有待闡發〕

究其原因，我相信主要不在於當今的宗教導致這世界積弱不振，或眼高手低的心態為害基督教地區與城市，而是在於欠缺眞正的歷史見識，沒有從閱讀古籍培養史識，也沒有去品味其中的旨趣。於是，眾人捧讀史書只樂於獲知掌故，卻不知見賢思齊，認定模仿不只是困難而且是不可能，彷彿天日運行、元素組合和人類運作制度與行使權力等方面都已經變得和古世不一樣。為了糾正這樣的謬見，我判斷有必要就提圖斯·李維書中尚未被時代給惡意湮沒的卷冊[1]寫下我，根據古代的知識與現代的時事，闡述

【1】譯註：正如馬基維利完整的書名「論李維《羅馬史》前十卷」所暗示的，《羅馬史》可以說只有開頭的十卷沒有「被時代給惡意湮沒」。但是其他諸卷與殘篇仍在，馬基維利不但用到那一部分的材料，而且有所徵引。

爲了增進瞭解所不可或缺的心得，以方便讀者從中汲取爲人應該向歷史知識尋求借鏡的功效。這個任務容或有其困難，然而在鼓勵我接受這個重擔的那些人幫助之下，我自信能夠負重行遠，好讓別人走捷徑抵達既定的目標。

〔1—10：最理想的政府形態〕

第1章　就通例論城市的起源與羅馬所屬的類型

〔1〕

〔何以建城〕

凡是讀過羅馬城的起源以及立法者的作爲的人，都不會驚訝在那個城市有那麼多的德性維持那麼多的世紀，而且共和體制後來還發展成帝國。說到城市的誕生，無非是建城之地的在地人或移民者所建。第一種情況發生於分散的聚落，他們覺得生活不安定，因爲人數稀少又散居，抵擋不住外力的侵犯。一旦敵人進襲，他們根本來不及組織防衛的武力；就算奮力禦侮，也不得不放棄大片的棲身之地，轉眼間淪爲敵人追捕的對象。爲了避免這樣的危險，他們要不是自行遷徙，就是由有權有勢的人帶領，挑個生活便利而且易於防衛的地方定居下來。

〔2〕

〔雅典與威尼斯〕

雅典和威尼斯是其中兩個例子。雅典是分散的居民在泰修斯統率之下，基於類似的理由所建。威尼斯則是由來到亞得里亞海頂端某些小島的許多居民所合建，爲的是逃避羅馬帝國衰亡之後義大利境內由於新蠻族到來而無日無之的戰禍，起初並沒有特定的君主發號施令，只是共同生活在他們認爲最適合自保的法律之下。地利使得他們長期高枕無憂，因爲這片海域沒有出口，而且侵擾義大利的民族沒有船隻可以遺禍，竟至於微不足道的肇因也足以造就他們目前的偉業。

〔3〕

〔亞歷山卓與佛羅倫斯〕

第二種情況是移民建立的城市，不論其爲自由民或是依附者，他們無非是由共和國或君主送出去的僑民，以便紓解人口的壓力，或保護新佔領的疆域，不必付出軍費即可有效防禦邊疆。這一類城市，羅馬人在其帝國四境建了許多。君主也群起效尤，他們建城卻不是給人民居住，而是爲個人添榮耀，就像亞歷山卓之於亞歷山大大帝。這些城市的起源沒有自由可言，因此很少看到它們有可觀的發展或名列王國的首府。羅馬帝國時代建城的佛羅倫斯即屬此類，可能是蘇拉的士兵所建，也可能是菲索列山區的居民所建，後者相信屋大維主政會帶來長治久安，因此遷居阿諾河平原。他們建城之初，除了君主的賞賜以外，沒有任何獲益可言。

〔4〕

〔自由的城市〕

不論採行君主制或自治，民眾爲疾病、飢餓或戰爭所逼而放棄祖傳的疆域並且爲自己尋求新的根據地時，城市的興建者享有充分的自由。這一類民衆無非是定居在他們佔領的疆域之內所發現的城市，如摩西，或是就地新建，如埃涅阿斯。這種情況可以看出肇建者的德性以及所建之城的機運，而機運神奇的程度取決於肇建者有德可表的程度。他的德性可以從兩方面看出：一個是地點的選擇，另一個是法律的制定。

〔如果不能預防安逸為患，寧可選在貧瘠之地建城〕

人的作爲無非是出於必然或出於選擇，而且選擇越不是由於不得不然，則功效越大。因此應該優先考慮選擇不毛之地建城，俾使人們被迫勤奮而少受懶散之害，因爲在貧瘠之地彼此容易同舟共濟，沒有理由自相傾軋，就像發生在拉古薩以及類似地點所建許多其他城市的情形。既然人們自求生存於願已足，不會想要支配別人，這樣的選擇無疑是比較明智也比較有益。

然而，沒有實力就無法自保，因此有必要避開貧瘠之地而選擇在最肥沃的地方建城。地理富足則城市能夠壯大，同時可以在遭受外侮時有效自衛，也有能力壓制任何一個可能阻撓城市壯大的勢力。至於該地點可能帶來的懶散，應該制定法律加以遏止，進而創造富庶之地所無法提供的種種條件。在物產豐富之地，人容易流於懶散，原本不適合發揚德性，但是只要展現智慧，立法徵兵勤加操練，不但預防居民不因富庶而受懶散之害，反而訓練出比貧瘠之地更優秀的戰士，那樣的人是可資效法的對象。埃及人的王國就是這樣，法律所規範的必要措施有本事發揮大作用，竟使地傑產生人靈，才俊輩出。假如他們的名字沒有被悠久的歲月給湮沒，他們理當受到比亞歷山大大帝以及許多記憶仍然鮮活的其他人更多的讚美。只要看看蘇丹的王國，以及被土耳其至尊謝里姆消滅之前的馬木路克及其組織[1]，不難瞭解相關的軍事訓練，也將如實認清他們多麼擔心地利之善可能使他們流於懶散，除非使用嚴刑峻法事先防範。

〔5〕

〈肥沃的地點得要有明智的政府〉

因此，如果土地肥沃的負面影響能夠控制在恰當的法律範圍之內，我主張在肥沃的地方建城是比較明智的選擇。亞歷山大大帝有意興建一座城市以彰顯自己的榮耀，建築師戴諾可勒惕斯向他說明可以建在聖山頂上，那個地方除了易守難攻，還可以改造賦與人形，那將是令人驚嘆而且舉世無匹的事，配得上他的偉大。亞歷山大問他居民靠什麼維生，他回答說他沒想到那一點。前者聽了大笑，排除那一座山，建了亞歷山卓，居民將會因爲那片土地的豐產以及海洋和尼羅河的便利而樂意留下來。

對研究羅馬建城史的人來說，如果以埃涅阿斯爲始祖，羅馬就是外地人所建，如果以羅穆盧斯爲始祖，就是在地人所建。無論如何都可以明白看出，羅穆盧斯、努馬等人所實施的法律強制執行多少必要的措施，以至於沃野之地點、海洋的便利、頻傳的捷報以及帝國的偉業垂許多世紀之久，德性依然煥發，這是其他城市或共和國看不到的。

【1】譯註：馬木路克是曾經主宰埃及的軍事階級，原由奴隸組成，一二五〇年攫取埃及蘇丹王朝的政權，雖於一五一七年喪失統治權，勢力仍大，一八一一年遭大屠殺之後才式微。

〔6〕

〔第一卷的題材〕

提圖斯．李維所表揚的正是羅馬所推行的措施。這些措施，有的出自集體的智慧，有的出自個人的智慧，有的在城內實施，有的在城外實施。我打算從出自集體的智慧在城內實施的事情開始論述，我個人判斷這部分值得更多的關注，所以第一卷疏陳義理將限於這方面的題材。

第2章 共和國的類型與羅馬共和所屬的類別

〔1〕

〔自由的城市〕

暫且不論一開始就仰賴別人的城市，我要談的是創建之初不受外人控制，而且遂行自治的城市，不論其為共和國或君主國。其法律與制度各不相同，一如其起源各不相同。有些是由單獨一人，在建城之初或稍後，畢其功於一役所創設，如呂庫古斯給予斯巴達人的就是；有些則是憑機緣，因時制宜而創設，像羅馬就是。

〔斯巴達與佛羅倫斯〕

有智慮周詳的人創設典章制度，無需修法改制就可以在法制的庇護下安穩生存，這樣的共和國可以說是得天獨厚。我們看到斯巴達遵循的典章制度超過八百年而沒有崩頹，也沒有發生險象環生的動亂。相反的，由於沒有降生智慮周詳的治理者，迫於時勢不得不自我重整的城市就有某些程度的不幸。更不幸的是綱紀廢弛。最不幸的則是毫無制度可言，政令又完全偏離正軌，對於這樣的城市或共和國來說，康莊大道根本是緣木求魚。處於這樣的地步，幾乎是不可能藉任何變故從事自我修補；其他的，就算沒有完美的制度，只要已有良好的開始而且有能力精益求精，就能夠在因發生變故時借力使力而變得完美。誠然，城市永遠不會在沒有危險時進行自我改革，因爲除非迫於形勢，反對修改法律重整新秩序的人總是佔多數。既然沒有危險就不可能有那樣的形勢，共和國往往不待建立完美的體制就先毀滅。這一點已由佛羅倫斯的共和制全面證實，也就是因一五〇二年的阿瑞佐事變而促成改革，以及因一五一二年的普拉托事變而引發動亂。

〔2〕

〔共和政體的分類〕

爲了探討羅馬城制度的本質以及把該制度引向完美的事件，我要先聲明，有人說共和國不外三種政體，稱之爲君主制、貴族制與平民制，又說治理城市的人應該曉得權衡輕重，從中選擇比較能達成目標的一個。還有多數人認爲比較明智一種看法，主張有六種政府類型，其中三種最糟糕；另外三種本身是好的，可是容易腐化而變成惡劣。好的就是上文提到的那三種；不好的則是和這三種關係密切的另外那三種，彼此類似因此很容易從一種轉化成另外一種。君主公國容易成爲專制，貴族制容易成爲寡頭執政，平民制容易成爲暴民統治。共和國的治理者如果採行這三種政體當中的一種，他的統治無法長久，因爲政體的相似性使功德與缺德成爲近鄰，沒有良策可用於預防德性的轉變。

〔3〕

〔政府的起源〕

這些不同的政體是因人群際遇而產生。人類群聚之初，居民稀少，有一段時間分散各處，生活與野獸無異。接著，隨世代繁殖，他們聚集生活在一起，更有能力自衛，開始注意到有人比較強壯而且膽識過人，於是使他冠上可以稱爲首領的名銜，大家服從他。由此產生忠奸善惡之分。看到有人忘恩負義，大家油然生出同情與憎惡，於是指責忘恩而推崇知恩，並且想到自己可能成爲下一個受害人，爲了避禍而不得不立法制裁忘恩負義的人：司法的知識從此誕生。有了這樣的經驗，他們下一次要選擇君主的時候，不至於一味屬意最強悍的人，倒是有可能屬意智慮周詳又公正爲懷的人。

〔政體的循環〕

可是後來的君主以繼承而不是以推舉產生，不肖其祖先的繼承人開始墮落。他們忽略有德可表的工作，誤以爲君主除了在奢華、淫亂以及種種特權超越別人之外，再也沒有別的事可做。就這樣君主開始受人憎惡，由於受人憎惡而心生畏懼，又很快從畏懼過渡到違法亂紀，緊接著就出現專制。專制的出現就是敗亡的開始，陰謀反叛專制君主的事件從此層出不窮，謀反的人可不是膽小懦弱之輩，而是身世、勇氣、財富與地位樣樣超越群倫，他們無法容忍專制君主可恥的生活。群眾於是追隨眾望所歸的勢力，武裝反抗，並且在翦除專制君主之後服從他們心目中的解放者。他們憎恨一人獨攬大權，於是群策群力自己組織政府。開始的時候，因為顧慮到以往的專制，他們根據自己制定的法律管理自己，把公益擺在私利之前，勵精圖治不徇私。這行政權傳到下一代，後繼者不明白機運無常的道理，沒有憂患意識，更不情願接受全民平等，反而轉向貪婪，向野心看齊，以奪人妻女為樂，把貴族政體變成寡頭執政，毫不尊重公民的權利，轉眼間重蹈專制君主的覆轍。

民眾對統治者深惡痛絕，因此只要有人謀反就一呼百應。於是很快有新的領袖崛起，在民眾的幫助下推翻專制統治。由於對專制及禍害記憶猶新，民眾推翻寡頭執政之後並不希望再擁立君主政體，因此轉向平民政體。他們加以規範，俾使當權的既不是強勢的少數，也不是特定的君主。由於所有的政府在開始的時候都有些威信，這平民政體得以維持一段時間，可是時間不長，尤其是當初訂下規範的那個世代一旦亡故，自由隨即淪為放肆，於私於公同樣無所忌憚，人人自行其是，禍殃無日無之。於是，或為形勢所逼，或由於賢達之士的建議，或為了避免無政府狀態，他們恢復君主制，又從君主制一步一步走向恣意妄為，方式與緣由如前所述。

〔4〕

〔循環週期的侷限〕

所有的共和國不論是否自治，都離不開這樣的週期循環。但是它們很少能回復到同樣的政體，因為幾乎沒有哪個共和國能有夠長的壽命去多次經歷這些變化而仍然屹立不搖。不過，策略與武力兩皆欠缺的共和國一旦發生動亂，確有可能屈服於治理比較良好的鄰邦。如果不是這樣的話，一個共和國有可能永無止境重複這些政體形態。

〔5〕

〔混合的政府形態有其優點〕

前面提到的這一切政體都有弊端，因爲好的那三種壽命短暫，壞的那三種惡性重大。此所以審慎的立法者既已看出這個缺點，爲了避免重蹈覆轍而選擇兼有衆家之長的政體形態，認定它比較能夠長治久安，因爲一個城市同時具備君主、貴族與民主三種體制，彼此可以互相制衡。

〔6〕

〔呂庫古斯與梭倫〕

呂庫古斯就是採行混合體制而最廣爲人知的一個例子。他在斯巴達制定的法律使得國王、貴族和平民各有各的角色，竟然造就一個法統超過八百年的政府，爲自己贏得最高的讚美，也爲那個城市帶來安寧。在雅典制定法律的梭倫則恰恰相反：他推行民主政體，結果壽命短暫，自己還沒過世就看到皮西搓托斯的專制在那裡誕生。四十年後，皮西搓托斯的繼承人被驅逐出境，雅典恢復自由，可是因爲再度採行民主政體，根據的是梭倫的制度，結果命脈不超過一百年。爲了要維繫民主體制，雅典訂立許多梭倫沒有考慮到的法規，用來壓制大人物的野心和民衆的暴亂。即使這樣，由於沒有利用君主制和貴族制調合，雅典相對於斯巴達只生存一段很短的時間。

〔7〕

〔羅馬的混合體制〕

再來看看羅馬。這個城市雖然沒有一個呂庫古斯從一開始就奠定足以長期維持自由的體制，可是由於平民與元老院的齟齬在內部觸發一連串的事故，統治者疏於防患未然的地方，竟由機緣促成其事。運氣就算第一次沒有降臨羅馬，第二個也會降臨，因爲最初的法制就算有缺點，倒也沒有偏離通往完美的正道。羅穆盧斯以及其他諸王制定許多順應自由的生活方式的好法律，但是他們要建立的是王國，而不是共和國，因此這個城市獲得自由的時候，爲了擁護自由而有必要制定的許多事項仍付之闕如，因爲那些國王當初並沒有制定。即使那些國王由於前文提到的原因失去了他們的統治權，驅逐他們的那些人只是在羅馬罷黜王位，卻沒有廢棄王權，因爲兩位臨時任命的執政官立即取代國王的職稱。這麼說來，羅馬的共和體制因爲擁有執政官與元老院，綜合了上文提到的三種體制當中的兩種，也就是君主制和貴族制。還沒有一席之地的就只剩下平民。因此，當羅馬貴族由於下文將會說到的事由而變得傲慢時，民衆起而反抗。貴族爲免全盤皆輸，只好放棄一部分權力給民衆，元老院和執政官則仍然掌握大部分的權勢，照舊保留他們在共和國的地位。保護平民的護民官就是在這樣的情況下創設的，羅馬的共和政體從此益形穩固，因爲全部三種政權體制都各有其分。機運如此眷顧，竟至於羅馬經由與上文所論的原因與步驟，經歷從國王到貴族再轉變成人民的政府，雖然把權勢交給貴族卻不曾完全剝奪國王的職權，也不曾爲了把權勢交給民衆而全面縮減貴族的職權。羅馬創建混合的政府體制，造就一個完美的共和國，那種完美是經歷平民與元老院的傾軋才獲致的，接下來兩章將會說明。

第3章 羅馬因何創設護民官而使共和制趨於完美

〔1〕

〔立法者需假定人性本惡〕

正如同討論政府體制的作家一致指出的，又如同每一部史書都充斥的事例，任誰締造共和國並制定其法律都有必要預先假定人性本惡，一有自由的機會就本性畢露。惡意能夠暫時保密是由於動機隱密，沒有被識破是因爲違反常情的經驗不曾爲人所見識。但是大家都說時間是眞相之父，眞相終究會水落石出。

〔2〕

〔專制使貴族保持謙卑〕

塔昆家族被驅逐之後，羅馬的平民與元老院之間似乎相處非常融洽，而且貴族收斂高傲的天性，流露平民的精神，不論是多麼猥瑣的人都能夠容忍。塔昆家族掌權的時候，貴族謙卑爲懷的假象一直沒有被識破，也沒有人看出箇中原委——貴族因爲有所忌憚，又擔心平民如果受到虧待就不會站在他們這一方，因此對待平民仁慈有加。可是塔昆家族一垮台，貴族的擔心一掃而空，於是開始噴吐憋在胸中反對平民的怨氣，又是爲難，又是羞辱無所不用其極。

〈行善是形勢使然〉

這樣的事印證了我在前面說過的，除非形勢使然，人永遠不會行善；反之，如果有自由選擇的空間，混亂脫序立刻如影隨形。因此有人說饑餓與貧窮使人勤奮，法律則使人向善。沒有法律就能事事井然有序的場合，根本不需要法律；欠缺良好的民情習俗，法律立刻變爲必要。塔昆家族大權在握時，貴族因爲有所忌憚而產生牽制的作用；等到塔昆家族失勢，的確有必要構想一套新制度以收塔昆主政時的功效。因此，平民與貴族爆發一連串的紛爭暴亂之後，他們達成創設護民官的共識以保障平民。護民官被授予顯赫的職權與威望，所以從此能夠在平民與元老院之間擔任仲裁，並防範貴族的傲慢。

第4章　平民與元老院的分裂促成羅馬共和自由又強大

〈1〉

〈軍威與良制產生好運〉

既然談到從塔昆家族衰亡到護民官創設之間羅馬的動亂，我不得不針對一個普遍的說法提出異議。很多人說羅馬共和動蕩不安，完全沒有秩序可言，要不是好運氣和武德彌補缺陷，這個城市不會比別的共和國出色。我不能否認運氣與武力是造就羅馬帝國的成因，可是在我看來那些人實在不明白武力強大必定是有良好的制度，在這樣的情況下，好運不降臨也難。

〔羅馬的動亂無弊卻有利〕

不過，我們還是來看看那座城市的其他情況。我要說的是，譴責貴族與平民彼此傾軋的那些人，依我看是在怪罪使羅馬得以維持自由的成因，而且他們過度強調隨那些動亂而來的喧囂與嘈雜，卻忽視因此產生的效益。他們忽視每一個共和國都有兩種互相衝突的成分，也就是平民和貴族，而且對自由有利的一切法律都是源自他們之間的衝擊，就像在羅馬明顯可以看到的。從塔昆家族到格拉古兄弟，這期間超過三百年，羅馬的動亂很少導致流放或血腥。既然在那麼長的時間當中，因爲歧見而被放逐的公民不超過八個或十個，很少人被殺，處以罰款的也屈指可數，我們不能推斷這些動亂有害，也不能推斷共和體制脫序。任何人從任何一個角度都無法理直氣壯宣稱有德可表的事例那麼多的共和體制爲脫序，因爲好的作爲源自好的教育，好的教育源自好的法律，而好的法律正是源自許多人不分青紅皀白妄加譴責的那些動亂。任何一個細心檢討其結局的人都會發現，隨那些動亂而來的放逐或暴力事件，沒有任何一樁不利於公益，倒是因此促成的種種法律規章都有益於公衆的自由。

〔自由的人民縱有需求也不為害〕

如果有人說這種方式不合常理，簡直是無法無天，看民衆喧囂群聚指控元老院，元老院不干示弱，街頭動蕩不安，商家緊閉門窗，百姓棄城而去，凡此種種記載，任誰讀了都會膽戰心驚。我的看法是，每一個城市都有自己的方式讓民衆可以發抒其抱負，想要在重大的事情上借助於人民的力量時尤其如此。羅馬就是這樣：人民想要通過某項法律，可能採取前面說過的方法，也可能拒絕從軍入伍，爲了安撫，多多少少總要滿足他們的需求。人民只要擁有自由，他們的需求很少會爲害自由，因爲那些需求要不是源自受到壓迫，就是源自擔心自己可能遭受壓迫。就算他們是杞人憂天，還有集會可以採取救濟對策，會中自有賢達人士挺身而出，分析事理讓他們瞭解自己欠缺自知之明。就像西塞羅說的，民衆即使無知，只要有值得信賴的人告以實情，終究容易信服。

〔2〕

〈羅馬的動亂有保障自由之功〉

因此，非議羅馬政府應該公允，也應該考慮到如果不是有最好的事由，那個共和體制不會有如此輝煌的成效。再說，這些動亂既然是創設護民官的緣由，理當獲得最高的讚美，因爲這個制度不只是讓民意影響政府的決策，同時也扮演捍衛羅馬自由的角色，下一章將有所說辨明。

第5章　平民與貴族，何者對自由比較有保障；進取與守成，哪一種人是紛爭的主因

〔1〕

〈斯巴達、羅馬與威尼斯之例〉

對精心創建共和體制的人來說，成立捍衛自由的機制是不可或缺的一個環節，而且自由能否持續端

賴建制是否完善。因爲每一個共和國都有貴族和平民兩種人，要把前面說的捍衛機構交到哪一種人的手中就是個問題。古代的斯巴達人和當代的威尼斯人都給交給貴族，羅馬人卻交給平民。

〔2〕

因此有必要檢討這些共和國當中，哪一個做了比較好的選擇。如果追根溯源，每一方都有話說；如果檢討結局，不難發現把捍衛自由的機構置於貴族手中的一方佔了上風，因爲斯巴達和威尼斯的自由比羅馬的長壽。

〔何以羅馬由平民掌控捍衛自由的機制〕

說到起因，不妨先站在羅馬人的立場。我認爲沒有利害關係的人不會曲意利己，所以最適合掌握相關的權力。如果考慮到貴族與平民各自的目的，我們無疑看到貴族有遂行支配的強烈慾望，平民則只是不受支配的慾望，也就是有更強烈的意願要求自由的生活方式，因此比較不會傷害自由。所以說，讓平民擔任自由的捍衛者，可以合理推論他們比較會盡心盡力，又因爲他們不會侵犯自由，因此也不會允許別人侵犯自由。

〔為斯巴達與威尼斯的貴族辯護〕

在另一方面，爲斯巴達和威尼斯的制度辯護的人說，把捍衛自由的機制擺在貴族手中有兩個好處：一個是貴族的野心得到更大的滿足，而且他們握有利器而成爲強勢的一分，更有理由感到心滿意足；另一個是消除平民不安分的心思，因爲烏合之衆難免惹事生非製造動亂，迫使貴族狗急跳牆而結果不堪設想。他們舉羅馬爲例，平民護民官握有這個權力，認爲執政官只有一個出身平民是不夠的，希望要有兩者。接下來，他們進一步要求監察官、行政長官以及握有統轄實權的其他官職。這樣還不知足，他們的胃口越來越大，開始推崇他們認爲有能力擊敗貴族的那些人，馬略的權力和羅馬的毀滅都是這樣來的。〔3〕

誠然，細心斟酌這兩種情況的人難免起疑，到底應該選擇哪一方出面捍衛自由才恰當，因爲無從確定爭取未有和守護已有這兩種性情，哪一種對共和國傷害較大。說到最後，細密檢討這個議題的人將從中得出這樣的結論：共和國要不是積極進取發展成帝國，像羅馬那樣，就是知足守成。在第一個情況，追隨羅馬有其必要；在第二種情況，不妨效法威尼斯與斯巴達，理由將在下一章闡述。

〔4〕

〔平民進取對比貴族守成〕

至於共和國裡哪種人爲害比較大，到底是有慾望要去獲取所無的那些人或者是擔心失去他們已經獲取之物的那些人，我舉羅馬的例子來說明。當馬庫斯·梅內尼烏斯被擁立爲獨裁官而馬庫斯·富爾維烏斯擔任騎兵隊長的時候，他們兩個都是平民，爲了追查在卡普阿的反政府陰謀，他們得到人民賦予額外的權限，可以調查羅馬城內任何一個出於野心而不擇手段爭取執政官職以及該城其他榮譽的人。貴族懷疑賦給獨裁官那樣的權力乃是爲了反對他們，因此在羅馬到處宣揚，說有野心不擇手段爭取榮譽的並不是貴族，而是平民，因爲他們的血統和德性都讓人不敢恭維，才會不擇手段鑽營那些官職；而且他們特別指控獨裁官。控訴如此有力，竟至於在召開公民會議並抱怨貴族對他的誹謗之後，梅內尼烏斯辭卸獨裁官的職位，並且表明他願意服從人民所做的一切裁決。他後來被宣告無罪，可是爭議並沒有因此結束。有意願獲取所無和有意願維持現狀這兩種人都可能引發大動亂，引起爭議的是，這兩種慾望到底何者野心較大。

儘管如此，我相信動亂的起因通常是爲了維護既有的權力，因爲擁有權力的人擔心喪失既得利益而產生和尋求權力的人相同的慾望。除非奪取別人的權力，人對自己所擁有的權力不會知足。尤其甚者，他們因爲掌握權力，更有辦法改弦更張達到事半功倍的效果。更糟糕的是，他們野心勃勃百無禁忌的行爲在一無所有的人胸中激起也想擁有權力的意願，爲的無非是想對他們豪奪強取以便出一口怨氣，不然就是使自己也能夠分享他們所看到被別人濫用了的財富和榮譽。

第6章　羅馬是否可能建立足以防止平民與元老院互相敵視的政體

〔1〕

人民與元老院爭執不休的成效已如前述。由於爭執一直延續到格拉古兄弟的時代，還在那個時候導致自由的淪喪，或許有人希望羅馬在那之前已經完成帝國偉業的創造，就不至於有那些紛爭。所以我認爲羅馬是否可能建立足以防止上述爭端的政體是値得好好考慮。要探究這個問題，有必要檢討那些已經擁有長期的自由卻沒有這一類敵意與動亂的共和國，看看其政體的本質為何，以及是否可能引進羅馬。

〔威尼斯的政體〕

舉例來說，古代有斯巴達，現代有威尼斯，都是我在前文提過的。斯巴達立了個國王，還有小規模的元老院負責統治；威尼斯沒有依名目區分統治者，而是在一個名稱之下所有分享治權的人都叫做紳士。這個模式得自機緣，而不是得自立法者當初的智慮。許多民眾遷居威尼斯現在座落的地方，理由已如前述，隨著人數增加到需要訂定法律才能持續生活在一起的程度，他們開始著手規範政府的形式。由於他們經常共聚一堂會商城市的種種事務，當他們覺得與會人數就他們的政治生活方式而言已經夠多的時候，他們對新搬來定居的人關閉參政的管道。到後來，為數可觀的居民發覺自己在那個地方是政府機構的圈外人，為了對統治的人表示敬重，他們稱之為紳士，其他人則為民眾。這個模式的興起與維繫沒有引發動亂，因為當它興起的時候，所有的威尼斯居民都進入政府機構，沒有人能夠抱怨。至於較晚來定居的那些人，他們發覺政體穩定而且封閉，既沒有理由也沒有機會製造動亂。沒有理由是因為他們不曾受到剝削，沒有機會是因為掌權的人防範得宜，不讓他們染指要職。此外，較晚遷居威尼斯的那些人並不多，統治者和被統治者的人數比例相當，紳士的數目不少於民眾。就是由於這些原因，威尼斯能夠建立那樣的體制，並且維繫內部的團結。

〔2〕

〔斯巴達的政體〕

斯巴達，正如我說過的，是由國王和規模有限的元老院遂行統治。它能維繫那麼長的一段時間是因爲他們能夠長時間團結生活在一起。斯巴達的居民不多，因爲他們封鎖可能前來定居的人，而且呂庫古斯的法律深受敬重。因爲大家守法，動亂根本無從發生。呂庫古斯的法制成就，主要在於財產的平等，不在於官職的平等。大家同樣貧窮，平民的野心就比較小，因爲政府的官職只限於少數人，平民可望不可及，而且貴族不曾虧待平民，所以平民不會有取而代之的慾望。這是因爲斯巴達王在貴族環拱下穩佔寶座，最能維繫其尊位的策略莫過於保障平民不受侵害，這一來平民既不害怕也不覬覦統治權。平民既沒有權力，也不至於害怕權力，他們和貴族之間的競爭自然化解於無形，動蕩的原因也隨之消逝，因此他們可以長時間團結在一起。但是這團結主要是兩件事促成的：一件是，斯巴達的居民少，他們因此可以由少數人統治；另一件是，他們不接納外地人進入他們的領土，因此有機會避免腐化，也不至於因爲人口增加太多而使得遂行統治的少數人不堪負荷。

〔3〕

〔羅馬擴張必須付出動蕩不安的代價〕

經過這樣斟酌，不難看出羅馬的立法者如果盼望羅馬像前文提到的共和國那樣維持安定，有必要就這兩件事擇一而行：像威尼斯那樣不徵調平民參戰，不然就是像斯巴達那樣不接納外來的移民。偏偏他們反其道而行，既武裝平民又接納移民，等於為動亂提供溫床。假如羅馬政體變得比較安定，弊端將會接踵而來，因為成就偉業的途徑被斬斷了，國力隨之衰微。所以說，羅馬如果化解引起動蕩的緣由，也將同時消除進行擴張的緣由。

舉凡人類之事，細加檢討的人都明白這一點：不可能擺脫一個弊端而沒有生出另一個弊端。因此，如果你希望自己的民族人口衆多又有武裝，以便造就大帝國，到時候一定尾大不掉；反之，如果你維持人口少，而且沒有軍隊，以便於統治，那麼你即使獲取新領土也不可能保有它，不然就是不堪一擊，成為覬覦的對象。所以，我們每做一個決定都應該考慮弊端最少的辦法，然後以之為上策，因為天下之事從來沒有毫無窒礙又有利無弊的方法。

所以，羅馬可以學斯巴達，設立終身職的君主和小規模的元老院。可是如果想要建立大帝國，羅馬就不能像斯巴達那樣限制公民的人數；一旦限制公民數，終身職的國王和小規模元老院對於維繫團結少有作用可言。

〔4〕

〔寡民小國的政權〕

因此，想要建立新的共和國，得要先考慮到底是要像羅馬那樣大肆擴張領土和勢力，還是要適可而止。如果要大肆擴張，那就有必要採取羅馬的模式，為動亂和紛爭留個餘地，因為如果沒有衆多的人口和精良的武裝，共和國不可能成長，就算成長，也難以持久。如果要適可而止，可以採取斯巴達或威尼斯的模式。對這類共和國來說，擴張無異於毒藥，因此統治者應該竭盡所能避免征伐，因為擴張領土對弱小的共和國來說是自尋死路。斯巴達和威尼斯就是這樣。

先說斯巴達。在幾乎整個希臘全都臣服之後，一樁小事變透露了它脆弱的基礎。佩洛皮達斯在底比斯發動叛亂，其他城市接著叛變，那個共和國就毀滅了。無獨有偶，威尼斯既已攫取義大利的一大部分——主要不是靠戰爭，而是靠金錢和手腕——國防武力面臨考驗，只一天的功夫就一無所剩。

我深信要造就持久的共和國，內部的治理應該採取斯巴達或威尼斯的模式，把城市建在天險要地，固若金湯竟至於沒有人會相信自己能夠輕易將之摧毀。在另一方面，它不至於強大到引起鄰邦的疑懼，所以能夠長久享受獨立的政權。對一個共和國發動戰爭，不外兩個原因：一個是想主宰對方，另一個是擔心被對方征服。前面說的預防之道把這兩個原因一掃而空，理由如下所述。如果共和國的防務像我說的那樣固若金湯，那麼很難甚或根本就不可能有人擬得出佔領的計畫。在另一方面，如果共和國停留在既有的規模，而且憑經驗可知它沒有野心，那麼因為害怕而發動戰爭以期先發制人的情形就永遠不會發生。如果還有憲政和法律禁止擴張，那就更別提了。如果能夠像我說的這樣允執厥中，我深信可以找出理想的政治生活方式，使共和國獲得真正的安寧。

〔政府必須因勢變通〕

然而，人間世事變動不已，有起有落在所難免；有許多事情，理智無法主導，卻由形勢促成。共和國即使受到制度的規範不從事擴張，偏偏在形勢的引導下走上擴張，這會侵蝕共和國的根基並且加速它的滅亡。所以，在另一方面，就算老天那麼仁慈，使得共和國不至於因形勢所逼而發動戰爭，隨之而來的安逸也會導致共和國萎靡不振或分崩離析。這兩個禍端合在一起，或是各自本身，都足以導致共和國滅亡。既然如我所相信的無法兩頭兼顧，也不可能堅持中庸之道，組織共和國需要設想更可稱道的途徑，加以規劃俾便如果迫形勢走向擴張，還有能力保存已經掌握的成果。

〔羅馬模式是上策〕

回到起先的論點，我相信我們有必要追隨羅馬而不是其他共和國的制度——我不相信這兩個模式能夠找出中庸之道。我們還要容忍平民與元老院之間的敵意，視其爲獲致羅馬偉業所不可或缺的困擾。除了在辨明護民官的職權爲捍衛自由所不可或缺時引述過的那些理由，委付給護民官的控訴權在共和國所產生的利益也不難說明，如下一章所論。

第7章　控訴權有助於維繫共和國的自由

〔1〕

對於在體制內負責捍衛公共自由的人來說，共和國賦給他們的職權當中最實用又最必要的莫過於控訴權：逢有公民違犯不利於自由政體的罪行時，責成他們向人民、司法行政官或議會提出控訴。這個制度產生兩個對共和國很實用的效果。第一個是公民因爲擔心被控告而不至於企圖反對政權；就算有企圖也會立刻受到無情的鎮壓。另一個實用的效果是提供管道，以某種方式針對某個公民發洩民衆的反感——這種情緒如果沒有合法的管道可以發洩，民衆只好採取非法的方式來個玉石俱焚。所以要維持共和國的穩定，除了以法律規範，使得爲害共和國的不安情緒可以有效疏導，別無其他法子。

〔人民對科瑞奧拉努斯的憤恨〕

事例不勝枚舉，提圖斯．李維提到的科瑞奧拉努斯特別明顯。他說羅馬貴族一度氣憤平民，因爲他們認爲創設護民官保護平民的權勢使得平民擁有太多的權力。碰巧羅馬開始鬧糧荒，元老院派人向西西里求糧。科瑞奧拉努斯對平民派素懷敵意，認爲機不可失，提議讓老百姓餓肚子，不發放穀物，這樣可以懲罰他們，並且剝奪他們不利於貴族的權力。他的建議傳進民衆的耳朵，引起公憤反對科瑞奧拉努斯，要不是護民官召請他爲自己辯護，他們早就在他從元老院出來時趁動亂把他給殺了。由此可見，共和國確有必要提供合法的管道，以便發洩民衆對於特定公民的不滿。如果沒有合法的發洩管道，民衆就只好訴諸非法的方式，這一來後果無疑更嚴重。

〔2〕

〔藉公權力化解爭端〕

假設有個公民受到合法的迫害，即使其中有冤情，在共和國也很少甚至根本不會造成混亂，因爲他遭受的暴力並不是來自破壞自由體制的私人或外國人，而是合法使用公權力，這就有一定的限度，不至於導致共和國滅亡這種一發不可收拾的後果。要確認這樣的看法，我想從古代的事例中舉出科瑞奧拉努斯就夠了。每個人都看得出來，如果他在動亂中被殺，遺禍羅馬共和將會有多大，因爲會引發私人之間冤冤相報，因報冤仇而心生恐懼，心生恐懼則尋求自衛，爲了自衛則聚衆結黨，黨派導致分裂，分裂的結果是共和國滅亡。但是，如果主事的人握有公權力，假私人之手必然引發的弊端都可望化解。

〔3〕

〔結黨營私的殷鑑〕

在另一方面，當代的佛羅倫斯共和國讓我們看到，民衆沒有合法的管道發洩他們對特定公民的不滿。就以法蘭切斯科．馬瑞亞爲例，他儼然以君主自居的時期，許多人斷定他是個目無法紀的野心家，厚顏無恥而且膽大妄爲。由於共和國內部除了藉由與他對立的黨派，別無途徑可以抗衡他，而他本人也擔心對方採取非常的手段，因此糾集黨羽以求自保。由於反對派沒有合法的方式可以制止他，他們只好採取非法的途徑，最後訴諸武力。要是民衆能夠以合法的方式反對他；翦除他的權勢只危急他自己一人；但是因爲必須採取非法的手段剷除他，隨之受害的不只是他，而且還有許多高貴的公民。

〔4〕

〔控訴權的牽制作用〕

還可以舉證皮埃羅．索德瑞尼在佛羅倫斯失勢與去職的事件來說明。事情會發生，根本就是因爲我們的共和國沒有合法的管道可以控訴大權在握卻野心勃勃的公民。審判大權在握的公民，只靠八名判官[1]是不夠的；審判官一定要很多，因爲少數人就會互相偏袒。如果有合法的救濟管道，民衆可以在他玩法弄權時對他提出控訴，因此合法發洩集體的不滿而不至於招來西班牙部隊；要不然，如果他是無辜的，民衆擔心自己受到指控，自然不會冒險跟他作對。這麼一來，不論情況爲何，造成動亂的怨恨之情都將消弭於無形。

〔5〕

〔保障控訴權可以有效預防外來的勢力干涉內政〕

因此可以斷定，看到共和國內部的黨派求助於外國的武力，儘可相信那是制度不良，因爲內部沒有合法的管道可以疏導民怨，只好借助於非法的手段。未雨綢繆之道在於規劃人數夠多的審判官，賦給他們相當的名望負責審理控訴。這套制度在羅馬規範得相當妥善，竟至於平民與元老院之間雖然紛爭不斷，從來不曾有元老院或平民或任何一個公民援引外部武力進行自力救濟。既有內部的救濟措施，他們不至於爲形勢所逼而向外求援。雖然用前面提到的事例證明我的斷言已綽綽有餘，我還想另外補充一個例子，是李維在他的史書中引述的。

李維提到在托斯卡納的一個大城丘西，阿倫有個妹妹被一個叫做魯庫莫的人給強姦了。由於強姦者握有權力，阿倫無法自己復仇，於是去找高盧人，他們統轄今天稱作倫巴底的地方。他敦促他們攜帶兵

【1】譯註：指八人治安法庭，佛羅倫斯負責司法事務的機關。

器前往丘西，要討回公道。阿倫如果知道可以循故鄉的法律親自復仇，他就不必千方百計尋求蕃邦的武力。可是這種控訴在共和國內多麼有益，謠言就多麼有害，如下章所述。

第8章　控訴對共和國有多大的效用，謠言就有多大的弊害

〔1〕

〔曼利烏斯中傷卡米盧斯〕

富瑞烏斯．卡米盧斯從高盧人[1]的壓迫下解放羅馬之後，他的功德使得全體羅馬公民對他俯首帖耳，根本不在乎自己的名望或地位受損。然而有個例外，曼利烏斯．卡皮托利努斯不能忍受有人獨享那麼高的榮耀，因爲他認爲自己捍衛羅馬的安全同樣勞苦功高；他解救卡皮托，値得像卡米盧斯那樣得到獎賞，其他的軍功也毫不遜色。他因爲嫉妒別人的榮耀而不得安寧，而且他明白自己無法在元老院的議員當中散播不和的種子，於是轉向平民散播種種不懷好意的說詞。他說的事情當中有一件是，收集要交付給高盧人而後來沒有送出去的財寶已經被某些公民私吞；如果收回來轉爲公益之用，就可以減輕平民的稅賦或部分私人的債務。這些話在民衆當中一發不可收拾，城裡開始有人存私心聚衆鬧事。這件事非

【1】羅馬帝國所稱的高盧，約當現代的法國。

同小可而且危機四伏，元老院不高興，於是創設獨裁官負責調查這事件，以制止曼利烏斯帶來的衝擊。獨裁官立即銜命而出，雙方在公衆場合爆發衝突。獨裁官有貴族撐腰，曼利烏斯受到平民擁護。曼利烏斯被要求說出誰私呑公款，因爲元老院和平民一樣渴望知道眞相。曼利烏斯沒有明確答覆，只是一味閃躲，說是沒必要說出他們已經知道的事。於是獨裁官把他關進牢裡。

〔2〕

〔謠造事件必須以法律途徑解決〕

從這一段文獻可以看出，謠言對於自由的城市有多可惡，對任何其他社會也一樣，一定要嚴加制止，畢竟控訴對共和國有多大的助益，謠言就有多大的傷害。這兩者的差別在於，謠言不需要證人，也不需要明確的事實陳述加以證明，因此人人都可能彼此造謠中傷；但是不可能每一個人都受到指控，因爲控訴得要有正確的事實陳述與情況說明以顯示控訴的眞相。人受到指控無非是在司法行政官或人民面前或會議裡面，謠言卻出現在市集與敞廊。越少運用控訴的地方和越沒有立法規範控訴權的城市，就越常聽到謠言。所以擘畫共和國的人應該善加規劃，好讓每一個公民都能無所畏懼或無所顧忌提出指控，建立制度確實遵行之餘，還應該嚴懲造謠的人。那種人即使受了懲罰也不能抱怨，因爲他們有機會在公開的場所聽到人家的控訴，自己卻在隱蔽的地點散播謠言。這一部分沒有好好規範的話，亂局總是接踵而至，因爲謠言激怒公民，造謠的人卻逍遙法外，被激怒的人想要討回公道，不會怕中傷他們的蜚短流長，只會恨造謠的人。

〔3〕

〔佛羅倫斯深受謠言之害〕

這件事，正如已說過的，在羅馬有妥善的規範，在我們的城市佛羅倫斯卻治絲益棼。羅馬因爲擁有這一套制度而善果無疆，佛羅倫斯因爲缺少這一套制度而遺害無窮。任誰讀了佛羅倫斯的歷史都明白有多少謠言在中傷那些奉派從事要務的公民，每個時代都有。有人被謠傳成侵佔公款；另一個，沒有贏得某一場戰役是因爲他被收買了；還有一個，因爲他有野心而惹禍。隨之而來的是，每一方都有恨意在推波助瀾，於是他們開始分裂，分裂生出黨派，黨派導致毀滅。如果佛羅倫斯有一套控訴公民並懲罰造謠者的制度，那麼不計其數的動亂根本不會發生。被控訴的公民，不論是被定罪或是被宣告無罪，根本傷害不到城市。而且控訴的案子比造謠的少了許多，因爲就像我說過的，提出控訴不像造謠中傷那麼容易。別的不說，不甘雌伏的公民就可能乘便利用謠言。謠言用於對付礙手礙腳的傑出公民太方便了，因爲民眾傳播謠言全成了他的幫凶，民眾的成見證實了他的謠言。

〔鳩凡尼．歸恰迪尼受害之例〕

事例雖然不勝枚舉，我只要舉一個就夠了。在魯卡圍城戰，佛羅倫斯的部隊由鳩凡尼．歸恰迪尼大人出任指揮官。也許是他的領導統御不好，不然就是他的運氣不好，總之攻陷該城的軍令未能貫徹到底。不論實情爲何，責任歸咎到鳩凡尼大人，傳說他被魯卡人收買了。那樣的謠言使他的仇敵如獲至寶，鳩凡尼大人幾乎絕望透頂。爲了還自己的清白，他要求把自己交給首席行政官處置，可是他無從替自己辯解，因爲在這個共和國沒有那樣的制度。鳩凡尼大人的朋友爲此義憤塡膺，他們大多數是老貴族，而且都是些熱心佛羅倫斯政務的改革派。由於諸如此類的原因，這事鬧得不可收拾，共和國的毀滅接踵而至。

〔4〕

〔本章的結論〕

可見曼利烏斯．卡皮托利努斯是造謠者，而不是控訴者。羅馬人示範了應該如何處置造謠者。正確的做法是，應該讓他們提出控訴，控訴的內容一旦確證爲實，就該獎賞他們，最起碼不該懲罰他們；如果確證爲假，就該像曼利烏斯那樣受到懲罰。

第9章　重組新共和國或全面改革舊制度有必要一人獨攬大權

〔1〕

〔羅穆盧斯所犯的謀殺案〕

或許有人覺得納悶，羅馬歷史我談了那麼多，居然沒有提到那個共和國的制度和創設那些制度的人，也沒有提到涉及宗教和軍事的制度。對於想就這部分有所瞭解的那些人，我無意賣關子，所以現在要談到可能有許多人認爲是惡兆的一個例子。

羅穆盧斯是文明體制的奠基者，竟然殺死自己的手足雷穆斯在先，同意殺死親自選定共享王權的薩賓人提圖斯・塔提烏斯在後。由此可以判斷，公民受到野心和權力慾的驅使，又有君主的授權，可能會攻擊跟他們不同調的人。如果考慮到羅穆盧斯殺人的目的，這個判斷或許沒錯。

〔2〕

〔政權的建立不容一山二虎〕

這應該視爲通則：除非由一個人單獨規劃，共和國或王國不會有過從一開始就規劃妥善或舊制度徹底改造成功的事例，就算有例外也是鳳毛麟角。確實有必要由單獨一個人構想整套制度，並且貫徹他一個人的構想。所以智慮周詳的共和國規劃者，如果他有心促進的不是個人而是共同的利益，不是爲了自己的繼承人而是爲了共同的祖國，那就應該努力爭取獨攬的權勢。有人使用非常的手段爲王國奠基或創制共和，明理的人不會加以譴責。過程縱使可議，效果卻使得當事人理直氣壯，說來也是理所當然。只要效果是好的，就像羅穆盧斯那樣，過程總是可以既往不咎，因爲該受譴責的是以暴力從事破壞的人，而不是以霹靂手段追求長治久安的人。

〔明智的締建者綢繆未來〕

可是以霹靂手段追求長治久安的人應該兼顧智慮與德性，不要把自己掌握的權力當作遺產留給別人，因爲人爲惡的傾向大於爲善，他的繼承者可能利用他有德可表的作爲追求個人的野心。更何況，雖然創建制度必須由一個人全權負責，制度確立之後卻不能仰賴個人維持長治久安，而是要得力於許多人的呵護，集衆人之力維繫制度的運作。雖然人數多不適合治理，因爲人多口雜無法針對公共利益取得共識，但是他們在熟悉制度的運作以後，不會輕易放棄。羅穆盧斯就是那樣的人，就他的手足與伙伴之死來說，他情有可原，而且他所作所爲是爲了公益，而不是爲了個人的野心，正如他立即制定元老院作爲議事與決策機構所表明的。細察羅穆盧斯爲自己保留的職權可知，除了宣戰之後的軍事指揮權以及召開元老院會議的權利，他什麼也沒有保留。後來果然看到，羅馬由於塔昆被驅逐而獲得自由，羅馬人對舊制度改弦更張，僅有的例外是以兩名一年一任的執政官取代終身職的國王。這證明該城市最初的制度整體說來比較吻合自由與法制，卻跟專制與暴政格格不入。

〔3〕

〔明智的締建者〕

可以舉出無數的事例支持上文所論，如摩西、呂庫古斯、梭倫以及其他許多王國與共和國的奠基者，他們因爲得到充分的授權而能夠制定以公益爲目標的制度。這些事人盡皆知，我無意多談。

〔4〕

我只舉出其中一個，不是因爲最值得稱道，而是提供給有心制定良法的人參考。斯巴達王阿革斯想要使斯巴達回復當初呂庫古斯的法律所規範的種種限制，因爲他覺得他的城市已經部分脫軌，因而喪失許多古德，從此積弱不振而且版圖萎縮。可是他在初發階段就被斯巴達的掌政官殺死了，他們認爲他要施行專制。柯列奧梅涅斯繼任王位時，發現了阿革斯的檔案文獻，從中看出他的才智與意向，決心師法前賢。但是他知道除非獨攬大權，否則不可能為祖國做這一樁善事，因為他看出野心份子虎視眈眈，知道自己不可能違背少數人的意願去做對許多人有用的事。他乘便逮住機會，一舉收拾了全體掌政官和其他所有擋路的石頭，然後全面恢復呂庫古斯的法律。這個決定促成斯巴達振衰起疲的契機，也使得柯列奧梅涅斯得以和呂庫古斯齊名，即使馬其頓勢力的崛起和希臘其他共和國的衰微使得他功虧一簣。就在他積極推動改革的時候，當馬其頓人對他展開攻勢，他實力不足又孤立無援，甚至找不到避身之地，終於被征服。他的計畫功敗垂成。

〔5〕

經過這一番斟酌，我的結論是創建共和國有必要獨攬大權。對於雷穆斯和提圖斯塔提烏斯之死，羅穆盧斯該得的是諒解而不是指責。

第10章　共和國與王國的創建者值得讚美，一如專制的實施者該受譴責

〔1〕

〔偽善與虛榮蒙蔽善良的人性〕

所有受到讚美的人當中，最值得讚美的是宗教領袖。其次是締造共和國或王國的那些人。接著值得稱頌的是為王國或祖國拓土開疆的軍隊指揮官。這張名單可以再加上文人，他們分成許多類，因各有所

長而受到稱頌。其他無以數計各色各樣的人，他們受到讚美部分歸因於他們的技藝或專業。反之，破壞宗教、虛耗王國與共和國以及敵視德操、文學和其他為人類帶來實利與榮耀的各門藝術的人，則是惹人嫌棄，一如不信神、殘暴、無知、懶惰、卑鄙、懦弱的人。

人不論愚蠢或聰明，也不論邪惡或善良，如果要在前面說的兩種人當中作一取捨，沒有人會不讚美理當讚美之事或不譴責理當譴責之事。話雖這麼說，人受到偽善與虛榮的蒙蔽往往自甘墮落或不知不覺做出該受指責的事，而忘記值得讚美的事。他們原本有機會締造共和國或王國，因而名垂青史，結果卻變為專制。他們不明白一失足成千古恨的道理，不但錯過崇高的名望、不朽的榮耀和心靈的安祥，反而陷身於污名、恥辱、危險與不安的泥淖。

〔2〕

〔歷史譴責專制君主〕

但是只要讀過歷史，從中體會古代事蹟的微言大義，那麼共和國裡頭沒有一官半職的公民效法的對象一定是斯基皮奧家族而不是凱撒家族，如果由於運氣或功德而成為君主，效法的對象一定是阿格西勞斯家族、提莫列翁家族和狄翁家族，而不是納比斯家族、法拉瑞斯家族和狄奧尼修斯家族，因為他們會看到後者遺臭萬年而前者流芳百世。他們也會看到提莫列翁之輩在自己的祖國所擁有的權勢並不下於狄奧尼修斯或法拉瑞斯在自己的祖國所擁有的，受到的保障則是有過之而無不及。

〔3〕

〔史家論凱撒並不坦誠〕

他們也不至於因爲凱撒特別受到作家讚揚而被他的榮耀所蒙蔽，因爲讚美他的那些人都被他的好運給蠱惑了，也被那個帝國爲期頗長的歷史給震懾了，而以他的名字統治的帝國[1]並不允許作家在論及他時擁有言論自由。但是，如果想要知道作家一旦擁有自由時會怎麼說他，讀者應該看看他們怎麼說喀提林。做壞事的人比想做壞事的人可惡多少，凱撒就比喀提林可惡多少。同樣應該看看的是作家如何讚揚布魯圖，因爲下筆有忌憚而不能譴責凱撒，他們轉而讚揚凱撒的敵人。

〔4〕

〔明君有人民的愛戴為其護身符〕

在共和國當上君主的人也應該考慮到，羅馬成爲帝國之後，像好的君主那樣依法行事的皇帝所得到的讚美比反其道而行的那些皇帝多得多。他會看到提圖斯、涅爾烏斯、圖拉眞、哈德良、安東尼烏斯·庇護和馬庫斯·奧瑞利烏斯都不需要禁衛軍，也不需要有數量龐大的軍團保護他們的人身安全，因爲他

【1】譯註：裘力斯·凱撒的名字後來成為羅馬帝國開頭五任皇帝共同的名號，因此「凱撒」由人名一變而為尊稱，等於是「皇帝」的同義詞，雖然在後來的用法，「凱撒」是皇儲所冠的頭銜。馬基維利顯然視公元前四十四年被刺身亡的裘力斯·凱撒為第一任羅馬皇帝，雖然史家普遍認為公元前三十一年屋大維打敗安東尼、羅馬重歸統一為羅馬共和國的結束與羅馬帝國的開始，羅馬的帝制其實始於公元前二七年元老院授予屋大維「奧古斯都」稱號。

們的品格、人民的善意以及元老院的愛戴都是人身安全的屏障。他也會看到集結帝國東部和西部兩支大軍也不足以保護卡里古拉、尼祿、維特利烏斯以及許多作惡多端的皇帝免於自己素行不良與生活靡爛所製造的敵人帶來的威脅。細讀他們的生平事跡，任何一個君主都能受益無窮，都能判別榮耀與罪惡之道以及自身的安全與恐懼之所繫。從凱撒到馬克西米努斯總共二十六個皇帝，十六個死於非命，得享天年的只有十個。好人也有死於非命的，像噶爾巴和佩提納克斯就是，那是因爲戰士中了前任皇帝的遺毒。作奸犯科的也有人得享天年，就像塞維魯斯，那是運氣特別好而且功德特別大。兩者兼而有之的人少之又少。閱讀這一段歷史還可以明白好王國是怎麼治理的，因爲靠世襲繼承帝國的皇帝，除了提圖斯，全都是昏君。靠收養繼承的皇帝都是明君，從涅爾烏斯到馬庫斯共五任都不例外；一旦帝位又落入世襲，帝國也跟著走回混亂。

〔5〕

〔明君治世與昏君亂世〕

不妨把涅爾烏斯到馬庫斯那一段時期攤開在君主的面前，拿來比較他們之前以及他們之後的時代，然後讓他選擇，看他喜歡出生在或是喜歡君臨那一個時代。在明君統治的時期，他會看到君主由於公民的擁戴而有保障，那是個處處和平而且處處公道的世界。他會看到元老院有其權威，執政官有其名望，富裕的公民享受其財富，地位與德性受到尊崇，放眼所及一派安祥與美好，怨恨、特權、腐敗與野心則無跡可尋。他會看到黃金時代的特色，每一個人都可以依照自己的意願表達並捍衛自己的意見。總而言之，他將看到太平盛世，君主安享榮耀而且備受敬重，人民懷有愛心安居樂業。

反之，如果細審其他皇帝的時代，他會看到隨戰爭而來的荒蕪景象，隨動亂而來的暴戾之氣，隨紛爭而來的分崩離析，平時與戰時同樣心狠手辣；無數的君主命喪刀口，內戰外患接二連三；義大利飽受前所未有的苦難，城市破敗荒涼。他會看到羅馬陷於火海，卡皮托遭自己的公民洗劫，古老的神廟荒廢，宗教儀式失傳，城內充斥姦夫淫婦。他會看到海上佈滿逃難的人潮，海濱佈滿血腥。他會在羅馬看到不計其數的暴行，階級、財富和榮譽一一被視為大罪，品德更是不赦之罪。他會看到告密的人得到獎賞，被收買的奴隸跟他們的主人為敵，獲釋奴隸[2]起而反抗自己的恩主，甚至不曾樹敵的人也受到朋友的迫害。然後他將會恍然大悟羅馬、義大利和整個世界受凱撒遺害有多深。

〔6〕

〈統治者真正的榮耀〉

毫無疑問，為人君者只要人性未泯，看到昏君亂世將會避之唯恐不及，對於明君治世則會見賢思齊。說真的，君主想要尋求世間的榮耀，理當盼望在腐敗的城邦掌權，為的不是像凱撒那樣把它徹底毀壞，而是像羅穆盧斯那樣加以整頓。而且說真的，老天不可能有更好的機會讓人獲得榮耀，人也不可能奢求更寶貴的機會。

【2】譯註：獲釋奴隸是解脫奴隸身分而獲得自由的人。在古希臘，公民身分是世襲的特權，因此獲釋奴隸不可能得到；但是依照羅馬法，獲釋奴隸只要遵照一定的法律程序即可成為公民，雖然無法享受完整的公民權。

如果必須破壞舊制度才能建立新秩序，那麼君主爲了鞏固自己的地位而沒有進行改革多少值得原諒，但是有能力維持自己的地位卻不思改革根本就不值得原諒了。總之，對於老天給了這樣的機會的人來說，他們應該斟酌眼前的兩條路：一條是生前活得安穩而死後揚名立萬，另一條是生前煩惱不斷而死後遺臭萬年。

〔11—15：宗教〕

第11章　羅馬人的宗教

〔1〕

〔努馬改造羅馬的民族性〕

羅馬幸虧有羅穆盧斯爲其首任統治者，並且像女兒一樣深受他的養育之恩。儘管如此，老天既然認定羅穆盧斯的制度不足以應付這樣的一個大帝國，於是激勵羅馬元老院選擇努馬·龐皮利烏斯爲羅穆盧斯的繼任者，俾使他所忽略的事項可望由努馬加以規範。努馬發覺羅馬人民性兇殘，想用和平的技巧培養公民服從的精神[1]，於是取宗教爲維護文明生活所不可或缺的手段。由於他的高瞻遠矚，不曾有過哪個共和國如此敬畏神明垂數世紀之久，這爲日後羅馬的元老院或權貴之士進行改革鋪設了一條坦途。回顧羅馬人集體和個別的所作所爲，將會明白羅馬公民害怕違背誓言遠超過害怕違犯法律，就像有人尊重神的權力超過尊重人的權力，這從斯基皮奧和曼利烏斯·托夸圖斯的例子可以看得一清二楚。

---

[1] 譯註：由下文可知，「服從」指的是守法。

〔羅馬人尊重宗教之例〕

漢尼拔在坎尼讓羅馬人吃了敗仗之後，許多公民聚在一起，因爲對自己的祖國灰心喪志而決定逃離義大利投奔西西里。斯基皮奧聽到這事，去跟他們見面，手中握著出了鞘的劍，強迫他們發誓不放棄祖國。提圖斯．曼利烏斯的父親魯基烏斯．曼利烏斯，後來稱作托夸圖斯，受到平民護民官馬庫斯．彭波尼烏斯的控訴；就在下達判決的前一天，提圖斯去見馬庫斯，威脅他如果不撤回對他父親的控訴就要殺死他，還強迫他發誓；馬庫斯因爲心生畏懼而發誓，後來果眞撤回控訴。由此可見那些公民對祖國及其法律的愛不足以約束他們在義大利的行爲，卻因爲被迫發誓而受到約束；護民官把他對那個父親的恨、那個兒子對他的傷害以及他自己的榮譽統統擺一邊，爲的是遵守誓言。追溯箇中原委，除了努馬爲羅馬引進的宗教信仰之外，別無其他來源。

〔2〕

〔努馬把宗教信仰運用在政治〕

研究羅馬歷史的人都明白宗教運用在指揮軍隊、激勵平民、使人向善、使惡人知恥的功能有多大。所以說，如果一定要爭論羅馬受惠於哪一個君主比較多，到底是努馬還是羅穆盧斯，我寧可相信努馬居首位，因爲有宗教信仰則徵兵容易，但是有軍隊而無宗教信仰則難以事後引入信仰。我們知道對羅穆盧斯來說，制定元老院以及規範其他的民事與軍事事宜，神的權勢是沒必要的；可是那對努馬是相當必要的，他謊稱跟自己有私情的某個仙女指點他如何指導百姓。這一切源於他有意願在該城推行新制度，卻擔心自己權勢不足。

〔3〕

〔改革者得求助於神〕

眞的從來不曾有哪個治理者爲人民定出非比尋常的法律而沒有求助於神，因爲不這麼做就沒有人會接受。智慮周詳的人看得出許多有益的事，可是那些事情本身並沒有顯而易見的理由可以說服別人。因此有意願排除困難的聰明人只好求助於神。呂庫古斯就是這麼做，梭倫也是這麼做，目標跟他們相同的許多其他人都是這麼做。此所以羅馬人民驚嘆努馬的善良與審愼，對於他的每一個決定言聽計從。確實是這樣的，由於那個時代洋溢宗教的情懷，他得要應付的人也比較純樸，這使得他實現計畫容易得多，因爲他輕易可以灌輸新的觀念。毫無疑問，任誰有意願在目前這個時代建立一個共和國，都會發現在山地人當中比在已經習慣生活於城市的人當中容易進行，前者民風依然純樸而後者社會已經腐敗。雕刻家從一塊粗糙的大理石材比從別人笨手笨腳打造粗模的石材更容易雕出漂亮的石像。

〔4〕

〔宗教比明君可靠，因為明君得提防繼承者無能〕

事事斟酌之後，我得出這樣的結論：努馬引入的宗教是造就這個城市繁榮的主要因素之一。它促成良好的制度，良好制度造就好運氣，好運氣引出豐功偉業。猶如遵守神聖的祭典促成羅馬共和雄圖大展，對它輕蔑致使羅馬共和走上窮途末路。對神明沒有敬畏之情，王國必定分崩離析，要不然就得要仰賴對君主的敬畏來維繫，以彌補宗教信仰之不足。可是君主終究有壽限，結果必定是隨著他的德性淪喪，王國跟著淪喪。王國僅僅仰賴一個人的德性很難久存，因爲德性與其人共存亡，期望經由繼承來恢復先王的德性是緣木求魚，恰如但丁在《神曲．淨界》一針見血說的：

> 人類德性的靈氣很少沿支脈
> 下降：那是施與者的賞賜，好讓
> 祂的意志能爲世人所明白[2]。

〔5〕

〔仰賴治世明君不如仰賴鴻圖遠略〕

因此共和國或王國的保障不在於有個生前審愼治國的君主，而是在於有人規劃長治久安的制度。雖然粗俗質樸的人可能比較容易被說服去接受新制度或新觀念，這卻也意味著說服自認爲不是粗俗的文明人並非不可能。佛羅倫斯人看自己既不是無知也不是粗俗，他們照樣被薩沃納羅拉修士給說服，相信他

---

[2] 譯註：但丁《神曲．淨界》第七章121-123。馬基維利引述的是但丁描寫煉獄山帝王谷的部分，大意為德性往往及身而終，上帝之所以不容許德性澤被子嗣，就是要使人類明白那是祂的恩賜。不過但丁原文不是說「下降」，而是說「上升」。

跟上帝談過話。我無意判斷這事的眞假，因爲提到這樣的一個人理當心存敬意，可是我要指出，有許多人不需要證據也願意相信他的說詞。他的生平、學識與教誨使得他們對他寄予信任。

所以說，犯不著擔心自己做不來別人成就的事，因爲就像我在序文說的，人出世、生存與死亡都離不開萬變不離其宗的秩序。

第12章 宗教的可貴；義大利因羅馬教會信仰式微而衰敗

〔1〕

〔宗教情操的可貴〕

君主或共和國要維持自己免於腐敗，首要之務是維持他們的宗教禮儀免於腐敗，並且維持一貫的虔敬態度，因爲衰敗的跡象莫過於看到神聖的祭典遭受鄙視。這只要觀察本土宗教的基礎就一目瞭然，因爲每一個宗教都有自己獨樹一幟的教規爲其根柢。

對於不是信仰猶太一神教的人來說，宗教信仰的基礎在於神諭的回應以及術士和占卜師的預言。所有的典禮、獻祭和儀式都是依附在它們之下，因爲信徒自然而然相信能夠預知未來吉凶的神明也能夠賜福除邪。因此而有神廟，因此而有獻祭，因而有祈願以及種種表達尊崇的祭禮；也因此有提洛神諭、朱比特·阿蒙的廟，以及其他讓這世界充滿讚嘆與虔誠的神諭聖地。後來傳達神諭的祭司開始說出迎合當權者的話，接著他們的假象被人民拆穿，人們起了疑心，這一來不管多麼神聖的制度也可能被推翻。由此可知，共和國和王國的君主應該維繫他們所保有的宗教信仰的基礎。如果這麼做了，他們將會輕而易舉就能維繫共和國的宗教情操，隨之而來的是敦厚的民情與團結的精神。爲人君者應該擁護任何有利於宗教的事，將之發揚光大，即使他們認定那些事情不可置信。智慮越是周詳以及越是瞭解自然事物的人，越是應該這麼做。

〔異教的神蹟〕

因爲明理的人遵循過這樣的方法，備受宗教推崇的神蹟遂應運而生，僞宗教更是趨之若鶩。神蹟不論當初是怎麼開始的，明理的人一加渲染，他們的權威使人深信不疑。羅馬有許多這一類的神蹟，其中一個是羅馬大軍正在攻打維愛人的城時，有人進入朱諾的廟，走近神像，問女神：「妳要不要跟我們到羅馬？」（李維《羅馬史》5.22）有人說看到她點頭，也有人說她答是。由於這些人都是信仰虔誠（這一點提圖斯．李維有清楚的交代，因爲他們進入神廟時毫無喧鬧，全都專注無比又畢恭畢敬），他們自認爲聽到針對自己的問題而發的答覆。那樣的說法與輕信全都得到卡米盧斯與該城其他要人的支持與渲染。

〔基督教的墮落〕

如果基督教共同體的君主維持當初創教的信仰於不墜，信奉基督教的政權與共和國將會比現在更團結而且更幸福。羅馬教會是我們的宗教根源，我們卻看到最接近那個根源的人最欠缺宗教情操，從這事實不難恰當評估基督教的衰微。任誰只要考慮到當初奠定的基礎，然後比較現在的風俗，不難斷定它走向衰敗或遭受天譴爲期不遠。

〔2〕

〔羅馬教廷使義大利分崩離析〕

由於許多人持有義大利諸城市的福祉源於羅馬教會這樣的看法，我打算提出我想到的理由加以辯駁。我要引述在我看來是無可爭辯的兩個非常有力的理由。第一個是由於羅馬教廷的壞榜樣，義大利境內已完全喪失奉獻的精神和宗教的情操，由此而來的困擾與紊亂不計其數，因爲有宗教情操的地方理所當然事事順遂，缺少宗教情操則是恰恰相反。因此，我們義大利首先要怪罪教會和教士的就是，我們因失去宗教信仰而變壞。可是我們還有更充分的理由怪罪到他們的頭上，那是導致我們一蹶不振的第二個原因：教會持續使得這地區分崩離析。誠然，除非由單一的共和國或單一的君主統治，就像法國和西班牙的情形，任何地區都不可能有團結或幸福可言。義大利沒有那樣的際遇，沒有單一的共和國或單一的君主遂行統治，教會是唯一的原因。教會雖然在那兒設有總部又擁有世俗的治權，勢力與功德都不足以呼風喚雨。在另一方面，教會卻也不是衰弱到，在擔心失去世俗的主權時，沒有能力號召國外的勢力前來協助對抗義大利境內的強權。類似的經驗層出不窮：羅馬教廷求助於查理曼，曾經逐退幾乎君臨義大利的隆戈巴第人；在我們的時代，羅馬教廷得到法國之助消威尼斯人的權力，隨後又得到瑞士人之助驅逐法國人。

〔羅馬教廷遺害無窮〕

就是這樣，由於教會的勢力不夠大，沒有能力掌控義大利，卻有能力阻止別人掌控它。羅馬教廷成事不足而敗事有餘，所以義大利一直沒辦法歸於一個領袖全權統治，而是始終王國並峙與諸侯林立。長期的分崩離析和積弱不振，不只是招來蠻族的劫掠，甚至是任誰前來進犯都分得到一杯羹。所以會有其他的義大利人把這樣的結果歸罪於教會。任誰有意願以實際的經驗進一步確認眞相，不妨帶著羅馬教廷的勢力，連同它在義大利所掌握的權威，搬到瑞士城鎭去，那是當今唯一在宗教與軍事制度兩方面都恪守古制的民族，他很快就會看到教廷的惡習在那個地區製造的史無前例的動亂。

第13章　羅馬人如何運用宗教締造城邦、建立偉業、平息動亂

〔1〕

〔利用宗教操縱平民〕

舉出一些羅馬人運用宗教重整城市進而建立偉業的事例，在我看來不至於言不及義；雖然提圖斯·李維的書中俯拾可得那一類的例子，舉出下面幾個就夠了。羅馬人選出擁有執政官權力的護民官，當中除了一個人之外，全都是平民。就在那一年爆發瘟疫又鬧饑荒，同時出現一些離奇的兆象，貴族乘機在下一屆選舉護民官時說衆神生氣了，因爲羅馬濫用政府的威嚴，又說除了恢復護民官選舉的舊制，再也

別無安撫衆神的補救措施。結果是，平民被這樣的宗教訴求給嚇壞了，新選出的護民官清一色貴族出身。

〔善用神諭之例〕

我們還可以看到在攻打維愛人的城市時，部隊長如何利用宗教信仰使戰士時時刻刻以任務爲念。那一年阿爾巴努湖水勢大漲，羅馬戰士因爲圍城久攻不下而軍心惶惶，人人思鄉情切，羅馬人發覺以阿波羅爲首的神諭說維愛人的城將會在阿爾巴努湖氾濫的那一年陷落。這事使得戰士甘願忍受圍城戰之苦，心裡懷著攻陷該城的希望，竟至於直到卡米盧斯膺任獨裁官之後，經過十年的圍城終於完成任務。所以說，因爲運用得當，宗教信仰有助於建立軍功以及回歸貴族擔任護民官的舊制；要是沒有前面提到的法子，這兩件事都難以執行。

〔2〕

〔元老院運用宗教反對護民官〕

另外一個相關的事例絕對不能遺漏。護民官泰任提魯斯打算提出一個法案，爲的是稍後將會適時說明的理由，結果在羅馬引發接二連三的動亂。貴族最先用來反對他的應變措施就是宗教信仰，這有兩個方法。第一個方法是查閱《席璧珥神諭集》[1]，得到的指示是由於民間騷亂，該城在當年有失去自由的危險……

【1】譯註：席璧珥是女預言家，與阿波羅神諭有關，其預言彙編成冊即是《席璧珥神諭集》，以希臘史詩的格律寫成，珍藏於羅馬城的聖地卡皮托，以備元老院查閱之用，蘇拉任獨裁官（公元前八一到七九）時毀於神廟火災。

危險。這事雖然被護民官揭發是子虛烏有，卻在平民心中激起莫大的恐慌，竟至於冷卻了他們追隨護民官的熱忱。另一個方法是，一個名叫阿皮烏斯．艾爾多尼烏斯的人，帶著一群爲數多達四千的亡命之徒和奴隸，利用夜色突襲佔領卡皮托。這使得羅馬人大爲擔心，萬一他們的宿敵埃魁人和沃爾西人已經來到羅馬，卡皮托也有可能失守。護民官並沒有因這事而中止推動泰任提魯斯法案，還說突擊一事是編造的。有個名叫朴柏里烏斯．魯貝瑞烏斯的，一個嚴肅不苟又大權在握的公民，來到元老院外頭發表軟硬兼施的演說，力陳這城市面臨的危險以及他們的要求不合時宜。他就這樣強迫平民發誓不偏離執政官的意願，竟使得平民心服口服，進而憑武力光復卡皮托。可是隨著執政官朴柏里烏斯．魯貝瑞烏斯陣亡，提圖斯．昆提烏斯再度出任執政官。爲了不讓平民有閑暇思考泰任提魯斯法案，他下令他們離開羅馬去進擊沃爾西人，說他們因爲立下了不背棄執政官的誓言，因此非追隨他不可。可是護民官反對，說誓言是對已陣亡的執政官發的，不是對他。提圖斯．李維明白交代平民基於對宗教信仰的顧忌，寧願遵從執政官而不相信護民官，說出這樣的話推崇古代的宗教：「如今[2]席捲時代的這種目中無神的態度尙未出現，人人立誓立法但求師心自用的情形也還沒見到。」（李維《羅馬史》3.20）護民官擔心因爲這件事而威信掃地，因此同意繼續服從執政官，而且一年之內不討論泰任提魯斯法案，執政官則不徵召平民參戰，也是爲期一年。可見宗教信仰使元老院能夠克服少了宗教信仰就永遠克服不了的困難。

【2】譯註：如今，李維的《羅馬史》寫於新舊紀元交替之際，但是馬基維利引述的史實發生於公元前四六〇。

第14章 羅馬人根據形勢詮釋兆象，即使被迫違背信仰依然謹慎裝模作樣，而且懲罰貿然藐視信仰的人

〔1〕

〈羅馬部隊的禽卜制度〉

觀兆卜，就好的部分來說，不只是古代非基督教信仰的基礎，就像上文討論過的，而且也是羅馬共和的福祉所繫。此所以羅馬人在那方面的用心，任何制度都無法相提並論，舉凡選舉執政官、執行任務、部隊誓師、發動戰役以及每一項重要的行動，不論是民間的或軍事的，無不善加利用。他們絕不會出發遠征，除非已經使戰士相信神明允諾他們凱旋榮歸。且不提其他的觀兆卜方式，他們在部隊裡頭設有占卜官的制度，稱作禽卜人[1]；每當他們奉命跟敵人作戰，他們都希望禽卜人先看看兆象。雞如果進食，他們就是帶著吉兆參戰，否則就拒絕投入戰場。即便如此，一旦有理由明示一樁他們應該做的事，縱使兆象不吉利，他們照做不誤，不過他們會巧妙想方設法，竟然做得看起來對於宗教沒有絲毫的不敬。

【1】譯註：禽卜人，飼養家禽（特指雞）以從事占卜者。在軍中，禽卜人不止一人，故原文用複數，為首者即下一段提到的主禽卜人。

〔2〕

〔利用宗教信仰操縱軍心〕

那樣的權宜之計，執政官帕皮瑞烏斯在攻打薩謨奈人時，曾運用在一場無比重要的戰役，薩謨奈人從那之後就欲振乏力。帕皮瑞烏斯紮營和薩謨奈人對峙時，他覺得勝利在望，一心要發動攻勢，於是下令禽卜人看兆象。可是雞不吃東西；主禽卜人看到部隊一個個磨拳擦掌，上至部隊長、下至列兵無不認爲勝利在望，於是對執政官說兆象主吉，爲的是不想剝奪部隊大展身手的機會。可是帕皮瑞烏斯在部署陣式的時候，有幾個禽卜人對某些戰士說雞沒有吃東西，他們把這話說給司普瑞烏斯·帕皮瑞烏斯聽，他是執政官的姪子。他把這事轉告執政官，後者當場答覆說他應該少管閒事、善盡本分，還說對他和部隊而言兆象是吉利的，又說如果禽卜人說謊，該操心的是他自己。鑑於結果應該吻合徵兆，他下令副將把禽卜人擺在戰陣的第一線。兩軍交鋒，一名羅馬戰士投出的標槍意外射死主禽卜人。執政官一聽到這消息，他說每件事都進行得很順利，有衆神暗助，因爲那個說謊者的死亡已贖清部隊的罪過，也平息了衆神的怒氣。就這樣，由於深諳計畫與兆象妥善搭配之道，他在沒讓部隊察覺他違背宗教信仰的情況下發動既定的攻勢。

〔3〕

〔干犯兆象切忌魯莽〕

在第一次布匿克戰爭期間，阿皮烏斯·普爾喀反其道而行。他想要攻打迦太基的部隊，找禽卜人占兆象，聽到雞不吃東西的報告，他說：「我們來看看牠們是不是想喝東西！」接著下令把牠們丟下海。隨後戰事爆發，他打了敗仗。為了這件事，他在羅馬受到指責，帕皮瑞烏斯則受到推崇，主要原因不在於一個打勝仗而另一個打敗仗，而是在於同樣是跟兆象唱反調，一個審慎而另一個魯莽。卜兆象除了使戰士信心飽滿上戰場之外，別無其他目的，而勝利幾乎總是源自這樣的信心。不是只有羅馬人這麼運用，異族人也一樣，下一章我將舉出一個事例作說明。

第15章　薩謨奈人走投無路時求助於宗教

〈薩謨奈人藉宗教激勵戰志〉

薩謨奈人吃了羅馬人多次的敗仗，最後在托斯卡納一敗塗地，部隊長捐軀，而且他們的同盟，包括托斯卡納人、高盧人、翁布里亞人，一一被征服之後，「他們不論是靠自己的或外來的武力都不再能夠撐下去；即便如此，他們並沒有撤離戰場；他們即使不成功也不放棄捍衛自由，寧可被征服也不願束手就擒」（李維10.31）。因此他們決定放手一搏。他們知道要想打勝仗有必要灌輸給戰士不屈不撓的精神，而且在這方面沒有比宗教更好的途徑，於是請他們的祭司奧維烏斯．帕奇烏斯舉行一項古老的獻祭。他們這樣進行：莊嚴的獻祭儀式過後，軍隊的首領在牲品和火焰熊熊的祭台之間發誓絕不棄戰，然後一個接一個點名呼叫戰士；在這些祭台前面，在手握利刃的百夫長環繞下，他們複誦誓詞，先聲明他們絕不透露所看到或聽到的任何事。然後，在咒語聲中立毒誓，百夫長要求戰士向衆神承諾絕對服從指揮官的命令，絕不棄戰叛逃，看到逃兵格殺勿論。如有人違背誓詞，詛咒將會落在他的家人和族人的頭上。他們當中有人嚇得不想發誓，這些人當場就被百夫長殺死，因此後續的人全都發誓了，現場因殘忍的景象而益發可怕。爲了使這四千人的集會更顯隆重，他們當中有半數的人一身素白，頭盔畫上徽章又插上羽毛。經過這一番整頓，他們在阿奎婁尼亞附近紮營。

〔羅馬人以夷制夷〕

前來應戰的是羅馬執政官帕皮瑞烏斯，他鼓舞他的戰士說：「羽毛傷不了人，羅馬標槍卻能刺穿塗繪盾牌」（李維10.39）。爲了消除戰士畏敵的念頭，他說薩謨奈人的發誓代表的不是他們的力量，而是他們的恐懼，因爲他們得要同時害怕袍澤、衆神和敵人。戰鬥開打，薩謨奈被征服，他們因宗教與立誓所建立不屈不撓的精神被羅馬人的武德以及對於過去戰敗經驗的恐懼克服了。儘管如此，我們看得出他們似乎沒有退路，也沒有其他對策可以重振往日的德性。這充分證明善用宗教可以振奮軍心。

〔附帶說明〕

雖然這個問題或許應該擺在對外事務的部分，不過既然它涉及羅馬共和國最重要的制度之一，依我看來應當在此處一併提及，這樣才不會使論述流於零散而得要再三重拾舊話題。

〔16—18：從奴役過渡到自由〕

第16章　習慣君主統治的民族，如果是因偶發事故而獲得自由，其自由難以維持

〔1〕

〔奴性有如籠中獸的習性〕

從古代的歷史文獻讀到無以數計的事例在在說明，習慣君主統治的民族，如果是由於偶發事故而得到自由，就像羅馬人驅逐塔昆之後的情形，那麼要在往後保存其自由有著無比的困難。此一困難有其道理，因爲那樣的民族只不過是一隻野獸，雖然天性兇殘，卻一直在身處牢籠且與人爲奴的處境中接受豢養。就算哪一天牠被放生，因爲不習慣自己覓食，也不曉得什麼地方可以避難，只要想捕牠回籠的人一出現，牠又會成爲籠中物。

〔2〕

〔人民腐敗則政治不可能自由〕

同樣的情形也發生在民衆身上：因爲習慣了別人的統治，對於攻守之道一無所知，對於君臣之義同樣茫然，很快就會再度套上軛，大多數比不久之前才從脖子甩脫的舊軛來得更沉重。即使人民大多數沒

有墮落，照樣處境艱困；如果人民全面腐化，那就連片刻的自由也不可期，正如下一章將討論的。因其如此，此處所論將限於墮落的風氣尚未全面擴散而且善良仍多於墮落的那些民族。

〔3〕

〔新獲自由的政府有熱情的敵人而無熱情的朋友〕

除了前面說的，另還有個困難。獲得自由的國家造就的是敵意的集結，不是友情的集結。所有那些在專制政權得勢，靠君主的財富自肥的人，全都成爲有敵意的黨派；等到靠山倒台，人生不再得意，一個個爲了重拾舊權勢而被迫圖謀恢復專制。新獲自由的國家無法讓朋友集結成黨派，就像我說過的，因爲自由的生活方式只基於某些誠實與固定的理由對有德可表的人提供榮譽與獎賞，除此之外既不獎賞也不尊崇任何人。即使有人得到他自己覺得受之無愧的榮譽與獎賞，他也不認爲自己對於獎賞他的人有什麼虧欠。此外，沒有人會察覺到隨自由的生活方式而來的共同利益，包括自由享受自己的東西、犯不著疑神疑鬼、不用擔心妻子與孩子的名譽、不必爲自己提心吊膽，因爲大家都知道不受別人侵犯是天經地義的事，不會有人因爲沒有受到冒犯就認爲自己欠了誰的恩情[1]。

---

[1] 譯註：馬基維利的意思似乎是這樣的：相對於外來或殖民政權的自治政權理所當然提供自由的生活方式，此一「共同利益」（*comune utilità*）足以保障人身自由，這是政府的本分，不是施恩佈德，因此人民即使享受到這樣的自由也無需覺得對政府有所虧欠；也因此，新掌權的政府雖然帶給人民自由，卻得不到善意的支持，反倒製造一批既得利益被剝奪了的反動份子。

〔4〕

〔殺害布魯圖諸子〕

所以，就像前文說的，新獲得自由的國家不會有情義相挺的黨派，到是有滿腹敵意的黨派。想有矯正前文提到的棘手問題以及隨之而來的脫序現象，沒有比「殺害布魯圖諸子」更有力、更有效、更穩當、而且更必要的手段。歷史文獻告訴我們，布魯圖的兒子受到誤導，聯合其他的羅馬青年謀反祖國，只因爲他們在執政官之下沒辦法像在國王之下那樣非法得利，竟至於人民的自由在他們的心目中成了枷鎖。治理民眾的人，不論採取的是自由政體或是君主政體，如果無法妥善處理與新制度爲敵的那些人以求自保，政權必定夭折。誠然，君主爲了鞏固自己的政權而被迫採行非常手段是不幸的，因爲他們以群眾爲敵。樹敵少則易於確保自己的地位，而且不必仰賴許多引人非議的行爲；以全體民眾爲敵則永遠保障不了自己，而且他越是出手殘暴，他的政權就越脆弱。所以使人民對他友善是上上策。

〔5〕

〔保障王位之道〕

雖然這一番論述跟本書的主題不吻合，因爲這裡說的是君主制而那裡說的卻是共和制[2]，儘管如

---

[2] 譯註：李維的《羅馬史》從羅馬建城寫到公元前九年，完整敘述羅馬共和國由興起而沒落，最後歸結於共和體制被帝國體制取代。反觀馬基維利撰寫《論李維羅馬史》，是立足於十五世紀義大利的政局，特以佛羅倫斯的（君主）公國制（principato）為觀照點，故云「不吻合」。

此，爲了一勞永逸，我想在這兒作個簡單的交代。採行專制統治祖國的君主如果有意爭取對他懷敵意的民心，首先應該探查民之所欲。他會發現民之所欲不外乎兩件事：一是報復剝奪人民自由的那些人，另一個是恢復他們的自由。第一個欲求，君主可以完全滿足，第二個欲求則只能部分滿足。

說到第一個欲求，有個一針見血的事例。海拉克利亞的僭主克里阿庫斯流亡期間，人民和海拉克利亞的貴族起了爭執。貴族明白自己居於弱勢，轉而擁護克里阿庫斯，跟他密謀之後，帶他進入海拉克利亞抗衡民意，剝奪了人民的自由。就這樣，克里阿庫斯發覺自己夾在貴族的傲慢和人民的怒氣中間：他對於貴族既無法滿足也無法糾正，人民則無法忍受自己失去自由。於是他決定放手一搏，以擺脫權貴的糾纏並爭取民心。他抓住這樣一個好機會，翦除所有的貴族，徹底滿足民心。他就這樣滿足了人民的一個願望——就是復仇。

〔君主必需採行法治〕

至於另一個民衆的欲求，即恢復自由的願望，既然君主不可能滿足他們，他應該探查人民嚮往自由的原因何在。他將會發現，嚮往自由的人民當中，有少數是爲了掌權，可是其餘不計其數的多數人卻是爲了生活有保障。共和國不論採取什麼體制，掌握決策的人從來不曾超過四十或五十個公民。這畢竟只是小數目，要防範他們以保障自己是輕而易舉的事，不論是除掉他們，或者是由他們根據職位分享讓他們感到滿意的榮譽。其餘的人只要求生活有保障，君主運用自己的職權，藉政令或法律提供全面的保障，很容易就可以使這些人感到滿意。只要君主這麼做，而且人民看到他不因任何事故而違背這些法律，短時間他就能夠高枕無憂。法蘭西王國就是個例子，他們生活在太平盛世，唯一的原因是國王受到許多法律的約束，人民的幸福得到全面的保障。締造那個政體的人允許國王自由支配武力和金錢，可是其餘的事情除非遵照法律的規範，否則一律不能處置[3]。所以說，君主或共和國如果不是打從政權成立之初就能夠自保，必須把握第一次謀求自保的機會，就樣羅馬人那樣。任誰讓那機會溜逝，日後都會後悔莫及。

〔6〕

〔人民腐敗與否關係到自由能否維持〕

由於羅馬的人民在恢復自由時仍未腐敗，他們能夠在布魯圖諸子已被殺而且塔昆家族已被翦除時透

---

[3] 譯註：馬基維利似乎有意區別「國王」（*re*, king）和「君主」（*principe*, prince），卻沒有一貫之道。國王是規劃妥善的政體的統治者，王位不外繼承而來或依據法律任命，他願意接受傳統法律的限制——除非法律本身賦給他絕對的權力；君主則是目無法律（見本卷第10章）。但是，君主變成國王，或是國王必須採取君主的作風乃至於墮落成專制君主（*tiranno*, tyrant，通常但不必然與「暴君」同義，可譯作「專制君主」，指涉希臘史則特稱「僭主」），事例所在多有。此所以馬基維利拿不定主意如何區別不同的政府形態，有時作君主公國（*principato*, principate）與共和國（*republica*, republic）的二分法，有時又加上王國（*regno*, kingdom），或再加上專制（*tirannide*, tyranny，專制指君主——甚至是國王——運用權力不是為了保全政體，而是為了權力本身或濫用權力，不只是違背法律，而且違背「形勢」〔*necessità*, necessity〕，即情勢或理智需求的「必然性」）。不論如何，權力的運用有一人與多人之分，這倒是一貫的。何者最善則視個別情況而定，要之在於確保當前的安全與政體的維護。

過我在別個地方探討過的那些政體模式與制度去維持自由。但是，如果人民已經腐敗，那麼不論是羅馬或任何其他地方都不可能找到完善的對策可以維持自由，正如下一章要說明的。

第17章　腐敗的人民要維持既有的自由備感困難

〔1〕

〔腐敗的君主公國難有自由可言〕

依我的判斷，羅馬要不是廢除王制，勢必在很短的時間就衰微終至於無可稱道。就那些國王腐敗的程度來說，只要連續出現兩三個，而且他們的腐敗開始擴散，其他人受到感染，要想改革就不可能了。不過既然是在軀幹健全的情況下失去頭，羅馬人要恢復自由有序的社會倒也不難。應該可以假定這是實情：君主治下腐敗的城邦永遠不可能轉變成自由的城邦，即使那個君主被抄家滅門。相反的，君主治下腐敗的城邦必定是君主自相殘殺，直到由於個人的善良與德性脫穎而出的新主公使城邦保持自由。可是那種自由只能持續到那個人的有生之年，就像敘拉古的狄翁和提莫列翁，他們一去世，敘拉古又恢復先前的專制。

〔布魯圖時代未腐敗的羅馬與凱撒時代已腐敗的羅馬〕

不過，更鮮明的事例莫過於羅馬所見。塔昆家族被驅逐的時候，羅馬能夠立即得到並維持其自由。

可是凱撒被刺殺身亡，接著蓋烏斯·卡里古拉被刺殺身亡，最後尼祿被刺殺身亡，凱撒的家系全被消滅，羅馬不只是再也無法維持自由，甚至連再創自由都無能為力。同一個城邦，造成大不相同的結果，竟然只是因為羅馬人民在塔昆的時代尚未腐敗，在後一個時代則是非常腐敗。早先要維繫人民的向心力使他們對國王反感，只要發誓說永遠不贊同某某人統轄羅馬就夠了；可是到了另一個時代，布魯圖[1]崇高的威望與品德，加上東部所有的軍團，仍不足以堅定羅馬人支持他步踵第一個布魯圖使他們恢復自由的心願。歸根究底，原因在於馬略黨羽腐蝕民心，他們的首領凱撒則帶頭蒙蔽民眾，竟使得羅馬人民看不清架在他們的脖子上的牛軛。

〔2〕

〔米蘭和那不勒斯不可能有自由〕

雖然羅馬的這個事例比其他任何一個都更膾炙人口，我還是想舉出我們的時代廣為人知的事例。我敢說不論發生什麼驚天動地的事故也不可能使米蘭或那不勒斯得到自由，因為那兩個城邦的人民全都徹底腐敗了。這可以從菲利波·維斯康惕去世之後看出來，因為雖然米蘭有意願回復自由，卻沒有能力也不曉得如何維持自由。所以說，早先羅馬的國王迅速腐敗是羅馬莫大的福氣，這樣才能夠在他們的腐敗感染到那個城市的內臟之前，及時把他們趕走。就是因為人民尚未腐敗，人們一心向善，羅馬不計其數

【1】譯註：刺殺凱撒的那個布魯圖。稍後提到的則是肇建羅馬共和的那個布魯圖。

的動亂不但沒有傷害共和體制，反倒有助於成全善果。

〔3〕

〔改革有賴於單一能人〕

可以得出這樣的結論：只要構成城邦主體的人民不腐敗，則動亂與脫序現象都不足以爲害；一旦主體腐敗，則法律不論制定得多麼完善也沒有用武之地，除非有某個人以大魄力貫徹法律，使法律發揮實效從而改善現狀。我不知道這樣的事是否發生過或是否可能，因爲就像我剛剛才說的，因腐敗蔓延而衰微的城邦如果東山再起，那必定是由於當時在世的某個人的德性，而不是由於支持好制度的集體的德性。像那樣的人一旦去世，城邦立即回復先前的習性，就像在底比斯所發生的情況。該城由於埃帕米儂達斯生前的德性而能夠保有共和體制及其主權，可是他一去世就回復原先的脫序狀態，原因在於人的壽命有限，不可能有足夠的時間使宿疾纏身的城市振衰起疲。除非有長壽非凡的統治者，或接連兩個有德可表的統治者奠定完善的根基，否則就會像前面說的城邦隨人亡而滅亡；就算不至於滅亡，浴火重生也必定要付出危機四伏而血流成河的代價。我說的這種腐敗和自由的政體水火不容，因爲這種腐敗乃是源自國內的不平等，只有使用非常劇烈的手段才可能矯正，可是很少有人願意或知道如何加以運用，正如我在別個地方會特別說明的。

第18章 在腐敗的城邦如何維繫或建立自由的政體

〔1〕

〔凡事推敲總不會錯〕

是不是能夠在腐敗的城邦維繫自由的政體[1]？有沒有可能在腐敗的城邦建立自由的政體？試爲斟酌這樣的問題，我相信不至於離題，也不至於不吻合前文的論述。對於這件事，我認爲顧此難免失彼，要歸納出通則幾乎是不可能的，因爲腐敗的程度不一樣，採取的措施也會不一樣，不能一概而論。

儘管如此，凡事推敲總是有利無弊，所以我不想有所忽略。設想一個非常腐敗的城邦，問題很快就會浮現，因爲沒有足以制止全面性腐敗的法律或制度。就如同好習俗得要有法律加以維繫，法律也得要有好習俗才能貫徹。此外，在共和制誕生之初，人民是善良的，那時制定的法律和制度到後來不再能派上用場，因爲他們已經變壞。就算法律隨著城邦發生的事故而修改，制度卻是一成不變或很少改變，這使得新法律捉襟見肘，因爲過時的制度足以腐蝕法律。

〔2〕

〔憲政與特別法〕

爲了使這部分的討論更容易瞭解，我要說明在羅馬是先有政府的體制，然後才有司法行政官頒布法

【1】譯註：「自由」意指公民可以自由選擇他們自己的政權。

律以規範公民。政體[2]包含下列三部分：人民、元老院、護民官、執政官的權限，延攬和任命司法行政官的程序，以及立法的程序。這一套制度很少甚或根本不曾因爲什麼事故而生變。規範公民的法律，諸如通姦法[3]、節約法[4]、野心法[5]，還有其他許許多多，則隨著公民越來越腐敗而有改變。但是一成不變的政體不再能夠適用於腐敗的公民，法律縱使更新也無法使人們維持善良。如果隨著法律的修訂同時進行制度的變革，那些制度還是管用。

〔3〕

〈腐敗的後果〉

誠然，那一類的體制在腐敗的城邦行不通，這可以從兩個關鍵處看得一清二楚，即司法行政官的選任和法律的創制。除非是自己要求，羅馬人不會把執政官職和該城其他高級官職給予任何人。這樣的制

【2】譯註：由一系列的機構和一整套的制度所形成的「憲政」。

【3】譯註：奧古斯都皇帝於公元前十八年頒佈的*lex Julia adulteriis*。

【4】譯註：為阻止或限制某些特殊物品的消費而制定的法令。羅馬第一次取締奢侈品的法令於公元前二一五年通過（李維《羅馬史》34.4），後來數度重訂，最後一次是公元前四十六年裘力斯·凱撒的*lex Julia sumptuaria*。

【5】譯註：一系列針對「野心」所頒佈的法令，從公元前三五八的*lex Poetelia*（李維《羅馬史》7.15）經公元前八十一年的*lex Cornelia Baebia de ambita*與公元前六十七年的*lex Calpurnia*到公元前十八年的*lex Julia*，為的是管制腐敗的選舉風氣。

度在開始的時候行得通，因爲只有判斷自己配得上特定官職的公民才會提出要求，要求被拒無異於自取其辱；因此，爲了證明自己配得上所要求的職位，每一個人都潔身自愛全力以赴。這個方式後來在腐敗的城市爲害無窮，因爲要求司法行政官職的不是比較有德而是比較有權的人，而那些沒有權力的人，縱使有德也因爲有所顧忌而絕口不要求那些職位。他們並不是瞬間陷入這樣爲難的處境，而是漸進的，和其他所有的弊端一樣；因爲羅馬人征服非洲和亞洲並且迫使整個希臘屈服之後，他們的自由有了保障，在他們看來不再有使他們感到害怕的敵人。此一安全感以及敵人的軟弱使得羅馬在授與執政官時，考慮的不再是誰有德性，而是誰受到擁護，結果登上那個職位的人是以善於討好民眾見長，而不是以征服敵人見長。後來更等而下之，膺任最高官職的人從最受擁護淪落到權大勢大；就這樣，由於這一套制度的弊端，優秀的人選統統給排除在外。

在另一方面，護民官與任何一個公民都能向人民提出立法案，在定案以前每一個公民，不論擁護與否，都能就該案發言。這在人民善良的時候是個好制度，因爲每一個爲大眾利益著想的人都能提案總是好事；而且每一個人都能就提案發表意見，好讓人民在聽過每一個人的發言之後能夠作出最好的選擇，這也是好的。可是一旦公民變壞，這樣的制度無意於爲虎作倀，因爲只剩下有權勢的人提出法律案，不是爲了大家共同的自由，而是爲了他們自己的權勢，而且基於對權勢的畏懼，不會有人提出異議。結果，人民到頭來要不是受人愚弄，就是被迫作法自斃。

〔4〕

〔制度改革的兩難困境〕

因此，羅馬在腐敗之際如果有心維持其自由，有必要改革制度，就如同它在生存的過程中曾經更新法律。好國民和壞國民應該有不同的制度與生活方式，截然相反的事務不能有一體通用的辦法。制度的改革必須在弊端浮現之初立即除舊佈新，不然就是在弊端爆發之後循序漸進，我說這兩件事同樣行不通。循序漸進的改革方式得要有智慮周詳的人明察秋毫看出舊制度窒礙難行之處。城邦裡面找不到這樣的人實在不足為奇；就算眞有這樣的人，他也無法說服別人相信他所瞭解的問題所在。人總是習慣成自然，不會有改變的意願，從外表看不出禍害時尤其如此，先見之明往往被當作是無的放矢。

至於在舊制度弊病叢生人盡皆知時快刀亂麻一舉完成改革大業，我說輕易可看出為害無窮難以匡正，因為使用尋常的措施根本沒有作用，只能仰賴暴力與武力這種非常的手段，而且還要有個前提，就是城邦的君主能夠全權處理。可是重整城邦的政治生活方式得要仰賴好人，以暴力成為共和國的君主卻是壞人才會做的事，偏偏好人很少想到用不好的方式成為君主，即使他的目的是好的。同樣的道理，壞人成為君主之後也很少做好事，因為他不會想到善用他非法獲得的職權。

〔5〕

〔改革有賴於君權〕

從上文的推敲可知，在腐敗的城邦維繫或新創共和體制有其困難，甚至是不可能的任務。如果眞的要在那樣的地方維繫或創造共和體制，那就有必要把它改變成君主制的國王政體，總比共和制的平民政體切合實際，因爲有些人傲慢成性，法律對之莫可奈何，只能寄望國王幾近於絕對的權力加以節制。想要使用其他方式使他們改邪歸正，要不是殘忍就是不可能，就像我在上文提到柯列奧梅涅斯的例子。即使他殺掌政官是爲了獨攬大權，即使羅穆盧斯殺他的手足和薩賓人提圖斯·塔提烏斯也是基於同樣的理由，而且他們接著又善用他們的職權，我們還是應該切記他們的臣民都沒有被我們在這裡推敲的腐敗所污染，因此他們能夠心想事成，以希望爲動作潤色。

〔19—24：對於羅馬列王的雜感〕

第19章　傑出的君主死後，軟弱的君主尚能自求多福；軟弱的君主死後，不可能仰賴軟弱的君主維繫王國

〔1〕

〔連續兩任強勢國王可以有大作為〕

既已考慮過羅馬最初三任國王羅穆盧斯、努馬和圖盧斯的德行與做事方法，我們知道羅馬碰上了大好的運氣，第一任國王驍勇善戰，次一任沉著又有虔誠的宗教信仰，第三任勇猛一如羅穆盧斯，而且愛好戰爭勝過愛好和平。羅馬是有必要從一開頭就有人制定公民的生活方式，不過同樣有必要的是繼任的國王發揚羅穆盧斯的德性，否則那個城市將會變得軟弱而任由鄰邦予取予求。由此可見開國君主的繼任者能夠藉前任國王的德性維繫政權，並且享受其成果。可是如果碰巧他長壽，或是在他之後沒有人出來發揚第一任的德性，那麼王國必然傾頹。所以，反過來說，如果連續兩任都是德性非凡，通常可以看到他們成就偉業，名聲響徹雲霄。

〔2〕

〔大衛、所羅門與巴雅傑〕

大衛在軍事、學識、審判等方面無疑都非常傑出，他的德性也非常優秀，竟至於征服所有的鄰邦之後，遺留給他的兒子所羅門一個和平的王國，藉著和平而非戰爭的藝術就能夠守成，而且能夠快快樂樂享受他父親的德性。可是大衛無法把那個王國遺留給他兒子羅波安，後者連繼承王國的六分之一都有困難，因為他的德性不如祖父而且運氣不如父親。土耳其蘇丹巴雅傑喜歡和平勝過喜歡戰爭，能夠享受他父親馬侯梅特辛勞的成果，後者像大衛那樣征服鄰邦之後，遺留給他一個安定的王國，他靠和平的藝術輕易就能守成。如果他的兒子謝里姆，現任統治者，像他的父親而不像他的祖父，那個王國會完蛋，可是我們看到他打算超越他祖父的榮耀。我藉這些事例說明，在一個傑出的君主之後，一個軟弱的君主可以自求多福，可是在一個軟弱的君主之後，沒有哪個王國能夠仰賴另一個軟弱的君主來維繫，除非它的確像法國那樣靠古老的制度維繫。我說軟弱的君主，意思是在戰場上不夠驍勇的君主。

〔3〕

〔維繫王國靠武德〕

因此，我這一番論述得出這樣的結論：羅穆盧斯的德性大有可觀，使得努馬·龐皮利烏斯能夠以和平的藝術統治羅馬許多年。但是圖盧斯在他之後繼任，憑其勇猛恢復羅穆盧斯的名望。在他之後是安庫斯，天賦稟異使他能夠運用和平又同時承受戰爭。起先他開始要守住和平之路，可是他立即看出他的鄰邦不把他看在眼裡，判斷他軟弱。所以他認定如果要維繫羅馬，自己需轉向戰爭，要像羅穆盧斯，而不是像努馬。

〔4〕

〔毀滅來自連續出現軟弱的國王〕

掌握國家的君主可以從這裡得到教訓。像努馬那樣的人能不能守成，全看時勢和運氣而定，可是像羅穆盧斯那樣集智慮和武力於一身的人，在任何情況下都能守成，除非強悍無敵的武力跟他過意不去。我們確實可以估量，假如羅馬的第三任國王碰巧是不曉得如何以武力重振威望的一個人，那麼它爾後要想站穩腳跟或創造偉業，縱使不是不可能也是非常非常的困難。由此可知，羅馬只要是生活在國王之下，就得承受在軟弱或昏庸的國王治下被毀滅的風險。

第20章 兩位有德可表的君主相繼主政可創偉業；制度健全的共和國必定明君輩出，國勢與擴張兩皆可觀

羅馬驅逐國王之後，也解除了前一章所說它必需承受軟弱或是昏庸的國王繼承王位的風險。最高指揮權交給了執政官，他們握有那樣的指揮權並不是經由世襲或欺詐或野心，而是經由自由投票，而且選出來的總是最傑出的人選。羅馬由於時時享受他們的德性與運氣，能夠以和國王治下一樣長的時間達到

豐功偉業的極致。可見兩位有德可表的君主相繼主政足以佔領全世界，就如同馬其頓的腓力和亞歷山大大帝。共和國應該更有可爲，因爲透過選舉的繼承模式，有德可表的君主不只是連續兩位，而是一個接一個不計其數。此一有德可表的繼承將始終存在於每一個制度健全的共和國。

第21章　沒有國防武力的君主與共和國將蒙受奇恥大辱

〔1〕

〔有民衆就有戰士〕

現代的君主與共和國如果沒有自己的攻防武力應當引以爲恥，並且效法圖盧斯的先例，體認到此一缺失不是由於沒有適合從軍的人數，而是由於自己不曉得如何使自己的人手變成軍人。圖盧斯繼承王國之初，找不到一個上過戰場的人，因爲羅馬已經承平四十年；即使這樣，他打算發動戰爭的時候，並沒有利用薩謨奈人或托斯卡納人或其他熟悉戰事的人。他不愧智慮周詳，決定用自己的國人。他德性過人，很快組成一支受自己指揮的軍隊，把他們訓練成非常傑出的戰士。一個國家徒有人民卻沒有軍隊，那的確是由於君主的缺失，絕對不該歸咎於任何地理或自然條件。

〔2〕

〔英國的軍事制度〕

關於這事，有一個鮮活的事例。大家都知道不久前英國國王進犯法國領土。他的王國已經三十年沒有戰爭，國內沒有和敵人打過交道的士兵或將領，他的部隊卻完全由自己的人民組成[1]。雖然如此，他毫不猶豫帶著他們去進攻將多兵精而且常年用兵持續轉戰義大利的一個王國。歸根究底，英國國王是個智慮周詳的人，而且他的王國制度健全，即使在承平時期也沒有鬆懈軍事訓練。

〔3〕

〔虎將出雄兵〕

佩洛皮達斯與埃帕米儂達斯解放底比斯，並且使底比斯人擺脫斯巴達的宗主權之後，發覺自己置身於奴性積習難返而且人民過度懦弱的城邦。雖然如此，他們畢竟德性過人，毫不猶豫武裝人民去迎戰斯巴達大軍，結果打了勝仗。記載這件事的人說，那兩位指揮官很快就證明驍勇善戰的人不只是出生在斯巴達，而是遍及有人出生的每一個地方，只要找得到有人曉得如何指揮他們作戰，就像圖盧斯曉得如何指揮羅馬人那樣。維吉爾筆下清楚表達這樣的看法，並且表明他同意那個立場的，莫過於這行詩：「圖盧斯將激勵懶散的人執干戈。」

【1】譯註：英王亨利八世於一五一三年六月侵犯法國，八月十六日的斯帕之役擊敗法國。在這之前，英國參與的最後一場戰爭是一四九二年保衛布列塔尼公爵領地的獨立地位，兩者相距不到三十年。

第22章 羅馬的霍拉提烏斯三兄弟與阿爾巴的庫瑞阿提烏斯三兄弟之事有何值得借鏡

羅馬王圖盧斯與阿爾巴王梅替烏斯同意，標題具寫的兩組三胞胎兄弟打贏的一方，其人民就是另一方人民的主子。阿爾巴的庫瑞阿提烏斯全都被殺了，羅馬的霍拉提烏斯則有一個活口，因此阿爾巴王梅替烏斯連同他的人民全體臣服於羅馬人。獲得勝利的那個霍拉提烏斯回到羅馬時，遇到自己的親妹妹，她已經許配給去世的庫瑞阿提烏斯三兄弟之一，他看到她爲未婚夫之死而哭，就把她殺了。結果，那個霍拉提烏斯因這個罪行而受審，經過多方爭議才獲釋，主因在於他父親的求情而不在於他個人的功績。

這事件有三點值得注意：首先，千萬別仗恃自己有一部分的功勞卻把運氣整個豁出去；其次，制度健全的城市絕不容許將功贖過；第三，無法貫徹的協議絕對不是明智的協議。對城邦來說，受人奴役關係重大，萬萬不該相信國王或人民當中有誰會情願讓三個公民把他們推向奴才的境地。就拿梅替烏斯來說，雖然他在羅馬人得勝之後立即甘拜下風並承諾服從圖盧斯，可是在他第一次必須加入征伐維愛人的軍事行動時，可以看到他設法欺瞞圖盧斯，正是事後明白當初訂協議過於魯莽。

關於第三點，這樣說就夠了。其餘兩點將在以下兩章申論。

第23章 切忌保留實力卻把運氣孤注一擲；因此，固守關隘通常有弊無利

〔1〕

〔數年的辛勞毀於瞬間〕

武力有所保留卻把所有的運氣孤注一擲絕不是明智的決定。那種作法方式多得很。其中一個是像前一章說的圖盧斯和梅替烏斯那樣，各自把祖國所有的運氣以及全體部隊的武德完全託付給三個公民的德性和運氣，這三個人只是一支武力中極其微小的部分。他們不明白由於這個協議，他們的前輩為了促成共和國長久生活自由同時也促使其公民成為自由的捍衛者而進行規劃時所付出的一切辛勞幾乎成為徒勞，因為如此少數的人竟然掌握了喪失自由的權力。就這件事來說，這些國王思慮不周莫此為甚。

〔2〕

〔防守關隘不足以為屏障〕

看到敵人來犯就打算派兵鎮守險要之地或防衛隘口的人通常也陷入這個困境。這個決定通常是有弊無利，除非能夠乘便把所有的武力投入那個險地。這一點如果辦得到，那個計畫就可以採行。但是如果地形不利而無法配置重兵，該計畫有弊無利。我這個判斷來自實例：群山峻嶺環繞的疆域遭受強敵攻擊時，當地的人絕不會嘗試在隘口和山區拒敵，而是下山或出關迎戰；要不然，他們守候在關隘後方或平坦之地。箇中道理已在前面說過，也就是你不可能率領重兵防衛山區，理由不只是重兵不可能在那樣的地點停駐太久，而且狹窄的地理形勢所能容納的人數有限，根本無法抵擋大量進犯的敵人。敵人大批

蜂擁而來是輕而易舉，因爲他的目的是穿越某地而不是定點駐軍；守軍則不可能以大批人馬在那地方等候，因爲他們必須長期紮營，不曉得敵人什麼時候來到我說的狹窄又不毛之地。人民和軍隊寄予信心而你也打算鎮守的要害之地一旦失守，最常見的是人民和其餘的部隊一陣恐慌，他們的武德來不及接受考驗就兵敗如山倒。結果是，你仰賴部分的武力卻失去全部的運氣。

〔3〕

〈羅馬人在平原奮戰漢尼拔〉

每個人都知道漢尼拔如何冒險犯難翻越分隔倫巴底與高盧的山區，又如何冒險犯難翻越分隔倫巴底和托斯卡納的山區，可是羅馬人先後在提契諾河和阿瑞佐守候他。羅馬人寧可讓他們的軍隊在能夠打勝仗的地方被敵人吞沒，也不要在險惡的山區自掘墳墓。

〔4〕

〈法國人於一五一五年在阿爾卑斯發現一個無人守衛的隘口〉

用心讀遍歷史的人將會發現有德可表的將領駐守這一類隘口的例子屈指可數，一方面是基於前述的理由，同時也是因爲那些隘口不可能全部封死，因爲山區就像鄉野，不只是有許多人來人往的路，而且還有許多外人不曉得可是當地農夫瞭若指掌的小徑，在他們的幫助之下，你總是能夠被引到對手意想不到的地方。舉個一五一五年新近的例子。法國國王法蘭西斯計畫進入義大利以收復倫巴底，反對此一壯舉最主要的根據在於瑞士可能會在隘口攔截他。後來事實證明，他們根本是杞人憂天。法王繞過他們派人防守的兩三個地方，另走一條不為人知的路，出其不意抵達義大利。他們倉皇退回米蘭，倫巴底人則全體倒向法軍，因為他們原本相信法軍會在山區受阻，結果大失所望[1]。

第24章 制度健全的共和國對公民賞罰分明，絕不會將功贖過

〔1〕〔賞罰不明的後果〕

霍拉提烏斯的功績大有可觀，因為他憑自己的德性征服庫瑞阿提烏斯；他的過錯慘無人道，因為他殺死親妹妹。這樣的殺人之舉使羅馬人大為反感，他們把他送上審判台定奪生死，雖然他的功績如此可觀又如此近期。對只看表面的人來說，這件事說明了民眾忘恩負義。然而，深入探討究共和國的制度理當如何運作的人不會譴責羅馬人把霍拉提烏斯定罪，反而是羅馬人如果宣告他無罪才會受到譴責。理由是這樣的：制度健全的共和國不會以公民所立的功抵消他們所犯的過；倒是會在確立揚善懲惡的制度之後，行善固然得到獎賞，同一個人後來有過照樣應該受罰，這跟他先前立的功不相干。這樣的制度一旦善加貫徹，城邦自能長久享受自由；如其不然，毀滅總是為期不遠。如果有公民為自己的城邦做出什麼

【1】譯註：法王法蘭西斯一世（一五一七到四七年在位）於一五一五首次對義大利用兵，繞道進犯倫巴底，避開在山區鵠候的瑞士部隊，在米蘭附近的馬里尼亞諾戰役打勝仗。

傑出的貢獻，他博得名望之餘，又多了驕矜自滿與妄自尊大，竟至於事情做不好卻不擔心受懲罰，那麼他很快就會變傲慢，在文明社會無法無天[1]。

〈2〉

〈小的獎賞可能意義重大〉

如果希望懲罰惡行一事持之以恆，確實有必要貫徹獎賞善行，就像羅馬人那樣。就算共和國經費有限因此能給的不多，也不該不多就把它扣下來不給，因爲禮物不論多小，回報的善行不論多大，受禮的人都會視爲莫大的榮譽。霍拉提烏斯．柯可魯斯的故事廣爲人知，穆替烏斯．斯凱沃拉也是：一個把敵人擋在橋上直到橋被砍斷，另一個燒了自己因犯錯而未能成功刺殺托斯卡納王波爾塞納的那一隻手。爲了表揚這兩件義行壯舉，大家頒給他們兩人各兩個*staiora*的土地[2]。曼利烏斯．卡皮托利努斯也有名氣。解救卡皮托免於高盧人侵佔之後，跟它一起受圍困的那些人賞給他一些麵粉。那一份獎賞，按當時

---

[1] 譯註：文明：義大利文*civilità*兼有文明與文化雙重含意，馬基維利可能用來統稱自由的政權與自由的生活方式。這同一個字出現在本卷2.3另有「民權」之意，在本章以及第28章則顯然著重政治意涵。

[2] 譯註：按李維《羅馬史》2.10.12所述，大家為霍拉提烏斯立起一尊雕像，並且賞給他一天犁耕所圈圍的土地；依同書2.13.5，賞給穆基烏斯的是跨越台伯河，以「穆基烏斯莊園」知名的一片土地。馬基維利所稱的*staiora*是托斯卡納的測量單位，數値無從確定，或許約等於羅馬的犁畝。犁畝：一天之內兩頭牛犁耕之田（不是犁耕所圈圍之地），吳金瑞《拉丁漢文辭典》（台中：光啓，一九六五）說是「二八八，〇〇平方尺即二四〇尺長一二〇尺寬」（792a）。

羅馬當時的市價，是大有可觀；可是後來，也許出於嫉妒，不然就是出於邪惡的天性，他在羅馬掀起動亂，意圖爭取民心支持他，卻被人家從他當年解救的卡皮托摔個倒栽蔥，那曾是他風光不可一世的地方，卻不再有人敬重他的功績。

〔25—27：新的政府形態〕

第25章　在自由的城邦進行體制改革至少要表面上維持舊的模式

〔國王的影子〕

如果有人要在城邦進行體制改革，還寄望能被接受並且人人滿意，那就有必要至少在表面維持舊的模式，這樣即使新制度跟舊制度大相逕庭，或許不至於讓人民覺得制度改變了。看重外表是人之常情，外觀確實比本質更能打動人心。羅馬人在締造他們自由的生活方式之初就體認到此一必然，因此創設兩名執政官以取代一名國王，並且不希望有多於十二個名額的扈從，以免超過伺候國王的人數。此外，由於有一年一度的祭祀在羅馬舉行，非得國王親自主持不行，又由於羅馬人不希望人民因爲沒有國王而興起懷古之情，因此他們爲這祭典創設了一個要角，稱之爲獻祭王，讓他附屬於主祭官，這一來人民對祭典感到滿意，沒有理由因爲少了國王就希冀恢復王制。

〔創新使人心生變〕

這一點，凡是有心在城邦推行新而且自由的生活方式以取代舊的生活方式的人都應當遵循，因爲既然新的事物改變人的心思，應該設法使那些改變盡可能保留古老的模樣。比方說，如果司法行政官的人數、職權與任期跟古代不一樣，至少該保留名稱。這一點，正如我說過，想要建立憲政的人都應當遵循，不論其爲共和國或王國。如果要建立絕對權力，也就是歷代作家所稱的專制，則應該全面除舊佈新，正如下一章要說明的。

第26章　新君主在他佔領的城邦或地區應該全面除舊佈新

〔專制君主使得每一個人唯他是賴〕

成爲城邦或政權的君主，掌握那個公國的上上策乃是就那個政體全面除舊佈新，地位不穩而不可能建立憲政時尤其如此，不論其爲王制或共和制，因爲他畢竟是新君主。這也就是說，在城市裡以新的名稱、新的權勢、新的人手建立新政府；使富人變窮而窮人變富，就像大衛成爲國王時那樣——「他使飢餓的人飽餐美食，叫富足的人空手回去[1]」。此外還應該摧毀舊城、闢建新城，使人民易地而居。總而言之，那個地區不能有一事一物不翻修，俾使當地掌握官階、地位、職稱、財富的人沒有一個不知道是從你得來的[2]。亞歷山大的父親，即馬其頓的腓力，就是箇中翹楚，他就是依照這樣的模式從一個小國

---

[1] 譯註：〈路加福音〉1:53，不過經文說的是上帝，不是大衛。馬基維利在本書引用《聖經》僅此一次。

[2] 譯註：馬基維利經常突然轉為直接向某個君主說話的口吻，此處人稱代名詞的改變即是一例，其他很多地方，因為筆者省略或增補代名詞，中譯看不出來。

王變成整個希臘的君主。寫到他的人說，他把人們從這個地區遷到那個地區有如牧人驅趕他們的羊群。

〈不願為善者不妨邪路走到底〉

這種手段很殘忍，是在跟既有的生活方式爲敵，不但忤逆基督教，而且違背人性，因此應該避免，寧可過著平民的生活也不要成爲摧殘人類的國王。話雖這麼說，沒有意願走這條路行第一等善的人如果要維護自己的利益，那就必須走邪路。倒是想採取什麼中庸之道的人壞處多端，因爲他們既不能壞到底也不能好到底，正如下一章將舉例說明的。

第27章　很少人知道如何壞到底或好到底

〈1〉

〈佩魯賈的喬凡帕荀洛為惡不卒〉

教皇尤里烏斯二世於一五〇五前往博洛尼亞，一來是驅逐本蒂沃廖家族，他們掌握該城的公國已有百年之久，二來是因爲他誓言對抗佔領教會土地的所有專制君主，所以決心收拾喬凡帕荀洛·巴利奧尼，即佩魯賈的專制君主。他抵達佩魯賈附近，懷著人盡皆知的意向與決心，並沒有等候他的軍隊護送入城，而是赤手空拳進去，無視於喬凡帕荀洛在城內召集許多部隊森嚴自衛。就這樣，在他一貫的急躁作風驅策之下，他把自己和僅有的一名貼身侍衛交到敵人手中，然後帶著他離開，留下一名統治者在城裡為教會執法。跟教皇在一起的許多審愼之士[1]都注意到教皇的莽撞與喬凡帕苟洛的懦弱，他們想不透何以他〔喬凡帕苟洛〕沒有看在千秋盛名的份上一舉消滅敵人，自己又可以大有斬獲，搜括教皇和全體樞機主教的財寶。人們同樣無法瞭解他會基於善心或良心而裹足不前，因為像他這樣的惡棍，跟親妹妹亂倫，又為了權位不惜殺害自己的甥姪兒，胸膛根本留不住虔敬的念頭。會有這樣的困惑，說穿了無非是人們不曉得如何光彩作惡或完美行善，因此一旦惡行本身隱含雄偉或是流露豪爽的特性，他們就不知所措。

〔2〕

〔惡行也可以成就英名〕

喬凡帕苟洛就是這樣，不把近親亂倫與殘殺親人當一回事，卻不能——或許比較恰當的說法是不敢——把握良機做出使別人對他的勇氣擊節稱賞又使自己流芳萬世的壯舉。他本來有機會第一個現身說法，向高級教士證明像他們那樣過活又那樣掌權的人根本不配受人敬重，可惜失之交臂。如其不然，他的英勇將超越因之而來的污名與危險。

【1】譯註：包括當時出差到佩魯賈的馬基維利本人。

〔28—32：無情無義〕

第28章　何以羅馬人不像雅典人對自己的公民那麼無情無義

任誰讀歷史都會看到共和國對自己的公民無情無義的例子。不過比起雅典，或許跟其他任何一個共和國比起來都一樣，羅馬人無情無義的例子比較少。探求箇中原委，只就羅馬和雅典而論，我相信那是因爲羅馬人比雅典人少有理由猜疑自己的公民。在羅馬，從國王被逐以後直到蘇拉和馬略，自由從來不曾被任何一個公民給剝奪，所以沒有重大的理由猜疑他們，也因此沒有重大的理由無緣無故冒犯他們。雅典恰恰相反，自由在最繁榮的時期被皮西搓托斯以善良作幌子給剝奪了，因此重新獲得自由之後，想起以往受到的傷害和奴隸待遇就急於報復，對象不只是公民所犯的錯，甚至捕風捉影也在所不惜。此所以有那麼多的傑出人士面臨放逐或死亡，也因此而有陶片放逐制度以及不同時代不絕如縷用來對付貴族的暴力手段。討論文明的那些作家說得非常有道理：人們恢復自由之後比保有自由的時候來得更可怕。

仔細衡量以上說的這一切，任誰都不會因爲因此指責雅典或讚揚羅馬，倒是會歸咎於形勢，因爲這兩個城市的情況不一樣。細心斟酌這件事就會明白，如果羅馬像雅典那樣失去自由，羅馬對自己的公民不見得會比較仁慈。我們可以根據國王被逐之後發生在科拉廷努斯和朴柏里烏斯．瓦列瑞烏斯身上的事作個非常眞確的推論。前者遭放逐並沒有別的理由，只因爲他冠上塔昆家族的名號，雖然他促成羅馬的自由；後者差一點就被放逐，只因爲他在凱連山建一棟房子瓜田李下惹了一身腥。所以說，看到羅馬的疑心病那麼重以及對待這兩個人那麼不近人情，可以推想它如果在早期開始擴張之前受到公民傷害的話，也會像雅典人那樣無情無義。

爲了避免重複無情無義的問題，我在下一章繼續申論。

第29章　人民和君主何者比較無情無義

〔1〕

〔報仇比報恩容易〕

關於上一章提到的問題，我覺得有必要比較人民和君主，看看誰的作風比較無情無義。爲了辨明這件事，我說無情無義這件缺德的事無非是源自貪心或疑心。不論是人民或君主派遣某個將領從事一場重要的戰爭，那個將領如果獲勝將會獲得莫大的榮耀，這一來那個君主或人民非得要獎賞他不可。假如他沒有得到獎賞，反而由於他們的貪心或小氣而受到羞辱或爲難，那麼他們就犯了一個不可原諒的過錯，而且還給自己添了個永遠洗刷不了的恥辱。可是偏偏有許多君主明知故犯。科內利烏斯．塔西陀《歷史》4.3一句話道出箇中原委：「報仇比報恩容易，因爲感恩被當作是負擔而報復則是收益。」

〈疑心情有可原〉

但是如果不獎賞將領——或許比較好的說法是得罪他——的動機不在於貪心，而是在於疑心，那麼不論人民或君主倒是有值得原諒的地方。關於這一類無情無義的行爲，書上俯拾可得。立功德[1]爲主公獲取一片領地的將領，征服敵人而且使自己榮耀加身又使戰士荷包飽滿，必然在他的戰士中、在敵人中以及在那個君主的臣民中獲得無比的名望，功高震主的滋味並不好。由於人的天性就是有野心又有疑心，不曉得在走運時有所節制，要求君主在他的將領贏得勝利之後油然而生的疑心不因那個將領言行自大而更加疑心是強人所難。君主不得不想方設法防範他以保障自己；要做到這一點，他想的無非是把他給殺了，不然就是消除他在軍隊或人民當中爲自己贏取的名望，竭盡所能說明勝利之事不是由於那個將領的德性，而是由於運氣，或是由於敵人儒弱，不然就是跟他並肩作戰的其他領導人智慮周詳。

〔2〕

〈韋斯巴薌對安東尼烏斯無情無義〉

韋斯巴薌在猶太被他的軍隊擁戴爲皇帝之後，安東尼烏斯·普萊睦斯在伊利里亞受到另一支軍隊的

【1】譯註：立功德，*virtuosamente*，重出於下一段因多了最高級形容詞而譯作「功德無量」。原文的*virtù*（拉丁文*virtus*，英文virtue）及其衍生字（形容詞為*virtuoso*）雖然在本書先後有「德、德性、功德、有德可表」等不同譯法，但不論如何譯法，必定含有「德」這個詞根。讀者不難從譯文看出，馬基維利用到這個字常常涉及勇氣、操守、適才與效能，在本章則一無例外。

擁戴，卻獨排眾議，支持韋斯巴薌並且率軍趕回義大利對抗在羅馬遂行統治的維特利烏斯，功德無量消滅維特利烏斯的兩支軍隊並且佔領羅馬。結果，穆替安努斯奉韋斯巴薌之命抵達羅馬，發覺安東尼烏斯的德性使得他手到擒來，萬難均已克服。安東尼烏斯因這事所得到的回報是，穆替安努斯立刻剝奪他的兵權，然後逐步削弱直到完全鏟除他在羅馬的權勢。安東尼烏斯於是向仍在亞洲的韋斯巴薌覆命，從後者得到的是在很短的時間內職權被削除一空，幾乎絕望而死。這一類的事例史不絕書。

〔斐迪南對貢薩沃無情無義〕

我們這個時代，在世的人沒有一個不知道貢薩沃．費蘭帖多麼盡心盡力而且德性可感。他投效阿拉貢國王斐迪南麾下，在那不勒斯王國奮戰駐紮當地的法國人，為主子征服了那個王國。到了論功行賞的時候，斐迪南離開阿拉貢，來到那不勒斯，先剝奪他對於武裝部隊的兵權，接著接收他的要塞，然後帶他回西班牙，在那兒他不久就屈辱以終。由此可見君主的猜忌是自然不過的事，他們不可能克服疑心病，不可能感激憑戰功建立威名的手下。

〔3〕

〔共和國的無情無義源自愛好自由〕

既然君主不可能卸除猜忌的心防，人民半斤八兩說來不足為奇。生活於自由的城市有兩個目標，一個是爭取自由，另一個是維護自由。追求這兩個目標過度熱衷必定犯錯。關於爭取自由時犯錯，我會適時說明。至於維繫自由時犯錯，犖犖大者包括下列數端：應該獎賞的公民反而受到迫害；應該寄予信任的公民反受到猜疑。雖然那樣的行爲在已趨墮落的共和國是大惡之因，通常很快就變成專制——就像凱撒在羅馬以武力奪得無情無義所拒絕的[2]。同樣的行爲在尚未腐敗的共和國卻是大善之因，並且因而保有更長久的自由生活，因爲人們擔心受罰就比較潔身自愛，而且會收斂野心。

〈羅馬很少忘恩負義〉

誠然，所有建立過帝國的民族當中，羅馬基於前一章所述的理由是最不忘恩負義的。說到羅馬人無情無義，除了斯基皮奧就沒有別的事例了。至於科瑞奧拉努斯和卡米盧斯被放逐，那是因爲他們做出傷害平民的事，雖然前者因爲始終對人民懷有敵意而得不到諒解，後者則不只是在流亡途中被召回，而且終其餘生受到君主般的愛戴。對斯基皮奧的無情無義源自公民對他起了疑心，別人沒有這個問題，因爲他所征服的敵人[3]不同凡響，因爲他在長期而且危險的戰爭獲勝所得的名聲來得太快，加上他年輕、審愼以及其他令人難忘的德性。這些特質太醒目了，連羅馬的司法行政官也對他的職權有顧忌，別人更不在話下。羅馬不曾有過這樣的事，明智的人因而覺得不以爲然。他的生涯太不尋常了，德高望重的加圖．普瑞斯庫斯第一個反對他，說有個連司法行政官都顧忌三分的公民，那樣的城市不可能稱作自由。羅馬人在這件事追隨加圖的看法值得諒解，就如同我在上文說的那些人民與那些君主因疑心而忘恩那樣值得諒解。

【2】譯註：暗示凱撒功在社稷值得以專制獎賞他，可是腐敗的羅馬人民不認帳。
【3】譯註：漢尼拔。

〔共和國比君主講究情義〕

所以，總結這一番論述，我說忘恩負義這種缺德的事無非是出於貪心或出於疑心；人民很少因貪心而做出無情無義的事，出於疑心的情形也比君主少得多，因爲人民比君主更沒有理由疑神疑鬼，正如以下要說明的。

第30章 君主或共和國如何避免無情無義，將領或公民又如何免於無情無義之害

〔1〕

〔君主應該親征〕

爲了避免必然要生活在猜忌之中而做出忘恩負義的事，君主應該親自出征，就像起初羅馬皇帝那樣，像我們這個時代的土耳其人那樣，也像以前和當前有德可表的人那樣。如果他們獲勝，榮譽和戰利品全都是自己的；要是他們不在戰爭的現場，既然榮譽是別人的，君主看來得不到好處，除非破壞他們不曉得如何爲自己爭取的榮譽。這一來他們成了忘恩負義或不公不義，所失無疑大過所得。所以，他們如果由於怠惰或缺乏遠見而留在後方無所事事，卻指派將領出征，那麼除了他們已經知道的那些至理名言，我沒什麼好多說的。

〈拖延不決喪失先機〉

倒是對於銜命出征的將領，我有話說。既然我斷定他無法避免受無情無義之害，有兩件事他可以擇一而行：凱旋之後立刻退伍，把自己交到君主手中，謹防任何流露傲慢或野心的動作，這一來後者沒有絲毫懷疑的餘地，或許還有理由獎賞他或不爲難他；要不然，如果覺得那樣不妥當，他可以毅然決然反其道而行，盡他認爲可行的一切方式獨吞征戰所得，同時極力爭取部下和同胞的好感，跟鄰邦重建友誼，用自己的人馬佔據要地，收買軍中的主力幹部，除掉收買不了的那些人，藉這些手段懲罰他的主公可能施加在他身上的無情無義之舉。沒別的方法了，可是就像第二十七章說過的，人們不曉得要怎麼樣壞到底或好到底。倒是常看到凱旋榮歸的將領做不到急流勇退，做不到謹言慎行，不曉得如何利用值得推崇的劇烈手段。就這樣游移不定，他們夾在無所作爲與三心兩意之間動彈不得。

〈2〉

〈共和國必須全民皆兵〉

對於有心避免忘恩負義這種缺德事的共和國，我們也可以有對策，可是跟提供給親征而不是指派將領出征的君主不一樣，因爲對共和國而言，指派自己的公民出征有其必要性。因此我主張追隨羅馬共和所遵循的模式是恰當的，因爲這個模式不像別的那樣無情無義。這跟羅馬的行政制度有關。既然整個城市不論貴賤都參戰了，每個時代都出現那麼多有德可表的人，戰功彪炳不一而足，因此人民之間彼此無所顧忌，因爲有太多的人互相防範彼此牽制。他們都正直持身，唯恐流露野心或留下把柄招來人民的猜忌，竟至於膺任獨裁官的人越快卸職反而榮譽越高。

這麼看來，羅馬模式因爲不至於產生疑心，所以不至於產生無情無義。所以說，不想引發忘恩負義之舉的共和國應該採取羅馬的方式，有心避免被反咬一口的公民則應該遵守羅馬公民所遵守的規範。

第31章 羅馬將領從來不曾因犯錯而受嚴懲，也不曾因無知或決斷失策為害共和國而受到懲罰

〔1〕

〔不以懲罰貽誤軍事授權〕

正如前文所論，羅馬人不只是不像其他共和國那麼忘恩負義，而且還比較仁慈，在懲罰自己的軍事首長時比較愼重。如果過錯是出於惡意，他們的懲罰還是合乎人道；如果是出於無知，他們不只是不懲罰他，而且還獎賞他、禮遇他。他們採取這樣的作風是經過深思熟慮的，因爲他們認定統御軍隊的人重要無比，應該有主見又能應變，做決策時不該有外在因素的掣肘，所以他們無意在本身就困難又危險的事情上增加新的困難與危險，因爲他們認爲如果治絲益棼，沒人做得出功德。比方說，他們可能派遣一支軍隊進入希臘對付馬其頓的腓力，或進入義大利對付漢尼拔，或對付他們以前征服過的那些民族。奉命統率這次遠征的將領因爲隨這些重大事務而來的種種顧慮而憂心忡忡。如果除了這種種顧慮，還要額

外增加因爲打敗仗而被釘十字架或被殺的先例，將領在重重的疑慮中勢必無法斷然作出決策[1]。因此，由於他們判斷對這些人來說打敗仗已足爲懲罰，他們無意用別的、更大的懲罰威嚇他們。

〔2〕

〔不是因無知而犯錯的事例〕

至於不是因無知而犯的過錯，不妨舉個例子。在維愛的原野上，塞爾吉烏斯和維吉尼烏斯各自率領一部分軍隊。塞爾吉烏斯面對托斯卡納人可能來襲的方向，維吉尼烏斯在另外一邊。果然塞爾吉烏斯受到法利希人和其他部族的襲擊，他吃了敗仗而且沒有派人向維吉尼烏斯求援就潰逃。而維吉尼烏斯預期塞爾吉烏斯會屈戰蒙羞，竟然袖手旁觀，寧可眼睜睜看祖國受辱以及塞爾吉烏斯的軍隊被消滅。這樣的行徑眞是惡毒，而且足資警惕，如果他們兩個沒有受到處置，勢必帶給羅馬共和國不好的影響。在別的共和國的確可能對他們處以極刑的情況下，這一個卻只是處以罰款。之所以如此，不是因爲他們的罪不值得嚴懲，而是因爲，理由已如前述，羅馬人在這件事有心維持他們古老的習俗。

〔因無知而犯錯的事例〕

再說到因無知而犯錯，瓦羅的事例令人嘆爲觀止。由於他的魯莽，羅馬人在坎尼敗給漢尼拔，共

【1】譯註：以釘十字架處置失職的將領，這不是羅馬人的作法。波律比烏斯曾述及迦太基採用這樣的懲罰，可是沒有提到羅馬人。李維也提到一位名叫漢尼拔的將領在他指揮的一支艦隊打敗仗之後被自己的手下釘上十字架。

和國的自由岌岌可危；儘管如此，因爲是由於無知而不是由於惡意，他們不但沒有懲罰他，甚至還禮遇他，在他歸返羅馬時，元老階級全體去迎接。既然無從就戰事向他恭喜，他們恭喜他奮戰不懈，沒有對羅馬灰心喪志。帕皮瑞烏斯．庫爾索因爲法畢烏斯在參加對抗薩謨奈人的戰爭時違背命令而想處死法畢烏斯，法畢烏斯的父親提出種種理由反駁固執己見的獨裁官，其中一個理由是羅馬人民從來不曾在將領打敗仗時做出帕皮瑞烏斯在打勝仗時想做的事。

第32章　共和國或君主不應該拖延到迫於形勢才施惠給人民

〔為政該有先見之明〕

波爾塞納爲了讓塔昆家族復辟而進犯羅馬時，羅馬人發現在危難當頭時對於民眾慷慨的好處。那時候，元老院擔心平民棄戰迎接國王，免除了鹽稅和種種負擔以穩固他們的立場，說窮人撫養孩子大有利於公益，民眾則爲了這個利益甘願忍受圍城、飢餓與戰爭。然而，千萬不該憑這個事例而拖延到危險臨頭才去爭取民心，因爲羅馬人成功之處無法比照。由於民眾會集體認定好處不是你而是你的對手給的，而且會擔心形勢一旦改變，你將會收回當初被迫付出的，他們不會覺得對你有什麼虧欠。此一政策在羅馬行得通，那是因爲那個政權是新成立的，而且根基不穩，而人民已經看到法律的訂定是爲了他們的利益，就像爲了回應平民的訴求而設立護民官的例子，因此能夠使他們相信好處主要不是由於敵人兵臨城下，而是由於元老院存心讓他們受益。此外，他們以前備受國王壓榨，現在仍然歷歷在目。類似的緣由可遇不可求，因此類似的對策難有用武之地。

所以不論誰掌握政權，共和制或是君主制都一樣，都應該事先考慮到什麼時機可能對自己不利，以及身處橫逆時可能需要什麼人，然後設想自己在可能的情況下跟他們相處之道並且身體力行。反此道而行的人，不論是君主或是共和國，如果相信危險臨頭的時候能夠略施小惠就贏得民心，那是自欺欺人，因爲這麼做不只是保障不了自己，甚至還加速自取滅亡。

〔33—36：獨裁之爲用與濫用〕

第33章　政權面臨內憂或外患，靜觀其變比強力對抗更有效

〔1〕

〔羅馬在內憂外患中成長〕

隨著羅馬共和國的聲望、勢力和版圖有增無已，起初並不認爲那個新共和國能帶來什麼大害的鄰邦如今開始承認自己錯了，可是太遲了。爲了謀求補救當初的失策，足足有四十個部族聯合對抗羅馬。因此羅馬人使出他們應付危急一貫採用的對策，其中一項是設立獨裁官，也就是把權力交付給某個人，他不必經由任何諮詢就可以下決斷，而且不必請示就可以執行他自己的決定。那個對策在當時發揮了效果，使他們得以克服迫在眉睫的危險，後來在該共和國不斷擴張版圖的過程中一再面臨種種事故時總是最管用的一招。

〔2〕

〔野心份子的崛起〕

關於那一類的事故，首先要討論的是一旦發生危急，不論是在共和國內部或是外部，不論是起因於

內在的還是外來的緣由，程度已經大到每一個人都開始驚慌，這時候採取靜觀其變的策略是比意圖撲滅來得穩當。試圖滅火幾乎總是火上加油，反而加速惡果。諸如此類的事故發生在共和國裡頭，內因比外因更常見，要不是有某個公民的影響力超過合理了程度，就是法律這個自由的生活方式所賴以維繫的命脈開始腐蝕，一誤再誤竟至於採取救濟的對策比任其蔓延爲害更大。尤其人們總是偏好新奇，事故初發之時也就越難以辨識，看來大有名堂或是年輕人帶頭起哄的事更是如此。如果共和國出了個德性超群的貴族青年，引起全體公民的矚目，大家不分青紅皀白把他捧上天，竟至於只要他有丁點兒野心，造化與民心雙重的偏愛互相加乘，他馬上就能夠一呼百諾，等到公民發覺自己錯了的時候，已經難有補救的對策。即使竭盡所能遏阻也只是加速他坐大勢力。

〔3〕

〔科斯莫・德・麥迪奇之例〕

這樣的事例俯拾可得，我就從我們的城市信手舉一個。麥迪奇家族在佛羅倫斯飛黃騰達是從科斯莫・德・麥迪奇開始的，由於他本人智慮周詳加上其他公民的愚昧，聲望如日中天，政權當局開始有了顧忌，竟至於其他的公民認定觸怒他固然危險，縱容他則是更加危險。當時有個名叫尼寇洛・達・烏扎諾的人，是公認的公民事務專家，他沒看出科斯莫的聲望可能帶來的危險，犯下了第一個錯。有生之年他不再容許自己犯下第二個錯——就是意圖除掉科斯莫——因爲他判斷那樣的意圖勢必毀掉整個政權，就像我們在他死後所看的。因爲市民在他去世之後不遵守他的策略，他們團結起來反對科斯莫，把他從佛羅倫斯驅逐出境。結果是他的黨羽認為欺人太甚而懷恨在心，沒多久就迎他回來當上佛羅倫斯共和國的君主，那是他沒有公然的反對勢力就不可能爬上去的職位。

〔4〕
〔凱撒之例〕

同樣的事情也在羅馬發生於凱撒身上。他的德性雖然博得龐培及其他公民的擁護，擁護沒多久就轉為顧忌。西塞羅可以為這事作證，他說龐培後來對凱撒開始有顧忌。這一顧忌促使他們設想補救的對策，那些對策卻加速毀滅他們的共和國。

〔5〕
〔壓力使羅馬壯大〕

因此，我說既然這些惡果在初發之時不容易看出來——之所以不容易乃是由於事情在開始的時候易於蒙蔽——看出端倪之後採取靜觀其變的策略是比對抗來得明智。靜觀其變讓它們就自行消散，起碼把惡果往後延。從一開始就打算壓制或對抗的君主應該時時警覺，以免火上加油，錯把往前拉當作往後推，或以為澆水可以淹死植物。應該好好探察病癥，如果相信有能力治好就立刻著手別猶豫；不然就隨它去，別做徒勞的事。正如前文所論羅馬鄰邦的遭遇，既然羅馬的勢力已經坐大，恰當的作法是尋求安撫之道，藉睦鄰政策加以阻止，而不是以戰爭逼迫羅馬在功防之道求新求變。合縱連橫的方式根本不管用，只是促使羅馬人更加團結、更加堅毅，從而在更短的時間應急生智壯大力量。羅馬人的應急措施包括創設獨裁官，藉這個新制度不只是克服了迫在眉睫的危險，而且還避免了共和制如果沒有那個補救措施將招致的無數惡果。

第34章　獨裁官的職權對羅馬共和有利無弊；戕害公民社會的是公民擅取的權力，而不是自由投票賦予的權力

〔1〕

〔掌權者可輕易取得名器，名器未必帶來權力〕

有人譴責在羅馬創設獨裁官的那些人，說他們是後來羅馬出現專制的始作俑者，因爲羅馬的第一位專制統治者是以獨裁官的頭銜發號施令，如果不是這樣的話，凱撒就無法以任何公職之名掩護他專制之實。持這個看法的人察事不明，說的話沒有道理。使羅馬遭受奴役的並不是獨裁官的名器或職稱，而是有些公民長期霸佔權勢。就算羅馬一直沒有獨裁官的名器，野心份子也會搞出別的名堂，因爲只要有權力就能輕易取得名器，有名器卻不見得擁有權力。由此可見，獨裁官的產生如果是經由民衆的任命，而不是經由個人專權，那麼這個職權總是能造福城邦。經由非法的途徑產生的官吏與取得的職權才會傷害共和體制，經由合法的途徑則不會，此所以我們在羅馬看到的是，在那麼長的時間中，獨裁官所作所爲總是對共和國有利無弊。

〔2〕

〔羅馬尚未腐敗時獨裁官不足以為害〕

關於這一點，原因顯而易見。首先，公民心懷不軌想爲自己攫取非法的權勢得要有許多因素配合，這在尚未腐敗的共和國是不可能的。他得要家財萬貫，還要有黨羽嘍囉如雲，這在實施法治的地方是不可能的。即使這一切他都具備，那一票人的囂張行徑也足以嚇跑自由的選票。其次，獨裁官有任期，不是終身的，而且授權明確，僅限於任命時的應急事宜。他的確獲得授權可以就緊急的對策自行決斷，凡事可以不經諮詢，不經請示就可以懲處任何人。可是他不可以做出任何可能危害城邦的事，比如剝奪元老院和人民的權限，或是對城市的制度廢舊立新。所以說，短暫的獨裁官任期、有限的職權以及不腐敗的羅馬人民，這三重限制使他不可能爲非作歹爲害城邦。經驗其實顯示，獨裁官一向對羅馬這個城邦有助益。

〔3〕

〔常態制度難以應付變局〕

誠然，羅馬所有的制度當中，獨裁官一職的設置最值得重視，而且是造就帝國偉業的因素之一，因爲如果沒有這一套制度，城邦面臨非常事故勢必難以應變。共和國的制度通常動作緩慢，因爲會議和官吏不可能自行運作，在在需要別人的合作，撮合不同的意見得要花時間，這一套程序在時間緊迫的情況下緩不濟急，因此共和國應該在體制內有一套類似羅馬所採行的模式。現代的共和國當中出類拔萃的威尼斯共和國就保留了權勢給少數的公民，讓他們可以在危急時不需透過諮詢就採用全體共識作出決定。如果缺少類似的安排，共和國必然因墨守成規而自取滅亡，不然就是為了救亡而破壞制度。共和國不能隨便動用非常手段，因為非常手段雖然一時有好處，卻遺害無窮。為了善果而破壞制度的惡例一開，積習難返，那麼以後只要用那個藉口潤飾，作惡也可以破壞制度。所以說，除非法律面面俱到，每遇危機都可以有因應之道，共和國永遠稱不上完美。我的結論是，在危急時不能夠求助於獨裁官或類似職權的共和國，免不了在面臨重大事故時毀於一旦。

〔4〕

〔獨裁官的選任〕

這一套新制度值得注意的是選舉的方式，羅馬人的設想堪稱明智。由於設置獨裁官一職多多少少使執政官臉上無光，他們身為城市的領袖竟得要跟其他人一樣服從獨裁官，又因為他們認為這樣會使人民瞧不起他們，因此希望掌握獨裁官的任命權。他們的想法是，如果發生什麼事故致使羅馬需要這個類似國王的職權，就由他們主動推選。因為是他們推選的，他們心裡會減少幾分難受。人在自發而且可以有所選擇的情況下對自己造成的傷害與不幸，比起別人所造成的，痛苦要小得多。其實，羅馬人在最後的幾次把權力交付給執政官而不是給獨裁官，就是這麼說的：「讓執政官明白這個共和國沒有受到傷害。」

〔重申33章的結論〕

言歸正傳，我的結論是，羅馬在鄰邦強大的壓力下，爲了救亡圖存而不得不團結一致勵精圖治，創設的新制不只是有能力自衛，甚至增加反擊的威力。

第35章　何以羅馬所創設自由普選產生的十人執政團有害於該共和國的自由

〔沒有設限的職權遺害無窮〕

上文論及戕害共和國的是經由暴力攫取而非選票賦予的權勢，這看來跟羅馬人民選出十位公民創制法律的結果背道而馳。這十人執政團後來變成羅馬的專制統治者，毫不猶豫剝奪了羅馬的自由。關於這一點，應該考慮賦予職權的方式與得到授權的期限。如果授以長時期——長時期指至少一年以上的時間——沒有限制的職權，總是會有危險，效果好壞則看獲得授權的人是好是壞而定。比較十人執政團和獨裁官所擁有的權力，不難看出十人執政團掌握的權力大到不像樣。獨裁官創設之初，護民官、執政官與元老院仍保留他們的職權，獨裁官無法自行其是。就算他有辦法排擠總名額兩人的執政官當中的一個，並且把另一個趕出元老院，他也不可能取消元老院的制度或創制新的法律。所以，元老院、執政官和護民官都保留他們的職權，像衛兵保護他不要偏離正道。十人執政團的創設卻樣樣相反，因爲執政官與護民官都取消了，他們可以創制法律，還可以在羅馬人民的授權之下做自認爲恰當的事。這一來，他們發覺自己大權在握卻不受監督，沒有執政官和護民官的牽制，甚至不受人民監督。他們在阿皮烏斯的野心驅使之下，第二年就開始飛揚跋扈。

〔不受監督的職權必將腐敗〕

因此，值得注意的是，我在前一章說因自由投票而來的職權永遠不會危害共和國，那是基於這樣的前提：除非有適當的條件與適當的期限，人民絕不會在有心人的主導下授予權力。但是如果受到欺騙或蒙蔽而貿然授權，像羅馬人民授權給十人執政團那樣，必定重蹈覆轍。只要看看是什麼原因使獨裁官爲善而使十人執政團作惡，或治理良好的那些共和國長期授權是怎麼個做法，像斯巴達賦給他們的國王以及威尼斯賦給他們的公爵那樣，就可證明我說的道理。從這兩個例子不難看出，監督的機制可以有效預防濫用職權。但是，在這樣的情況下，即使人民不腐敗也無濟於事，因爲絕對的權力在很短的時間就足以使人民墮落，接著就是結黨營私大行其道。到了那樣的地步，甘於貧窮或獨善其身也都不濟事，因爲爭權逐利很快會蔚然成風，正如我們在述及十人執政團的創設時會詳細討論的。

第36章　職位較高的公民不應該鄙視職位較低的公民

羅馬人讓馬庫斯·法畢烏斯和曼尼利烏斯擔任執政官，征伐維愛人和埃特魯里亞人贏得輝煌的勝利，可是執政官的哥哥——他在前一年擔任過執政官——戰死沙場。這裡要考慮的是那個城邦的制度如何自我調適而成其偉大，其他南轅北轍的共和國又是如何欠缺自知之明。雖然羅馬人對榮譽的熱愛是出了名的，他們並不認爲服從他們曾經指揮過的人或是服役於他們曾經統御過的部隊是不體面的事。這樣的習俗跟我們這時代的觀點、制度與民情大相逕庭。在威尼斯，直到現在還是有這樣要不得的觀念：曾經位居要津的公民恥於接受較低階的官職，城市當局也認同他不接受任命。這樣的事在個人或許保住了顏面，對公衆卻一無是處。民衆對於從較高降到較低官階的公民，應該比對於從低階爬到高階的公民懷有更大的信任，因爲後者沒有充分的理由可以讓人寄予信任，除非他身邊圍繞的是可敬可佩而且德性高超之士，他們的意見與影響足以彌補他經驗上的不足。假如羅馬也有威尼斯以及其他現代的共和國與王國都見得到的那種習俗——亦即擔任過執政官的人就沒有從軍的意願[1]，除非他還是擔任執政官——那麼勢必會發生不計其數的事情爲害到自由的生活方式，因爲新手難免犯錯，而且野心因爲沒有顧忌而益形放肆，這一來他們更加無拘無束，到頭來將證實爲共和國的心腹之患。

【1】譯註：羅馬執政官的法定職權之一是統帥軍隊。

〈37—39：毀滅之路〉

第37章 農民法在羅馬引起的公憤；公憤之尤莫過於在共和國創制回溯甚久而且違背該城歷史悠久之習慣法的法律

〈1〉

〈野心引發傾軋〉

古代作家說過：逆境使人煩惱，順境使人鬆懈，這兩種情感雖有不同，引發的效果如出一轍。人們縱使因形勢所逼而停止鬥爭，卻又往往因野心而再啓爭端，其勢盪胸竟至於不論當事人爬到什麼樣的官階都消退不了。究其原由，造化造人就是使他們事事有欲求卻事事不能如願。既然慾望總是超過獲取的能力，於是不知足，對於所擁有的欠缺一份滿足之心。機運因此各有不同，有人貪多，也有人患失，彼此敵視竟至於兵戎相見，結果就是各地區互有興衰。

〈應當國家富足而公民貧窮〉

我這麼說是有感而發。羅馬迫於形勢而創設護民官以保障平民免於貴族的欺壓，可是平民並不知足，很快在野心的驅使下捲入鬥爭，要跟貴族分享大多數人所企求的榮耀與財富。隨之而來的是農民法【1】引發爭端所產生的弊病，後來導致共和體制的覆亡。因爲規劃完善的共和國得要維持公庫充裕而公民貧窮，顯然這部法律在羅馬內部有一籮筐的疑難雜症，要不是當初立法不夠周延因此要不斷修法，就是立法延宕太久使得溯及既往後患無窮，不然也有可能當初立法雖然完善，後來卻在執行時出了偏差。不管怎麼說，這一部法律在羅馬是不提則已，一提則全城鼎沸。

〔2〕

〔有錢人反對農民法〕

這一部法律有兩個主要的條款。一個是規定公民不能擁有超過多少犁畝的土地，另一個是取自敵人的土地應該分給羅馬人民。這對貴族帶來雙重的打擊：有些人擁有的土地超過法律規定的上限，其中多數是貴族，如今超過的部分得要充公；在另一方面，由平民分享敵人的土地則堵塞了貴族發土地財的途徑。由於這些措施是衝著有權有勢的人而發，那些人自認反對這部法律是爲公益著想，因此每逢有人提起這件事就，正如我說過的，全城鼎沸。貴族有耐心也有手腕靜觀其變，或是率軍出征，或是擁護另一個護民官以反對當初提案立法的那個護民官，或是有時候稍微讓步，或是遣送殖民團隊前往有待分配的地方。最後安齊奧附近的鄉村地區發生了這樣的事：這個法律再起爭執的時候，一支殖民隊伍從羅馬出發，被指定前往剛才說的那個地方。就在這個節骨眼，提圖斯·李維寫出引人注目的一句話：在羅馬幾

【1】譯註：第一部農民法是公元前四八六年，與赫爾尼基人的戰爭結束後，卡西烏斯在執政官任上所頒佈。該法律把佔領所得的敵人土地分配給羅馬平民。

乎找不到想要前往那個殖民地的人；平民在羅馬望穿秋水的心願，卻不願前往安齊奧實現。人們對這法律的不滿就這樣發酵一段時間，直到羅馬人開始進軍義大利更遙遠的部分，在那之後似乎就消退了。事情這樣發展是因爲羅馬的敵人所擁有土地在平民看來太遙遠，都在耕作不易的地方，因此他們並沒有太大的意願，而且羅馬人不至於嚴厲懲罰他們的敵人，而是只要劫掠當地的城鎮，然後送人去殖民就心滿意足了。

〔私了公共爭議的後患〕

由於這種種原因，這部法律躺著彷彿睡著了，一直睡到格拉古兄弟的時期；可是一覺醒來，羅馬的自由也給毀了。此時反對派的力量已倍增，因此激起平民與元老院之間的仇恨，竟至於雙方動武流血，處處跟文明的規範與民情背道而馳。這一來，檯面上的官吏一個個束手無策，敵對的雙方也無法對他們寄予厚望，只好私下尋求對策，各黨派都在想如何推出對自己有利的人選。就在這群情鼎沸混亂聲中，平民率先擁護馬略，讓他四度出任執政官；他自己又戀棧官職，長期把持不去，竟至於除了幾次中斷，他能夠三度自封爲執政官。由於貴族沒有對策應付這樣的人禍，他們轉而擁戴蘇拉；蘇拉成爲他們的領袖之後，內戰爆發。歷經無數的流血與機運的變遷，貴族佔了上風。這些宿怨後來在凱撒和龐培的時代死灰復燃。凱撒和龐培分別成爲馬略黨和蘇拉黨的領袖之後，凱撒在纏鬥中佔了上風。他是羅馬的第一個專制者，那個城邦市的自由從此一去不返。

〔3〕

〔有錢人的野心後患無窮〕

這就是農民法的來龍去脈。我們在別個地方見識過羅馬元老院與平民之間的敵意促成有利於自由的法律，從而使羅馬得以保持自由。這一部農民法的結局看來不吻合這樣的結論，可是我不會因此放棄前述的看法。權貴之士的野心太大了，如果沒有種種方法加以節制進而反擊，城邦的覆亡爲期不遠。農民法引起的紛爭歷時三百年才使羅馬淪爲奴役狀態，假如不是有平民藉這一部法律以及其他需求一直在牽制貴族的野心，該城會更快被奴化。從這事還可以看出，把財物看得比榮譽重要的人何其多。羅馬貴族總是不必經過太大的抗爭就把榮譽讓給平民，可是一說到財物，他們立場之強硬無以復加，平民爲了達到目的只好訴諸前面說的非常手段。

〔靜觀其變的妙用〕

這一場混亂是由格拉古兄弟發動的，動機値得讚揚，思慮卻有欠周詳。爲了化解共和國內部長久以來的動亂，因此訂立溯及既往的法律，這個政策本身就考慮不周。正如前文已長篇論述，那只會加快覆亡的速度，倒不如靜觀其變，以拖延禍害的發生，說不定禍端尙未冒出頭即已隨時間自行消散。

第38章 衰弱的共和國難以果斷，也下不了決心；即使採取任何策略也是迫於形勢，不是出於選擇

〔1〕

〔羅馬元老院識時務〕

瘟疫肆虐羅馬，沃爾西人和埃魁人認爲消滅羅馬的時機已到來，於是這兩個部族合組大軍，對拉丁人和赫爾尼基人展開攻勢。疆域既已慘遭蹂躪，拉丁人和赫爾尼基人不得不告知羅馬，要求羅馬人出面保衛他們。羅馬人苦於疫疾爲患，無法出兵協助，答覆說他們應該以自己的兵力自衛。由此可見羅馬元老院的坦蕩和智慮，不論機運如何都善於掌握主導權。一旦迫於形勢而作出違背常情的決定，也從來不引以爲羞。

〔2〕

我這麼說是因爲這同一個元老院曾經禁止這兩個部族武裝自衛，因此智慮略遜的元老院可能會覺得讓他們自衛是自失立場。可是這個元老院判斷事情向來實事求是，而且總是兩權相害取其輕。基於前述以及其他許多不難理解的原因，沒有能力保衛藩屬的滋味不好受，讓他們自行武裝的滋味也不好受。儘管如此，既然敵人兵臨城下，他們不管怎麼說總會因形勢所逼而自行武裝，羅馬元老院體認到這一點，做出令人敬佩的事，決定讓他們在得到特准的情況下做他們必須做的事，以防他們因形勢所逼而違背命令變成選擇抗命習以爲常。這看來或許是每一個共和國都應該採取的政策，可是衰弱又不明事理的共和

國不曉得如何善加利用，也不曉得如何在類似的形勢中爲自己爭取美名。

〔佛羅倫斯不懂得效法羅馬之例〕

瓦倫提諾公爵佔領了法恩扎，也使得博洛尼亞屈服於他的條件。然後，他有意穿越托斯卡納返回羅馬，派手下前往佛羅倫斯，要求讓他帶領軍隊借道。佛羅倫斯城內就如何處理這件事幾經商議，不曾有人提議答應他的要求。就這事來說，沒有人遵循羅馬的模式；這公爵軍備精良，而佛羅倫斯幾乎是不設防，根本不可能阻止他借道而行，既然如此，自願總比被迫要來得光榮，因爲借或不借一樣沒面子，那倒不如主動示准還比較可取。可是衰弱的共和國最可悲的是下不了決斷，竟至於他們採取的一切決策都是被迫採取的；就算他們做對了什麼事，那也是被迫的，不是出於他們的智慮。

〔3〕

我想就這事再舉兩個例子，都是我們這個時代在我們的城邦發生的事。一五〇〇年，法王路易十二再度佔領米蘭，他很想把比薩交還給佛羅倫斯，以便得到佛羅倫斯人應允的五萬金幣賠款。他指派他的軍隊朝比薩進發，指揮官包蒙先生雖然是法國人，卻深受佛羅倫斯人的信任。這支軍隊和這位指揮官取道於卡希納和比薩之間，以便攻城。他們在那裡等了幾天，準備發動攻勢，比薩的使者來到包蒙面前，說他們願意依下述的條件投降法軍：他允諾以國王的名義擔保在四個月之內不把比薩交到佛羅倫斯人的手中。佛羅倫斯人全盤拒絕這個提議，結果是他們投入戰場接著含羞離去。佛羅倫斯人拒絕那個提議，沒別的理由，只因爲他們對國王的信譽沒信心，即使他們因策略無足觀而不得不聽命於他。在另一方面，他們不信任他，也看不出國王攻入比薩就能夠把該城交給他們，因爲說話不算數就會露出狐狸尾巴，比起即使他攻不下比薩也答應，因爲他們不得不買買他的賬，有更大的好處。所以，如果同意包蒙去佔領，不論條件如何，佛羅倫斯人都會更有利可圖。

後來的經驗顯示我的分析有道理。一五〇二年阿瑞佐發生叛變之後，安博先生奉法王之命率法國部隊去協助佛羅倫斯人。他抵達阿瑞佐附近，很快就跟阿瑞佐達成協議，後者願意像比薩那樣在某些條件獲得承諾的情況下交出該城。這提議在佛羅倫斯遭拒。安博先生得到消息，認爲佛羅倫斯人無知，親自跟阿瑞佐談判，不讓佛羅倫斯特使參與其事。結果他得遂所願，率領部隊進入阿瑞佐，讓佛羅倫斯人明白他們自己的狂妄與對世事的無知。佛羅倫斯人如果想要擁有阿瑞佐，就應該讓法王知道，他把部隊駐紮在城內比駐紮在城外更有辦法把該城交給他們。在佛羅倫斯，他們不斷詆毀譴責安博，直到他們終於明白假如包蒙像安博那樣，他們不但能擁有比薩，而且也能夠擁有阿瑞佐。

〔4〕

所以，回到我們的重點，優柔寡斷的共和國除非受到壓力，永遠不會有好的策略，因爲他們的衰弱不容許他們在有絲毫疑慮的情況下作決定；如果那疑慮沒有被緊纏不捨的壓力給驅散，他們將會一直懸而不決。

第39章 同樣的事故經常在不同的民族發生

〔1〕

〔人性自古不變〕

把古今世事做個比較，不難發現所有的城邦和民族都有相同的慾望和性情，向來都是如此。因此，只要細心檢討過去的事，任誰都不難預見共和國未來的遭遇，進而採取古人所用的對策。就算找不到前車之鑑，經由類似的狀況也可以設想新的對策。可是讀歷史的人往往忽視或看不清殷鑑，就算他們看清事理，統治的人也有所不知，結果就是不同的時代都有相同的亂象。

〔2〕

〔佛羅倫斯的事例〕

一四九四年[1]之後，佛羅倫斯城邦已喪失部分領地，像比薩和其他的城鎮，它迫於形勢而對佔領者發動戰爭。由於佔領的一方勢力強大，佛羅倫斯勞民傷財卻徒勞無功；隨龐大的開消而來的是沉重的賦稅，賦稅沉重導致民怨沸騰。這場戰爭是由戰爭十人委員會主導的，那是十個公民組成的司法行政官署，民怨開始把矛頭對準他們，說他們是戰爭與軍費的禍首。有人主張裁撤那個司法行政官署，說是這樣就可以結束戰爭。於是，到了該委員會得要改組的時候，他們故意不選任新委員，讓委員會無疾而

【1】譯註：即法王查理八世入侵義大利之年。

終，它的職權自然轉移給執政團。這個決定爲害很大，不只是無法像民意所期望的那樣結束戰爭，甚至還因爲主導戰爭的審愼之士都下台了，一場混亂的結果是比薩之外，阿瑞佐和其他許多地方相繼淪陷。於是，人民看清當時的錯誤，知道了問題在於疾病而不是醫生，十人委員會的官署恢復建制。

〔羅馬的事例〕

羅馬人對於執政官的職權也有過類似的不滿。人民看到戰爭接二連三，他們喘不過氣，照理他們應該要認爲是一心要消滅他們的鄰邦野心勃勃惹的禍，偏偏他們認爲是貴族野心勃勃惹的禍。可是平民在羅馬城內受到護民官的保護，貴族莫可奈何，於是想把他們引到羅馬城外，由執政官帶隊，利用他們孤立無援的時候壓制他們的氣焰。因其如此，平民認爲有必要廢除執政官，不然就是限制執政官的權力，俾使他們不論在城內或城外都無法對平民濫權。

第一個試圖訂定這個法律的人是護民官泰任提魯斯。他提議指派五個人監督並限制執政官的權力。這在貴族引起大騷動，因爲他們看來是權威一落千丈了，在共和國的官場不再有立足之地。然而護民官不爲所動，執政官的職稱就這樣給廢除。後來經過一番調整，他們同意設置具有執政官權力的護民官以取代執政官——這麼說來，他們眞正討厭的是執政官的名稱，而不是執政官的職權。這狀況持續一段相當的時間，直到他們知道自己錯了，才又恢復執政官的建制，就像佛羅倫斯人回復十人委員會。

〔40—45：十人執政團的雜感〕

第40章 羅馬創設十人執政團值得注意之處，據以申論共和國的解救與覆亡何以肇因於類似的原因

〔1〕

〔創設十人執政團的殷鑑〕

既然有意詳述羅馬創設十人執政團的過程中所發生的變故，我先來談談創設那個機構之後所發生的事情，然後辯明他們的作爲值得注意之處，這在我看來不算是多此一舉。事情千頭萬緒而且重要無比，對於想要維繫共和國自由的人固然如此，對於打算推翻共和體制的人也一樣。這些討論將會揭露元老院和平民所犯爲害自由的許多錯誤，也會揭露十人執政團主席阿皮烏斯要在羅馬實施專制所犯的許多錯誤。

〔2〕

〔阿皮烏斯的嘴臉〕

爲了創制法律以便確保羅馬的自由，人民與貴族經歷曠日持久的爭議與衝突之後，他們同意派遣斯

普瑞烏斯．波斯圖米烏斯帶著兩個公民前往雅典考察梭倫爲那個城邦制定的法律，以便奠定他們自己的羅馬法。回來之後，他們指定人選負責檢討並確認這裡說的法律，指定的十個人任期一年，其中包括阿皮烏斯．克勞狄烏斯，他這個人膽識有餘而沉穩不足。爲了在創制法律時無後顧之憂，他們中止羅馬原有的一切官職，特別是護民官與執政官，也暫時取消訴請民意公決的制度。這一來，十人執政團成了羅馬的太上皇。由於阿皮烏斯深受平民擁護，他把執政團同僚的職權全部攬上身。大家都認爲他曾經以殘暴的手段鎭壓平民，如今竟然那麼快就脫胎換骨，眞是不可思議。

〔3〕

〔阿皮烏斯本性畢露〕

這十人執政團的委員作風非常得體，隨扈不超過十二個人，他們是主任委員外出時的先導人員[1]。雖然他們握有絕對的權力，可是懲罰犯殺人罪的公民時，他們卻把犯人交給民衆公審。他們在立法之前先把法律條文刻在石版上，公告讓大家辯論，以便未雨綢繆，事先找出可能的缺失。就在這個節骨眼，阿皮烏斯在羅馬散播謠言，說什麼如果在這十塊石版之外另增兩塊，那就完美了。他打的如意算盤是人民同意十人執政團這個組織延長一年，人民也心甘情願同意了，一方面是爲了避免恢復執政官的建制，

【1】譯註：國王外出時有十二名隨扈在前引導開道，他們肩荷法西斯（*fascis*），即以紅線將木棒和戰斧捆綁在一起的「權杖」，是職權的象徵兼行刑的工具。執政官二人則共有十二名隨扈，為的是減半其使人「望而生畏」之情。

同時也因爲，既然他們自己也可以判案，就像前文說的，他們覺得沒有護民官也無妨。

十人執政團延長一年的政策已經定案，全體貴族趨之若鶩尋求那個榮銜，帶頭的就是阿皮烏斯。他在競選活動期間對平民仁心善意過了頭，他的伙伴開始起了疑心，「因爲他們相信像阿皮烏斯那樣妄自尊大的人不大可能會有發乎赤誠的情誼」（李維3.35）。公然反對他難免有顧忌，他們決定做得技巧些；而且，雖然他是全體委員當中年紀最輕的一個，他們授權他向人民提議未來的十人執政團委員，相信他會遵守不毛遂自薦的慣例，因爲那違背羅馬的習俗而且吃相難看。然而，「他眞的把絆腳石抓來當踏腳石」（李維3.35），把自己列入名單的排頭，使得全體貴族既驚訝又惱怒。接著他按自己的私心列出其他九個委員的名單。這個新的執政團，任期也是一年，開始對人民與貴族顯露恐怖的一面。幾乎是迫不及待，「阿皮烏斯結束了他所扮演的陌生角色」（李維3.36），展現他與生俱來的驕傲，不消幾天他的作風就感染他的伙伴。爲了威嚇人民與貴族，他的隨扈不是十二人，而是一百二十人。

〔4〕

〔阿皮烏斯失去民衆的支持〕

新任的十人執政團用同樣的手段對付貴族與平民，左右開弓持續幾天之後，開始抬舉元老院，同時打壓平民。假如有人受到某個委員的欺凌而向另一個委員提出訴願，下場一定更慘。這一來，平民看清了自己當初犯的錯，苦不堪言，轉而求助於貴族，「尋求自由的氣息，他們當初就是因爲害怕受到奴役而使共和國淪落到這樣的境地」（李維3.37）。貴族看到平民受苦，求之不得，「因爲他們自己厭惡當前的處境，滿心期望恢復執政官」（李維3.37）。第二個任期一年期滿的日子到了：兩塊法律石板做好了，可是還沒有公開示衆。十名委員逮住這個機會，繼續霸佔官職；他們開始以暴力掌握政權，在貴族青年當中厚植跟班人，把抄家搜括所得的財物賞給他們。「年輕人被這些財物腐化了，他們寧可犧牲全體羅馬公民的自由以成全自己的特權」（李維3.37）。

就在這時候，薩賓人和沃爾西人對羅馬人發動戰爭，十人執政團的委員膽戰心驚，開始明白自己的地位有多脆弱。沒有元老院，他們因此無法備戰，可是如果召開元老院，他們的權力也完蛋了。他們迫於形勢，採取後一個策略。元老院的議員齊聚一堂時，許多議員發言抨擊十人執政團的委員驕縱無度，特別是瓦列瑞烏斯和霍拉提烏斯。如果元老院不是因記恨平民而不願意展現權勢的話，十人執政團的職權將會被徹底剷除。元老院認爲如果十人執政團的委員自願放棄職權，平民護民官大概就不會重新設立。於是他們決定迎戰，帶了兩支軍隊出發，由十人執政團的部分委員率領，阿皮烏斯則留守城內。就這樣，他愛上維吉妮雅，想來個霸王硬上弓，她的父親維吉尼烏斯爲了不讓女兒受到污辱而殺死她。隨後羅馬和軍隊都發生暴動，後者會合其他的羅馬平民前往聖山，直到十人執政團的委員放棄官職。護民官和執政官恢復舊制，羅馬又恢復古老的自由狀態。

〔5〕

〔平民與貴族各有私心〕

由此可見，首先値得注意的是，羅馬創設這個專制機構有其弊害，其緣由無異於一般城邦所建立的專制統治，也就是人民過度渴望自由而貴族過度渴望掌權。一旦他們沒能同意創制擁護自由的法律，卻有某個黨派跳出來擁護某一個人，這一來專制隨即冒出頭。羅馬的平民與貴族同意創設十人執政團，賦給他們如此大的職權乃是因爲當事的雙方各有所求——要剷除特定的職位，一方是執政官，另一方則是護民官。設立之後，平民看到阿皮烏斯不只是人氣旺，而且還敢打擊貴族，轉而擁護他。可是民衆一旦犯這樣的錯，只因爲有人打擊大家痛恨的對象就擁戴他，那一個人如果有腦筋，必定會成爲城邦的專制統治者。他會在人民的擁護下俟機剷除貴族；他絕不會在剷除貴族之前著手壓制人民，可是等到貴族被剷除的時候，人民看清自己的處境與奴隸沒兩樣，卻已經沒有後路。在共和國建立專制統治的人，全都是依照這個模式。假如阿皮烏斯遵照這樣的模式，他的專制將會維持長久一些，不至於那麼快就敗陣下來；偏偏他逆向操作，所作所爲又是一味的盲進躁動。爲了抓穩專制權，他不但與交給他又能幫助他保有專制權的那些人爲敵，而且與不同意交給他也無法幫助他保有專制權的那些人爲敵；他失去了對他友善的人，卻試圖結交不可能對他友善的人。貴族固然有專制的慾望，可是貴族當中凡是處在專制權力圈子以外的人永遠是專制的敵人。遂行專制的人不可能爭取到全體貴族的支持，因爲他們野心勃勃又貪得無饜，也因爲專制者沒有那麼多的財力與名器可以滿足全體貴族。就是這樣，阿皮烏斯離棄人民而靠攏貴族，犯下大錯，一方面是因爲前面說的理由，另一方面則是因爲，如果想要憑暴力行事，施加暴力的人得要比承受暴力的人更強勢才行得通。

〔6〕

〔明智的專制君主懂得爭取民心〕

因此，與民眾爲友而與貴族爲敵的專制者比較有保障，因爲比起敵視人民而友善貴族的那些人，他們的暴力有更大的勢力在撐腰[2]。得到前者的擁護，國內的勢力就夠他自保，像斯巴達的專制君主納比斯受到希臘和羅馬攻擊時那樣。他搞定一小撮貴族之後，人民成爲他賴以自衛的朋友，這樣的局面不是與人民爲敵所能辦得到的。如果不是這樣的話，那由於朋友寥寥無幾，內部武力不足，他必須向外求助。外部的勢力不外三種：一是保護你人身安全的外籍禁衛軍，二是武裝鄉民執行平民該盡的義務，三是結盟鄰邦的勢力以自保。只要善用這些方法，即使與人民爲敵也有辦法保護自己。可是阿皮烏斯沒能善用這個方法籠絡鄉民，因爲羅馬的鄉民和平民是一體，而可以著力之處，他卻不曉得如何著力，因此一開始就注定完蛋。

〔7〕

〔黨性〕

元老院和人民在創設十人執政團時犯了非常嚴重的錯誤。正如前文我在論及獨裁官時說過的，那

---

[2] 譯註：強調的是人民的勢力（*forza*）與權力（*potente*），不是權利（*diritto*，這個字只在獻函和第一卷的2.1、2.7和35各出現一次）——「人民的權利」之說得要等到盧梭。亞里斯多德也建議專制君主要懂得經營民心（《政治學》5.5.1310a）。馬基維利對「人民」的見解，可歸納為三個要點：人民的力量不可小覷（如1.5, 6, 57, 58），人民容易腐敗（1.42標題），烏合之衆不足觀（1.44）。

些自行任命而不是人民任命的官員有害於自由。人民在任命官員時也應該採取預防措施，使他們難以濫權。照理人民應該設置督察以確保官員行善，羅馬人卻撤除督察，設立十人執政團這個羅馬城內絕無僅有的官署，把其他的統統取消，只因爲元老院亟欲撤銷護民官而平民亟欲撤銷執政官。爲達到目的而不擇手段，他們因此盲目竟至不於按牌理出牌。就像斐迪南王說的，人經常表現得像是小型的掠食性動物，總懷著捕捉獵物的慾望，那是天性使然，竟至於意識不到頭上另有體形更大的鳥俟機要撲殺他們。

綜合以上的討論，羅馬人民盡力在維護自由時所犯的錯，以及阿皮烏斯奮力在爭取專制時所犯的錯，就像我一開頭說的清晰易解。

第41章　從謙卑變為傲慢，從仁慈變為殘暴，不懂得循序漸進，既不明智也無成效

〔再論十人執政團〕

阿皮烏斯爲了維繫他的專制政權，使用許多拙劣的手段，其中最拙劣的是突然間從一種品性跳到另一種。他善於欺瞞平民，冒充人民的一份子很有一套；同樣有一套的是他促成十人執政團改選所採取的手段；也同樣有一套的是他厚顏無恥把自己塑造成反貴族的急先鋒；爲了自己的目標而結交黨羽也有一套。可是在這之後，就像我說過的，驟然改變性格，從平民之友轉變爲平民之敵，從親切轉爲傲慢，從和藹可親轉變爲剛愎自用，他可就一點也不在行；他說變就變，連個藉口也沒有，因此大家都知道他的

虛情假意。不論是什麼人，如果一時看來是好人，卻爲了自己的目標而有心變壞，應該一步一步來，一言一行要抓穩時機，這一來在你不同的性格侵蝕你受到的支持之前，你可以有餘裕爭取新的支持而不至於減損你的權勢；如果不是這樣，等到你原形畢露，只有死路一條。

第42章 人易腐化

〈以十人執政團為例〉

從十人執政團事件還可以看出人多麼容易腐化，腐化可以多麼徹底，不論天性多善良或教養多出色。看看阿皮烏斯挑選出來聚攏在他身邊的那些年輕人，爲了蠅頭小利而成爲專制的同路人。還有第二任十人執政團之一的昆圖斯．法畢烏斯，大有可爲的一個人，卻被一絲絲的野心給蒙蔽，又受到阿皮烏斯的壞心眼所挑唆，善良的作風一變而爲惡行惡狀，跟阿皮烏斯這個專制者沒兩樣。詳加檢討這兩件事，共和國與王國的立法者自然明白有必要積極著手遏阻人的慾望，並且驅除犯錯可以安然無事的奢望。

第43章　為自己的榮譽而戰才是忠誠的好戰士

〔以雇傭軍作對比〕

前文所論使我們注意到天壤有別的兩種軍隊，一種是心滿意足爲自己的榮譽而戰，另一種是見異思遷爲別人的野心而戰。羅馬的軍隊在執政官領導之下一向打勝仗，在十人執政團領導之下卻總是打敗仗。從這個事例多少看得出爲什麼雇傭戰士派不上用場：除了你付給他們的那一點薪餉，別無其他理由能夠激勵他們奮戰不懈。那個理由不足以也不可能足以使他們效忠，遑論成爲願意爲你犧牲性命的同志。在那樣的軍隊，雇主和參戰的傭兵之間沒有情義，不可能同舟共濟，永遠不可能有足夠的武德抵抗即使只是稍有武德的敵人。由於臣民之外不可能有這樣的肝膽赤誠，如果有心掌握政體，如果有心維繫共和國或王國，確有必要爲了自己而武裝自己的臣民，就像藉軍隊獲得大利益的那些人的作法。

十人執政團領導的羅馬軍隊是有同樣的武德，卻沒有同樣的操守，效果不可同日而語。可是十人執政團的職權一被鏟除，羅馬人開始以自由民的身份投效軍旅，固有的精神在他們身上復甦，於是獲致與古老的作風同樣輝煌的戰果。

第44章　烏合之衆一無是處；先威脅然後謀求權力實不可取

〔1〕

〔民衆得要有首領〕

由於維吉妮雅事件，羅馬平民武裝據守聖山。元老院派遣特使問他們憑什麼背棄指揮官據守聖山。元老院畢竟威望顯赫，平民卻沒有首領，因此沒人膽敢答覆。提圖斯．李維說，他們不缺答覆的題材，可是他們欠缺答覆的人才。這事恰恰說明群衆沒有首領也就沒有用武之地。維吉尼烏斯看出癥結所在，下令組成二十人的軍事護民官代表提出答覆，並且和元老院進行交涉。他們要求跟瓦列瑞烏斯和霍拉提烏斯見面，爲的是要當面說出他們的心願。這兩個人願意出面的條件是十人執政團先擱置他們的職權。等到他倆抵達平民所在的聖山，他們被要求答應創設平民護民官，讓每一位官員都可以接受人民的陳情，並且交出十人執政團全部的成員，因爲他們打算對這些人處以火刑。

〔2〕

〔心跡不能露白〕

瓦列瑞烏斯和霍拉提烏斯稱許他們的第一個要求，卻斥責最後一個要求，稱其爲野蠻，說：「你們譴責殘暴，卻自己一頭栽進殘暴」（李維3.53）。他們兩人建議不要提及十人執政團的事，應該要等到重掌職權，到那個時候多的是使自己滿意的手段。這件事明白告訴我們，提出要求卻開口就說「我要用來做這樣的壞事」是多麼愚蠢又多麼魯莽。不應該表露心跡，但應該不擇手段實現慾望。要求對方交出武器就夠了，沒必要明說「我要用來殺你」，因爲武器得手之後就能爲所欲爲。

第45章 立法而不守法是樹立壞榜樣；為害統治者莫過於城邦天天發生不義之事

〔1〕

〔阿皮烏斯被剝奪訴願權〕

達成協議因而羅馬回復舊制之後，維吉尼烏斯把阿皮烏斯押到人民面前，讓他爲自己辯護。阿皮烏斯在許多貴族陪同下現身，維吉尼烏斯下令把他囚入監牢。阿皮烏斯開始呼天叫地，向人民尋求支持。維吉尼烏斯說他不配享有已經被他破壞的上訴權，不配要求被他糟蹋的人民出面保護他。阿皮烏斯回答說人民一心一意要制定的上訴權，不應該現在出爾反爾。儘管如此，他還是被捕下獄，在審判的日子到來之前就自殺了。雖然阿皮烏斯的罪惡生涯死有餘辜，可是破壞法律說不上是文明，尤其是剛制定的法律。我不認爲共和國裡頭有比立法卻不守法更惡的榜樣，立法的人自己不守法尤其如此。

〔2〕

〔立法卻因黨派私心而不守法的當代事例〕

佛羅倫斯在一四九四年以後改革城邦體制，深深得力於薩沃納羅拉修士的協助，他的著作處處顯示他在學識、智慮與心靈方面的德性[1]。他爲了保障公民所做的建樹當中，有一項是立法准許對八人委員會與執政團的叛國罪裁決向人民提出上訴。他長期鼓吹這個法案，費盡周折才成功。立法剛通過，碰巧就有五個公民涉及叛國罪被執政團判處死刑，他們想要提出上訴，卻得不到允准。顯然法律沒有受到尊重。損害這位修士的信譽莫過於此一事件，因爲上訴權如果有價値就應該遵行，如果沒有價値就不應該立法。法律被破壞之後，這修士在許多講道的場合既沒有譴責破壞法律的人，也沒有提出辯解，他言行不一引人側目。那件事正中他的下懷，所以他沒有意願提出譴責，也沒有辦法提出辯解。他的野心因此大白於世，他的名譽則因爲黨派私心而蕩然無存，他也因此備受非議。

〔3〕

〔切莫逼百姓走上絕路〕

如果天天有人受到侵害，不斷在你的[2]公民心中勾引舊仇新恨，就像羅馬在十人執政團掌權之後的情形，政府受到的傷害也很可觀。先是十人執政團所有的成員一一受到指控並且被定罪，接著其他公民獲罪，貴族因此人心惶惶，他們認爲一直要到貴族全都消滅了，羅織罪名的事才會停止。要不是護民官馬庫斯·杜里烏斯出面干預，羅馬城內勢必大亂。他宣佈以一年爲期，不許傳喚或指控任何一個羅馬公

【1】譯註：佛羅倫斯於一四九四年驅逐麥迪奇家族，接著建立薩沃納羅拉主導的共和體制。從馬基維利此處稱美薩沃納羅拉的智能所用的措詞可看到virtù（本書通常譯作「德性」）用於指稱「功效」的本義。

【2】譯註：正如《君主論》常見到的情形，馬基維利改用第二人稱的口吻，彷彿直接對統治者說話。

民，全體貴族這才有了保障。由此可見，臣民冤冤相鬥，人人提心吊膽不知伊於胡底，這對於共和國或君主的傷害有多大。毒害之深莫過於此，因爲開始懷疑自己就要受害的人，在危急中爲了保護自己只好不擇手段，行徑就會更放肆，耍起花招也更沒有顧忌。因此，確有必要絕對避免傷害別人，不然就一口氣傷害到底，然後確保他們有理由心平氣和。

〔46—49：民衆的參政需求〕

第46章　人的野心節節高漲，起先只求自己不受侵害，接著卻加害別人

〈為了驅除自己的恐懼而製造別人的恐懼〉

羅馬人民既已恢復自由而且國力回復先前的水準，爲了固本強國而創制的許多法律不啻是如虎添翼，羅馬理當從此享受一段太平歲月。事實卻恰恰相反，因爲新的動亂與新的爭執無日無之。由於提圖斯·李維說明事情的緣起極其精當，我正確引述他的措詞不至於不恰當。他說人民與貴族之間逢有一方謙卑的時候，另一方總是高傲。平民安分守己的時候，年輕的貴族就開始步步進逼，護民官因爲自己也是他們的眼中釘而難有作爲。在另一方面，貴族縱使覺得他們自己的年輕人過於囂張，既然同樣是踰矩，他們寧可踰矩的是自己的人而不是平民。就這樣，維護自由的慾望使得每一方都爲了想要佔上風而壓制對方。這個現象有道理可尋：人爲了要避免恐懼而製造別人的恐懼，把自己想要擺脫的冤屈加在別人身上，彷彿不侵犯別人就必定被人侵犯。

〈野心份子坐大的模式〉

從這裡可以看到共和國覆亡的一個模式，也可以看到人的野心節節高漲的途徑。薩盧斯特讓凱撒說

出的一句話可謂千眞萬切：「所有的壞榜樣都有個好的開頭。」在共和國裡頭野心勃勃的那些公民，就像前文說過的，起先求的是免於別人的侵害，包括百姓和官員。他們尋求友誼爲的就是這一點；他們使用表面看來誠實的方法達到目的，要不是提供金錢資助就是提供羽翼保護。因爲看來有德可表，輕易可以瞞過別人，對方卸下心防則當事人暢行無阻，竟然成爲一般公民畏懼而政府官員敬重的對象[1]。一旦讓他攀到這樣的地步，又無法防止他坐大，到時候要想打擊他可是危險無以復加，理由如同我在前文述及城邦積弊已深時硬要強行打壓所面臨的危險。到了這樣的地步，竟至於只好冒著驟然毀於一旦的危險除掉他，不然就是放任他把大家帶往奴役之路，除非死亡或類似的變故使你得到解脫。這是因爲，一旦公民和官員都不敢冒犯他和他的朋黨，他不費吹灰之力就可以要他們隨他的意思判決或侵犯任何人。

〔應該有維護自由的機制〕

因此共和國必需要有監督公民以善爲幌子而行作惡之實的一套制度，俾使他們的威望能促進而不是傷害共和國的自由，正如我們將適時辯明的。

【1】譯註：從這個句子開始，馬基維利使用單數代名詞提及野心份子。

第47章 人面對概括的原則易受蒙蔽，面對具體的事務卻不然

〔1〕

〔羅馬人民不選不適任的官吏〕

前文說過，當羅馬人嫌惡執政官的名稱而盼望由平民出任該職或削減其職權的時候，貴族為了防止其中任何一件事損害執政官的威信，採取一個折中的辦法，情願設立具有執政官權力的四位護民官，不論其為平民或貴族出身。平民滿意這樣的安排，因為在他們看來，這麼做既可廢除執政官的職位，又可以使自己躋身最高官階。這件事產生一個值得矚目的案例：在推選護民官的時候，羅馬人大可全部從平民選出，結果選出的全都是貴族。此所以提圖斯·李維說出這樣的話：「選舉的結果說明了，為爭取自由與榮譽而奮鬥所表現的精神，在衝突過後完全變了樣，因此做出大公無私的判斷」（李維4.6）。檢討箇中原委，我相信原因在於，人面對概括的原則非常容易受到蒙蔽，面對具體的事務卻不然。一般而言，羅馬平民自認為值得出任執政官職，因為他們佔城裡人口的多數，因為他們在戰場上承受較多的危險，因為他們憑雙手保衛羅馬的自由並且使它強盛。既然平民看他們自己的欲求是合理的，就像前文說的，他們決定不擇手段掌握這個職權。可是等到要對個別人物下判斷，他們明白弱點所在，因此判斷他們當中沒有人值得出任整體看來值得擔任的職位。因為自覺慚愧，他們轉而支持那些堪當大任的人。怪不得李維對那個決定深感訝異，說：「如此謙沖、公正又高尚的精神，當時的人民普遍具備，如今哪個人的身上找得到？」（李維4.6）

〔2〕

〔卡普阿的事例〕

我引述另一個值得注意的事例來印證上述的觀察，那是漢尼拔在坎尼打敗羅馬之後，在卡普阿發生的事。雖然義大利由於這一場敗仗而全境騷動，卡普阿卻因為人民與元老院之間的仇恨而依舊陷於動亂。帕庫維烏斯當時擔任最高官職，明白這一場動亂帶給該城的危險，打算藉自己的職位調停平民與貴族。有了這樣的想法之後，他召集元老院，向他們陳述人民對他們的恨意、他們可能面臨的殺身之禍以及漢尼拔可能入主該城，因為羅馬本身處於多事之秋。接著他補充說，如果他們希望由他來統籌這件事，他會設法讓雙方團結在一起；但是他希望先把他們囚在宮中，然後以授權給人民懲罰他們的名義解救他們。

元老院議員勉為其難接受帕庫維烏斯的建議，於是他把他們禁閉在宮中，然後召集人民開會。他說時機終於來了，他們可以馴服貴族的傲氣並且報復他們受過的侵害，因為他已經把他們全體關在一起由他監視。但是他相信他們並不希望他們的城市持續處於沒有政府的狀態，因此如果他們一心要殺死舊議員，那就有必要先產生新的議員。於是他把全體元老院議員的名片擺在一個袋子裡，當著他們的面開始抽籤，只要他們一找到接任的人選，就可以按中籤的名單一個接一個殺。他抽出第一個，那個名字激起現場一陣叫囂，說他殘忍、跋扈又自大；帕庫維烏斯要求他們提出替換的人選，會場突然沉寂。過了一陣子，有一個平民被提名，衝著那個名字有人開始吹口哨，有人大笑，此起彼落數說他的不是。就這樣一個接一個，所有被提名的都被認定為配不上元老院議員的職位。於是帕庫維烏斯抓住這個機會，說：

「既然你們認定這個城市沒有元老院就無以爲繼，對於元老院議員的替換名單又沒有一致的意見，我想最好是你們自己先妥協一番；因爲議員們心中的恐懼將會使他們謙卑，你們將會在他們身上找到你們積極向外尋求的仁慈[1]。」既然大家都同意了，他們跟元老院的團結水到渠成；一旦被迫面對個別的考量，他們原先自以爲是的成見不攻自破。此外，人民判斷概括性的原則以及跟自己相關的事件時容易受到蒙蔽，等到有機會個別認識之後就沒有盲點了。

〔3〕

〈佛羅倫斯的事例〉

一四九四年之後，佛羅倫斯的領導階層已被逐離出城，有制度的政府組織不復存在[2]，某些野心份子的行徑益形囂張，公共事務每下愈況，民衆眼看自己的城市朝不保夕，不瞭解緣由非止一端，指控某些當權人士懷有野心，存心助長脫序的狀態，以便建立吻合個人私願的政體，進而剝奪人民的自由。這些人聚集在敞廊和廣場附近，說許多公民的壞話，威脅說如果他們成爲執政團的一員，他們將揭穿當權派的詭計並懲罰他們。果然不出所料，這樣的人攀上最高階的官職；爬上那個職位之後，他就近審度當前的局面，終於看清脫序狀態的起因、潛在的危險以及補救的困難。既已看出是時局使然，無關乎人的

【1】譯註：引句是馬基維利杜撰的。

【2】譯註：皮埃羅．麥迪奇把佛羅倫斯的屬地Sanzana、Pietrasanta和Livorno割讓給入侵義大利的法王查理八世，激起公憤，於一四九四年十一月九日被逐離佛羅倫斯。

因素，他隨即轉換腦袋並改變作風，因爲對於特定事情的瞭解破除了他以往概觀所見先入爲主的盲點。

〔所謂「換了位置就換腦袋」〕

所以，起先聽到他以百姓的立場發言，而後看到他安安靜靜坐在最高官職的那些人認爲原因不在於他對事情有更深刻的理解，而是他走上了歧途並且被權貴人士給腐化了。因爲這樣的事發生在許多人身上，而且經常發生，於是產生這樣的俗話：「從廣場到政府機構，換了位置就換腦袋。」因此，斟酌前文所論述可見概括的看法使人失察，一旦找到方法落實於具體的事情則能夠轉眼間明察秋毫，卡普阿的帕庫維烏斯和羅馬的元老院就是這樣。我還相信可以得出這樣的結論：涉及公職名器的分配時，智慮周詳的人萬萬不該忽視民衆對於具體事務的判斷，因爲人民只有在這方面不會受到蒙蔽；就算會受到蒙蔽，也比從事分配的少數人更罕見。下一章揭露元老院在分配公職名器時用於蒙蔽人民的方式，這在我看來也不算多餘。

第48章　想要阻止小人或壞蛋出任某個官職，應該舉薦極其卑鄙又極其邪惡或是極其高貴又極其善良的人

元老院擔心擁有執政官權力的護民官會由平民推舉產生的時候，有兩個可行的方案：舉薦羅馬最有名望的公民；要不然，以適當的方式賄賂某個卑鄙下賤的平民，讓他混在人品高尚而且以正常管道謀求

該職的平民候選人中。後一種手法使平民恥於授予職位，前一種手法則使平民羞於接受職位。這個說法吻合前一章的論點，即人民面對具體的事物不至於受到蒙蔽，面對概括的通則卻欠缺自知之明。

第49章　像羅馬那樣在締建之初就擁有自由的城邦尚且難以制定法律維繫自由，一開始就受制於人的城市更不可能

〔1〕

〈羅馬的法律隨形勢而興革亦有不濟之處〉

羅馬共和國的發展十足說明了，要在制定共和國之初就備齊所有維繫其自由的法律是多麼的困難。從羅穆盧斯開始，接著有努馬、圖盧斯和塞爾維烏斯，最後由爲類似工作而設立的十人團再接再厲制定許多法律，即便如此，治理那個城市總是不斷面臨新的形勢，因而有必要創設新的制度，設立監察官就是爲了促使羅馬在自由的歲月中保持其自由所採取的措施之一。監察官後來成爲羅馬習俗的仲裁者，他們是羅馬歷經長時期而沒有腐化的一大主因。他們在草創這樣一個官職的時候確實犯了一個錯，一給就是五年的任期；可是之後沒多久，智慮周詳的獨裁官馬莫庫斯加以改善，立法把任期縮短爲十八個月。這使得任期中的監察官很不痛快，因此他們拒絕承認馬莫庫斯在元老院的議員資格，此一決定受到平民和元老院議員雙方嚴厲的譴責。由於李維的《羅馬史》沒有交代馬莫庫斯是否就這件事爲自己辯護，我

們只好推想可能的原因，要不這位歷史學家失職，就是羅馬在這方面的制度不完善，理由是一個公民因為頒布吻合自由的生活方式的法律而受到為難，竟然束手無策，這對共和國並不妥善。

〔2〕

〔佛羅倫斯不曾有過真正的共和〕

言歸正傳，本章一開始提到創設監察官這個新的官職應該使我們想到，如果像羅馬那樣在締建之初就擁有自由而且不斷自我改善的城市尚且難以制定好的法律以維繫自由，那麼說來不足為奇，一開始就受制於人的城市要想建立制度提供自由又安祥的生活，不是困難，而是不可能。就拿佛羅倫斯這個城市來說，起初臣服於羅馬帝國，接著臣服於外來的統治者，長期卑顏屈膝，不曾思考過自己的處境。等到有機會喘口氣，它開始規劃自己的法制，卻因為是拼湊不理想的古代法制而不可能成其完善。就這樣持續經營兩百年，在有信史可徵的兩百年間不曾出現過眞正可稱之為共和的政體。佛羅倫斯的遭遇也正是起源相似的所有城邦向來共同面臨的困難。雖然常見到透過公開且自由的投票，全權委託少數公民進行大刀闊斧的改革，他們卻不曾因此為公益制定法規，反而結黨營私，帶給城市的不是秩序而是更嚴重的脫序。

〔3〕

〔佛羅倫斯的司法弊病與威尼斯的救濟措施〕

說到具體的事例，我認為締造共和國的人必須考慮的一件事是，到底要由什麼人掌握公民的生殺大權。這在羅馬有妥善的規範，因爲通常可以向人民提出上訴；即使在上訴期間發生重大事故致使延期行刑會帶來危險，他們可以訴請獨裁官出面即時處分——除非迫於形勢，他們不曾採取這樣的救濟措施。但是佛羅倫斯和起源同樣沒有自主性的其他城市把這個職權交付給外地人，他接受君主的派任執行那樣的職務。後來得到自由了，他們蕭規曹隨，這職權仍歸外地人，就是他們所稱的指揮官。這事有百弊而無一利，因爲指揮官容易被有權有勢的公民收買。可是後來，這套制度隨著政體的改變而發生變化，他們創設由八位公民組成的委員會擔任指揮官的職務。此一制度原本就不好，後來則是越糟糕，理由已經在別的地方說過了，就是這一小撮人總是聽命於最有權勢的少數公民。就是爲了防止這樣的弊端，威尼斯任命十位公民可以不經上訴的程序就懲罰任何公民[1]。懲罰權貴雖然是他們職權所及，他們卻可能力不從心，因此有四十人執政團的設置。成員更多的則是終審委員會，那是最大的委員會，足以處治權貴之輩。這一來，只要有人提出告訴，不愁沒有法官牽制權貴之輩。

〔總結本章的論述〕

因此，看到羅馬有那麼多智慮周詳的本土人士爲自己的法制費心，爲了應付新事由以支持自由的生活方式而創立新制度，無日無之，那麼在草創階段比較不上軌道的那些城邦面對重重的困難而整飭無方，說來不足爲奇。

【1】譯註：指十人委員會，威尼斯於一三一〇年設置。

〔50—55：民衆事務的處理〕

第50章 不應該容許某個部門或官員阻礙政務的推動

提圖斯．昆提烏斯．金金納圖斯和曼圖斯擔任羅馬的執政官時，由於兩人不和，那個共和國的政務全都停擺。元老院有鑑於此，敦促他們創設獨裁官從事因爲他倆失和而無法進行的政務。這兩位執政官雖然彼此處處唱反調，沒有意願創設獨裁官倒是有志一同。既然別無對策，元老院只好訴請護民官之助，後者得到元老院的授權，強迫執政官奉命行事。

這件事有幾個值得注意的地方。首先是護民官一職的效益，牽制野心有用武之地，不單單是指貴族用於對付平民的野心，同時也指他們用於彼此牽制對方的野心。其次，城邦建立的制度絕對不能容許少數人把持共和國的決策。比方說，你授權給某個委員會分配官職與利益，或授權給某個官員執行一項公事，你一定要強制他們無論如何非達成任務不可；如果他們沒有這個意願，那就另行指派有執行能力和意願的人選。如其不然，這個制度必有缺陷，危險可期。在羅馬，如果護民官的權力無法抗衡冥頑不靈的執政官，就會出現這樣的情況。

〈威尼斯周全的立法〉

在威尼斯共和國，大委員會負責分配官職與利益。這個機構有時候出於氣憤，有時候受到誤導，不只一次沒有任命城邦或屬地的繼任官員。這後果不堪設想，因爲突然間屬地和城邦雙雙欠缺合法的法官，而且除非那個委員會全體都滿意或不受蒙蔽，根本不可能獲致任何結果。這個弊端將會使城市陷入困境，除非有智慮周詳的公民未雨綢繆，把握恰當的機會立法，使得城市內外的官職一直到繼任人選定案都不會懸缺。這一來，那個委員會就無從阻止政務的推動而危害到共和國。

第51章　共和國或君主迫於形勢不得不採取的措施應該表現出樂善好施的模樣

智慮周詳的人凡事因勢利導以博得擁戴，即使所做所爲是迫於形勢。羅馬元老院善用此一智慮，這從他們決定以公費支付軍人的裝備可以看出來，而那些人在以往是自己負擔開銷。元老院明白軍人需自行負擔裝備費用的戰爭不可能持續多久，圍城和遠征都有困難，偏偏軍隊既要圍城又要遠征，因此決定發放前面提到的那份薪俸。他們迫於形勢而不得不做的事情竟然爲自己博得擁戴。平民欣然接受這一項禮物，羅馬全城歡騰；這個福利對他們來說是喜出望外，壓根兒就沒想到過要去爭取。雖然護民官極力主張取消這一個優惠措施，陳明此舉將加重而不是減輕平民的負擔，因爲必定要徵稅支付薪餉，可是得不到平民的支持。元老院也由於稅率的分配而增加民氣，因爲貴族分攤的稅額比較繁重，不過先領薪的也是他們。

第52章 壓制某一個體在共和國的權力場崛起的氣焰，最穩當又最不會引來非議的方法是預先防範他得勢的來路

〔1〕

〔科斯莫·德·麥迪奇掌權之道〕

從前文可知，貴族在施惠的名目之下，經由發放薪餉和徵收稅金的方式從平民得到的信譽相當可觀。如果貴族貫徹這一套制度，羅馬將不會有動亂發生，護民官也會因爲得不到平民的信賴而喪失影響力。誠然，在共和國，尤其是腐敗的共和國，反制任何一個公民的野心，最不會引來非議又最簡便的好方法是對於他卡位奪權的來路洞燭機先加以防範。科斯莫·德·麥迪奇的政敵如果用這個策略對付他，會比把他逐出佛羅倫斯好得多。同他競爭的那些公民如果採取他那種爭取民心的作風，他們要解除他的兵權利器就不至於引發動亂與暴力。

〔2〕

〔皮埃羅·索德瑞尼賴以掌權的方法〕

皮埃羅·索德瑞尼在佛羅倫斯這個城市爲自己博得名望，就只靠這個方法，就是對人民友善。這使

他成為大家心目中為城邦自由而獻身的人，因此深孚民望。眞的，對於那些嫉妒他的成就的公民來說，早一步採取他功成名就之道，遠比奮力反對他而讓共和國隨他的毀滅而毀滅要來得簡便，而且遠爲光明磊落、危險少得多，對共和國的傷害也少得多。假如解除他一手掌握且賴以壯大的武力（這一點他們可以輕易辦到），他們將能夠在所有的會議和所有的公共決策跟他作對而不至於引起一絲一毫的懷疑與顧忌。或許有人回答說，憎恨皮埃羅的公民固然犯了錯，沒能預先防範他爭取民心的手段，但皮埃羅也同樣失策，沒能預先防範那些對手使他高處不勝寒的途徑。我的看法是，皮埃羅情有可原，因爲他有實際上的困難，而且那種做法對他來說不夠光明磊落。麥迪奇家族的利基正是他的險路，他就是因此受到打擊，終至於被推翻。因此皮埃羅不可能堂而皇之採取那樣的策略：他擁有捍衛自由的美名，不可能破壞自由卻又保有先前的名望。尤有甚者，一時之間他也不能暗中支持麥迪奇家族，這太危險了，因爲萬一他被發現是麥迪奇家族的朋友，他將會受到懷疑並且招來人民的憎恨。這一來他的政敵將比以往更有機會把他擊垮。

〔3〕

〔西塞羅聰明反被聰明誤〕

因此，每一個決策都應該步步爲營，詳加斟酌可能遭遇的障礙與危險，如果危險大而效益小就不要採用，即使違背大家的決意也在所不惜。如其不然，難保不會重蹈西塞羅的覆轍，他試圖削弱卻反而增強安東尼的實力。安東尼被判定爲元老院的公敵，並且糾集追隨凱撒的大部分戰士組成一支可觀的武力之後，西塞羅爲了號召那些戰士起義，敦促元老院授權給屋大維，並且指派他陪同希爾提烏斯和潘薩兩位執政官去力戰安東尼。他以爲效忠安東尼的的戰士一旦聽到屋大維的名字，戴念他是凱撒的姪兒而且繼承凱撒的名字，立刻會背棄安東尼，轉而投效屋大維；安東尼失去靠山，要打敗他易如反掌。事情的發展卻背道而馳，因爲安東尼爭取到屋大維向他靠攏，屋大維就這樣和西塞羅與元老院分道揚鑣。這事毀了貴族一黨。

這樣的結果老早就可以預料。元老院如果牢記橫掃敵軍立下顯赫的戰功因而掌握羅馬君權的那個名字，就不會聽信西塞羅的片面之詞，也不會期望凱撒的後裔或追隨凱撒的人會有一舉一動吻合自由的名義。

第53章 民眾容易為了美好的希望和有力的承諾而動心，時常受到表面的好處所誤導而自取滅亡

〔1〕

〔羅馬人攻陷維愛城的殷鑑〕

維愛人的城市被攻陷之後，羅馬的民眾流傳一種看法，認爲半數的羅馬人移居到維愛去，這對羅馬城有好處。提出的理由是，那個城市座落之處物產豐饒，建築物櫛比鱗次，而且地近羅馬，半數的羅馬

公民可以在當地發跡，又因爲兩地鄰近而不至於妨礙公民的活動。這事在元老院和比較明智的羅馬人看來是有弊無利，他們公然宣稱寧可一死也不會贊同這樣的決策。於是，到了辯論的時候，平民群情激憤反對元老院，要不是元老院請出年高望重的公民挺身保護，並阻止平民一意孤行，械鬥血流勢所難免。

這當中有兩件事值得注意。首先，人民受到表面的好處所誤導而自取滅亡，這種事屢見不鮮；除非有受到他們信任的人把話說清楚，讓他們明白什麼是不好的以及什麼是好的，共和國面臨的危險與遭受的傷害將不堪設想。假如有什麼機緣使人民對人完全失去信心，就像他們有時候受到某人或某事的欺騙而發生的情況，那麼共和國的滅亡是必然的結果。但丁在《論君主政體》有感而發，說民眾時常在死亡的關頭高呼「萬歲」，對生命卻大叫「該死」。這樣缺乏信心的結果就是，好的決策不能見容於共和國，就如同上文提到威尼斯人遭受那麼多的敵人圍攻時，無法在毀滅到來之前採取以往效法其他政權的措施以爭取支持——戰爭即是因此而起，反對他們的君主也是因此而結盟。

〔2〕

〔民眾喜歡中聽的豪語〕

至於說服人民之難易，可以這樣區別：關鍵在於你打算讓他們相信的事，表面看來是得還是失，或者要下的決策，看來是出於勇氣還是膽怯。擺在人民眼前的東西看來是有所得，即使底下隱藏的是有所失，而且看來大膽，即使暗藏的是共和國滅亡的玄機，在這樣的情況下，要說服群眾總是輕而易舉；同樣的道理，如果看來不是膽怯就是失算，要想說服他們總是困難，即使底下隱藏的是安全與利基。有無數的實例確認我的說法，羅馬的與外地的、現代的與古代的都有。羅馬人對於法畢烏斯・馬克西姆斯的反感就是這樣冒出來的，他在第二次布匿克戰爭中面對漢尼拔的攻勢主張採取穩紮穩打的拖延戰術，卻無法使人民相信這個策略對共和國有利。人民認定這樣的決策是懦弱，看不出其中的妙用，而法畢烏斯也沒有充分的理由使他們聽明白。事情關係重大而人民盲目無比：羅馬人民犯了錯，不顧法畢烏斯的意願就把兵權授予法畢烏斯的騎兵統領。此一授權幾乎導致羅馬兵敗，幸虧法畢烏斯憑其周詳的智慮亡羊補牢。這次的經驗還不足以讓他們覺醒，因爲他們後來讓瓦羅擔任執政官，不是他堪當大任，而是他在羅馬的廣場與街道發下豪語，只要他得到授權就有辦法擊潰漢尼拔。隨之而來的就是坎尼之戰吃了個大敗仗，羅馬險些滅亡。

〔3〕

我再舉個同樣適切的羅馬事例。漢尼拔進佔義大利已有八年或十年之久，在這地區大肆屠殺羅馬人。有個身世卑微的人（不過在軍隊裡頭還是有官階），名叫佩努拉，他走進元老院提議，說只要他們授權讓他在義大利境內不拘什麼地方組一支志願軍，他在很短的時間內就能活捉或殺死漢尼拔，把他交到他們手中。元老院認爲他的要求過於莽撞；然而，一想到如果回絕他而他的要求又傳入人民耳中，動亂恐怕難免，元老院的威信與支持度也連帶會受影響，他們只好讓步，寧可任由追隨他的那些人陷入險境，總勝過激惹新的民怨，因爲他們知道民衆會多麼歡迎這樣的策略，也知道要唱反調會多麼困難。就這樣，他率領一批烏合之衆去迎戰漢尼拔，才剛遭遇就敗北，全軍覆沒。

〔4〕

〔希臘與羅馬各一例〕

在希臘的雅典城，尼基阿斯的影響力和智慮都超乎民衆，卻沒能說服民衆派兵攻打西西里未必有利，因此違背明理人之意願的決議定案之後，接著發生的就是雅典徹底毀滅。斯基皮奧出任執政官時，打算征伐非洲，想一舉殲滅迦太基。元老院基於法畢烏斯．馬克西姆斯的判斷，沒有同意，他威脅把提案交給人民，因爲他深知這樣的決定多麼討人民歡心。

〔5〕

〔佛羅倫斯的例子〕

我們的城市也舉得出適切的事例。佛羅倫斯部隊的統帥埃爾科萊．本蒂沃廖大人偕同賈科米尼在聖文千叟打敗阿爾維阿諾之後，紮營於比薩，展開圍城戰。這一次出征是埃爾科萊大人發下豪語之後由民衆定案的，雖然許多公民加以譴責，可是他們束手無策，因爲全體的意志建立在指揮官有力的承諾之上，他們人微言輕[1]。

【1】譯註：佛羅倫斯在聖文千叟獲得勝利之後，於一五〇五年進攻比薩，主其事的是八人委員會和大會議，並獲得司法行政長官皮埃羅．索德瑞尼的支持。馬基維利奉令奔赴本蒂沃廖和賈科米尼營中執行圍城戰，功敗垂成。

〔豪語壯舉亡國又殺人〕

因此，我說要消滅人民擁有權力的共和國，最簡便的途徑莫過於使他們涉入豪語壯舉，因爲民眾只要有影響力總是樂此不疲，唱反調的人則是孤掌難鳴束手無策。可是，一旦城邦因此而滅亡，更常見的尤其是執行那種任務的公民自身難保，因爲既然民眾都認定勝利在望，一旦大失所望，他們怪罪的對象既不會是運氣，也不會是主事者無能，而是歸咎於他的居心和無知；最常見的下場是判他死刑或監禁或放逐，正如無以數計的迦太基將領和許多雅典人所遭遇的。以往立下的戰功都於事無補，因爲眼前的失敗一筆勾消一切，就像賈科米尼的遭遇：沒能如民眾所願以及如自己所承諾攻陷比薩，他備受民眾的羞辱，雖然以前立功無數，如今僅以身免並非民眾主張保護他，而是因爲當權者對他網開一面。

第54章　制止群情激憤的民眾有賴於莊重之士的威儀

〔形象的妙用〕

前一章所引述另有值得注意的一件事：要制止騷動的群眾，最恰當的是威儀莊重之士挺身面對群眾，憑大家對他的尊敬震懾全場。維吉爾說這樣的話並非無的放矢：「德高望重的人適時出現，他們當場肅立準備洗耳恭聽」（《埃涅伊德》1.151-2）。因此在爆發動亂的城市，文武官員應該盡可能以最莊重又最尊貴的形象出現在群眾面前，官階勳章佩戴在身，好讓自己顯得更有威儀。

〈沃爾泰拉主教以威儀震懾暴民〉

幾年前，威尼斯分裂成兩大陣營，分別稱作修士黨和激進黨。雙方兵戎相見，修士黨落敗，黨員之一帕戈蘭托尼歐．索德瑞尼是名望頗高的公民。在動亂中，武裝的民眾闖進他家要搶劫，他的手足法蘭切斯科大人，當時是沃爾泰拉主教而如今是樞機主教，碰巧在家裡。他聽到聲響又看到騷動，立刻穿上最體面的衣服，還套上主教的法衣，親自對付那些武裝的人，亮個相又說些話就把他們擺平了。那件事在城裡廣爲傳揚，持續好多天。因此，我得出這樣的結論：制止騷動的群眾，既可靠又必要的對策莫過於望之儼然而且令人肅然起敬的人士親自出面。

〈53、54兩章的結論〉

因此，回到前文[1]引述的文本，可知羅馬平民接受移居維愛的決策是多麼冥頑不靈，竟以爲那麼做有利可圖，居然不明白其中潛藏的害處。由於許多動亂因此[2]而起，要不是元老院聯合莊重可敬之士制止他們的怒火，群情勢必激憤。

【1】譯註：見53章開頭。
【2】譯註：民衆之不明事理。

第55章 人民沒有腐化的城市易於管理；有平等的地方不可能建立君主國，沒有平等的地方不可能建立共和國

〔1〕

〔羅馬人民的誠信〕

雖然花了不少篇幅討論腐敗的城市有什麼使人擔心和令人寄予希望，再來談談元老院對於卡米盧斯立誓付出十分之一得自維愛人的戰利品給阿波羅一事所做的決定，在我看來並沒有離題。那些戰利品已分到羅馬平民手中，元老院雖然頒令每人交出所得戰利品的十分之一充公，其實沒辦法監控數量。雖然那個規定沒有實際執行，因爲元老院後來另採其他的方式，在不失信於阿波羅的情況下平息民怨，可是從那個規定看得出元老院多麼信任平民的善良，斷定沒有人會不如數交出這樣的一道政令所指定的額度。在另一方面，還可以看出平民絲毫沒想到以短報所得鑽政令的漏洞，而是公開表達憤慨以求政令的解除。此一事例，連同上文舉出許多的其他事例，顯示那個民族有多麼善良又多麼虔誠，而且多讓人寄予厚望。

〔2〕

〔日爾曼社會的誠信〕

誠然，沒有這樣的善良就不可能讓人寄予厚望，正如在我們這個時代已顯現腐敗的地區不可能讓人寄予厚望，當中最嚴重的就是義大利。雖然法國和西班牙也看得出腐敗的跡象，亂象卻不像義大利那樣

層出不窮，原因主要不在於人民的善良——那大部分已無跡可尋——而是在於有個國王不只是藉個人的德性，而且還藉王國尚未腐化的制度，把他們團結在一起。在日耳曼地區，這種善良與這種虔誠在民衆身上仍然舉足輕重，這使得當地的許多共和國得以享受自由，也使得他們守法竟至於國內國外都沒有人膽敢篡權。

爲了說明日爾曼人確實仍然洋溢那種古代的善良，我要舉出一個像前文所舉元老院與羅馬平民那樣的事例。那些共和國需要花一筆錢在公共開支時，一向責成司掌相關職權的官員或委員會向全城居民課徵每人財產一個或二個百分點的稅率。一旦做出這樣的決定，每個人都根據鎮上的通令向稅務官報到，先發誓會付出恰當的數額，然後按個人的良心把自己認爲該付的額度投進備用的箱子。關於這一筆稅款，除了繳納的當事人自己，別無其他見證。由此可以推測那些人還保有多少善良與宗教情操。不妨假定每個人都付出實際該付的，因爲如果不是這樣，徵收所得會達不到他們根據以往的稅收所預計的額度。一旦短缺，詐欺之事就會被發現，一經發現，將會有其他的方法取而代之。這樣的善良在這個時代因爲比較稀罕而益發令人佩服，確實只保留在那個地區。

〔3〕

〔日耳曼的純樸與公平〕

這現象有兩個原因。一個是，跟鄰邦沒有太多的交流，彼此不相往來，貨物和食物都自給自足樂在其中，穿的也是自有的疆域所供應的羊毛製品。交流的理由一掃而光，腐敗的源頭從根斬除，因爲他們無從採行法國或西班牙或義大利的習俗，而這三個國族正構成世界腐敗的淵藪。另一個是原因是，那些共和國仍然保持廉潔的政治生活，不容許他們的公民擺出紳士的派頭；他們確實維持完全的平等，對於領主與紳士素懷敵意。他們視領主或紳士爲腐敗的源頭和罪惡的原因，那兩種人如果碰巧落入手中，一律格殺勿論。

〔4〕

〔懶散的紳士為害公民社會〕

我說的紳士是指不用操心農作耕耘或其他必要的勞力維生，只靠產業的收益過著富足的懶散生活。像這樣的人在任何一個共和國和地區都有弊無利，弊害更大的是不只擁有前面說的家產，還擁有城堡的指揮權，又有家臣隨扈可以差遣的那些人。這兩種人充斥於那不勒斯王國、羅馬城，羅馬涅和倫巴底。結果，這些地區不曾出現過共和國或自由的政體，因爲那兩種人根本就敵視自由的政體。

〔大破大立得賴王權〕

想要把共和國的體制介紹到那樣的地區是緣木求魚。如果有人想進行改革，除了建立王國別無其他途徑。理由如下：腐敗到連法律也無法匡世濟俗的地方，需要有法律，需要在法律之外再加上更大的力量才建立得起制度，以絕對的王權遏止權貴之輩沒有節制的野心和腐敗。

〔托斯卡納少了個救星〕

此一說法可由托斯卡納的事例加以確認。當地長久以來由佛羅倫斯、錫耶納和魯卡三個共和國割據狹小的領土空間，其他城市雖然看來歸順那三個共和國，其精神與制度卻看得出它們要或想要維持自由。這一切只因爲那個地區沒有城堡的領主，也沒有或只有很少的紳士，可是由於普遍的平等，只要有個智慮周詳的人具備古代自由城邦的知識加以引介，自由的政體就能輕易在那裡落地生根。可是不幸之至，有能力或知道怎麼去大破大立的人一直到現在還是不可得。

〔5〕

〔強人也受制於地方上的條件〕

根據前文所論，可以得出兩個結論。一個是，想要在紳士充斥的地方建立共和國是行不通的，除非先把他們趕盡殺絕。另一個結論是，想要在一個普遍平等的地方建立王國或君主國也行不通，除非犧牲平等，讓爲數可觀的野心份子不安於現狀，使他們成爲名實相符的紳士，撥給他們城堡和土地，以財產資助他們，並且提供家臣隨扈，藉他們前呼後擁以維繫他的權力，他們則透過他來滿足個人的野心，其餘的人則在暴力脅迫之下忍受套軛上身的處境。只要脅迫的一方和被脅迫的一方維持均勢，自然人人立場穩固，各自恪守自己的階級。可是，要在適合王國體制的地區建立共和國，或是在適合共和國體制的地區建立王國，有賴於智力和權勢兼備的稀世之才，雖然嘗試這麼做的人前仆後繼，成功的人鳳毛麟角。工程之浩大使人望而生畏，困難重重往往一起頭就注定失敗。

〔6〕

〔威尼斯共和國的特色〕

在威尼斯共和國，紳士以外沒有人能夠佔有官職，此一經驗看來違背我所稱有紳士的地方無法建立共和體制的看法。這個例子跟我的看法並不衝突，因為在那個共和國，紳士徒有其名而無其實。他們得自於不動產的收益並不多，因為他們大筆的財富是奠基在貿易和動產；此外，他們都沒有城堡，也沒有司法管轄權。紳士之稱在他們看來不過是尊榮與聲譽的名銜，而不是奠基於在別的城市賴以被稱作紳士的那些名目。猶如其他的共和國用不同的名稱區分社會的階級類別，威尼斯也區分出紳士和民眾，前者擁有或能夠擁有全部的榮譽，其餘的人則悉數排除。那樣的作法在那個城鎮沒有造成脫序，理由已如前文所述[1]。

〔結論：肇建政權當識時務〕

因此他[2]會在平等大有可觀或大有可為的地方締建共和國，或者是在充斥不平等的地方制定君主國。如其不然，他的成果將會失去平衡而難以持久。

[1] 譯註：見本卷6.1。

[2] 譯註：「他」指本章第5節的所論擁有「稀世之才」的政治強人；第6節談威尼斯的部分是插入補述的。

〔56—60：全民政府的優勢〕

第56章　城市或地區發生大變故之前先出現預警的跡象或預告的人

怎麼引起的我不曉得，但是從古到今都有事例可見，在城市或地區凡有重大事故發生必定先出現預警，不論是出自預言家或神啓或異兆或其他天象。不必捨近求遠，我的家鄉就可以證實。大家都知道在法王查理八世進入義大利之前，薩沃納羅拉修士說出多少預言[1]；此外，托斯卡納處處流傳阿瑞佐的上空聽到也看到軍隊交戰[2]。除此之外，大家還知道，羅倫佐·德·麥迪奇去世之前，大教堂最高處遭受天雷襲擊，那座建築物嚴重受損[3]。每一個人也都知道，曾獲威尼斯人民授予終身行政首長的皮埃羅·索德瑞尼，在遭受放逐並剝奪官職之前沒多久，市政大廈本身遭雷殛[4]。

[1] 譯註：從一四九二年基督降臨節開始，薩沃納羅拉數度在佈道大會上預言，將有一位再世居魯士翻越群山峻嶺而來，他將會是懲罰佛羅倫斯的「上帝之劍」，沒有人會抵抗。查理八世於一四九四從法國入侵，十月抵達托斯卡納，一路無阻。

[2] 譯註：論查理八世入侵時的這一類徵兆，見Francesco Guicciardini, *History of Italy*, 1.9。

[3] 譯註：見馬基維利《佛羅倫斯史》8.36。

[4] 譯註：市政大廈於一五一一年遭雷殛；皮埃羅·索德瑞尼於一五一二年遭驅逐。

其他更多的事例不勝枚舉，為免厭煩我就不說了。我只要引述提圖斯．李維所說，高盧人來到羅馬之前發生的事。有個平民，名叫凱迪基烏斯，向元老院報告他在半夜行經新路的時候，聽到音量超乎人聲的聲音，要他向官府稟報，說高盧人正往羅馬進發。這種事情的起因應該有通曉自然與超自然之識的人加以探究，我沒那個能耐。可是，就像某些哲學家主張的，空中充滿具備天賦德性的精靈，能夠預知未來，他們對人懷有同情，所以透過類似的徵兆提出警告，好讓人未雨綢繆。不論實情如何，可以確定的是，出現徵兆之後，總有不尋常的新災禍發生。

第57章　平民本身脆弱，團結就有力量

〔羅馬的例子〕

羅馬人的家園因高盧人入境而滿目瘡痍的時候，許多羅馬人違抗元老院的禁令遷往維愛定居。為了整飭法紀，元老院公告下令所有的人限期返回羅馬定居，並接受某個程度的懲罰。那樣的公告起先被違反禁令的人當笑話看，可是隨著期限將屆，大家都遵守規定。提圖斯．李維《羅馬史》6.4說出這樣的話：「聚在一起就勇猛無畏，一旦孤立則人人自危，他們只好乖乖服從」。這話一針見血指出群眾在類似情況下的本質。群眾反對君主的決定通常說話很大膽；然後，一旦懲罰擺在眼前，彼此不信任，他們轉為服從。所以，這麼說是錯不了的：聽到民眾說他們觀感好或不好，沒必要太在意，只要你的地位由

於他們的好感而得以穩固維持，或是他們雖然沒有好感但也傷害不到你[1]。

〈烏合之眾可怕又可憐〉

應該知道這裡說的人民沒有好感，起因不在於他們失去自由，也不在於他們原本愛戴的君主仍然在世卻失去民心。這些原因引起的惡感，嚴重無可比擬，得要有強硬的對策才應付得了；其他原因引起的惡感容易應付，只要民眾沒有帶頭的人提供包庇。就一方面來說，最棘手的莫過於失控的群眾沒有領袖群倫的人物；從另一方面來看，烏合之眾卻也是脆弱無比，就算他們握有武器，要他們棄械是很容易的，只要有座堡壘讓你躲過第一擊[2]。一旦人們的情緒稍微冷靜下來，每個人都明白自己必須回家過日子，這時候他們就開始失去信心，想到自己的安全，不是逃之夭夭就是接受安撫。因此群情激昂的民眾如果要避免這樣的危險，得要立刻推舉首領出面把大家團結起來，進行自衛。羅馬平民在維吉妮雅去世之後離開羅馬時就是這麼做，自行推選二十位護民官。要不是這樣，前文所引提圖斯．李維的話必定應驗：全體聚在一起是強大的，一旦各人想起自己的危險，他就變得懦弱又脆弱。

【1】譯註：這句提供給統治者的諫言，意在言外呼應《君主論》。

【2】譯註：再度呼應《君主論》，特別是該書第20章結尾述及君主的堡壘。又，馬基維利雖然沒有嚴格區別平民（*plebe*）、人民或民眾（*pololo*）、群眾（*multitudo*）等字眼的用法，我們仍意會得出他細膩的思路：他表明的是，「群眾一旦行為如暴民就不可能成為人民了」——李維心目中的「人民」，見下一章的論述。

第58章 群衆比君主明智，也更穩重

〔1〕

〔群衆烏合之說〕

我們的提圖斯．李維，跟所有的歷史學家一樣，斷言虛有其表又立場不穩者莫過於群衆。在敘述人們的作爲時，經常可以見到群衆把某某人處死，事後卻爲同一個人哭悼，渴望他起死回生，就如同羅馬人民爲曼利烏斯．卡皮托利努斯所做的事，先把他處死，然後渴望他起死回生。我們的作者是這麼說的：「看他不再有危險，人民開始想念他」（6.20）。他在別個地方，述及耶羅之孫耶羅尼睦斯逝世後在敘拉古發生的事故，說：「這是群衆的本質：不是卑躬屈膝就是趾高氣揚」（《羅馬史》24.25）。

〔據理力辯不為過〕

對於剛提到所有的作家異口同聲非議的事，我打算提出辯護，這件事吃力不討好，不曉得自己到頭來是羞愧難當而放棄，或是在譴責聲中貫徹始終。不論如何，我現在認定，將來也同樣認定，我爲自己的見解據理力爭，既不使用暴力也不訴諸權威，沒有什麼不對。

〔2〕

〔民衆不比君主盲動，關鍵在於法律的規範〕

作家非議群衆的那個缺點，我認爲同樣適用在每一個人，尤其適用於君主，因爲每一個不受法律規範的人都會像不受束縛的群衆那樣犯下相同的過錯。證據顯而易見，因爲自古以來君主多的是，善良又明智的卻不多。我說的那些君主都曾意圖破壞約束其行爲的制動器，可是並不包括遠古時代在埃及實施法治時出生的那些國王，也沒有包括在斯巴達出生的國王，也沒有包括我們這個時代在法國出生的國王——那個王國比我們所知這個時代的其他王國更遵循法治——因爲在那樣的憲政之下出生的國王不宜歸入我們必須個別考慮其天性是否與群衆類似的行列[1]。應該拿來比較的是像他們那樣受法律節制的群衆，而且我們將在他們身上看到的善良也會在群衆找到，既不至於趾高氣揚也不至於卑躬屈膝——就像羅馬民衆，只要共和國保持不腐敗就既不至於卑躬屈膝也不至於趾高氣揚，倒是制度與官員相輔相成，使得民衆一貫謹守本分令人敬佩。一旦有必要懲治有權有勢的公民，他們絕不手軟，就像曼利烏斯或十人委員會等人採取高壓手段的情形；一旦爲了公共安全而有必要服從獨裁官或執政官，他們也毫不含糊。如果說羅馬人民在曼利烏斯·卡皮托利努斯去世之後渴望他起死回生，這不足爲奇，因爲他們渴望他的德行，懷念之情使得每一個人感同身受。他們恨不得君主見賢思齊，因爲所有的作家異口同聲說德性即使在敵人身上也受到讚美和景仰；再者，假如曼利烏斯果眞受到感應而復生，羅馬人民依舊會對他做出同樣的判決，一如當年把他拖出牢房之後隨即處死。我們也知道有號稱明智的君主在殺了某個人之

【1】譯註：這兩個句子一連四次使用「出生」這字眼，馬基維利意在強調他思考的對象是本土（相對於外來政權的）國王：本土國王容易適應源遠流長的法制模式。

後才深感懊惱，就像亞歷山大對克里托斯[2]和他的其他朋友以及希律對梅瑞安[3]。可是揆諸實情，我們的歷史學家李維所說的群衆的本質，並不是指像羅馬人那樣受法律規範的群衆，而是像敘拉古人那樣不受節制的群衆，他們犯下的正是被激怒又克制不了自己的人所犯的那些過錯，就像前面所舉亞歷山大大帝和希律的情況。由此可見群衆的本質不比君主的更可非議，因爲所有的人在毫無顧忌的時候都同樣犯錯。除了我剛說的以外，這樣的事例非常非常的多，羅馬皇帝固然有，專制君主和公國君主也有，他們定性不足又喜怒無常跟群衆沒兩樣。

〔3〕

〔人民的心聲可比擬為上帝的心聲〕

因此，我的結論牴觸一般所稱人民一旦當家作主就喜怒無常又忘恩負義這樣的看法，因爲我主張這樣的惡行在他們和在個別的君主並沒有兩樣。有人把人民和君主一視同仁一起指控，這可能說出實話，要是把君主排除在外，那可就是自欺欺人，因爲掌握權力的人民如果受到恰當的規範，其穩重、謹慎與講究情義無異於君主，說不定還勝過公認的明君。在另一方面，不受法律約束的君主會比人民更忘恩負

【2】譯註：克里托斯曾在戰役中救回亞歷山大的命，卻在餐宴上醉酒對亞歷山大出言不遜，當場被他殺死。事後亞歷山大懊悔，意圖自殺。

【3】譯註：梅瑞安是猶太王Aristobulus II的女兒，於公元前三八年嫁給希律王。希律因妒火攻心而殺死她，事後極度懊惱。

義、更反覆無常，也更厚顏無恥。其間的差別不是源自不同的本質——因爲彼此的本質都一樣，如果要強分高下，佔上風的是人民——而是源自彼此對於共同生活於其下的法律所付出的尊重有多有少。只要細心觀察羅馬人民就知道，他們懷恨國王這個名稱達四百年之久，同時又熱愛榮譽以及祖國的公益，這方面的事例不勝枚舉。如果有人提醒我，說羅馬人民對斯基皮奧無情無義，我就用前面〔第29章〕針對這件事發表的長篇論述來答覆，我在那裡指出人民不比君主更無情無義。至於謹慎和穩重，我要說的是人民比君主更謹慎、更穩重也更善於判斷。人民的心聲可比擬爲上帝的心聲，這不是毫無理由的，因爲共同的信念具有預告未來的作用，效果驚人，彷彿經由某種言語無法形容的效能預見凶吉。

〔人民的眼睛是雪亮的〕

至於判斷事理，如果人民聽到功德相當而立場不同的兩個演說家，常見的情形是他們會接受比較有道理的意見，也會接受他們聽到的眞相。如果他們因豪語壯舉或是表面看來有利的事情犯錯，就像我在前面說過的，君主通常也會因個人的豪情而犯錯，次數比人民要多得多。我們還可以看到在選擇官員時，他們比君主做出更好的選擇；人民也不會聽了花言巧語就抬舉名譽不好或品性敗壞的人，倒是君主容易聽信花言巧語，而且管道成百上千。人民一旦對什麼事起畏懼心，那樣的看法可以維持許多世紀，這在君主身上是看不到的。關於這兩件事，我想羅馬人民的見證對我來說就足夠了。有好幾百年之久，有那麼多次的執政官與護民官選舉，使他們悔不當初的選擇不超過四次。正如我說過的，他們懷恨國王這個名稱，竟至於想要爭取那個名稱的公民沒有一個有辦法理直氣壯躲過應得的懲罰。

〔君主與人民分別以開創和守成見長〕

此外還可以看到人民當家作主的城市在很短的時間大肆擴張，遠超過始終處於君主治下的那些城市，就像羅馬在罷黜國王以及雅典從皮西搓托斯獲得解脫之後的情形。這是人民的政府優於君主的政府使然，除此別無其他原因。我不認爲我們的歷史學家李維在前文引述的段落以及別個地方所說的那一切足以反駁我的這個看法。只要把人民造成的一切紊亂、君主造成的一切紊亂、人民所有的榮耀與君主所有的榮耀作個回顧，將會明白人民的善良與榮耀遠在君主之上。如果說君主在制定法律、規劃公民生活以及制定新法規與制度等方面優於人民，那麼人民可說是在維護法規制度方面大大優於君主，像這樣守成有功的榮耀並不輸給規劃創制的人。

〔4〕

〔治療人民靠話語，治療君主賴鐵器〕

總而言之，爲這個主題下個結論，我說君主的政府和人民的政府同樣源遠流長，都需要法律的規範，因爲可以隨心所欲的君主是瘋狂的，可以隨心所欲的人民則是不明智的。就君主和人民同樣受到法律的約束而論，在人民身上看到的德性總是比在君主身上看到的多；如果就兩者都不受法律約束的情況而論，人民的過錯總是比君主的少，而且也比較小又容易補救。說穿了，無法無天的暴民可以被好人說動，易於歸返善道，可是沒有人說得動爲非作歹的君主，而且鐵器之外別無補救措施。由此可以衡量這兩者的弊病孰輕孰重：矯正人民的弊病，言語就夠了，矯正君主的弊病卻需要鐵器，不會有人判斷不出來需要下猛藥治療就是病情比較嚴重。

〈同樣是殘暴，人民比君主不自私〉

一旦徹底擺脫約束，人民的瘋狂行爲並不可怕，眼前的禍害也不可怕，可怕的是隨之而來的後果，因爲這樣的亂局是專制君主崛起的良機。如果不受約束的是爲非作歹的君主，情形恰恰相反：眼前的禍害可怕，未來卻讓人寄予希望，因爲人們會說服自己相信君主爲非作歹的一生可能醞釀出自由。由此可以看出這兩者的差別，也就是現狀和未來的發展之間的差別。群衆施暴是針對他們擔心會危害公益的人，君主施暴則是針對他擔心會危害他自己的私利的人。對人民政府的偏見可謂其來有自，因爲在人民掌權的時候，大家說到不好的事都沒有忌憚又沒有隱諱，衆口就這樣鑠金；反觀君主掌權的時候，大家說到不好的事總是戰戰兢兢有所保留。

從這件事順水推舟，我將在下一章辯明哪一種聯盟比較値得信任，是跟共和國或是跟君主締結的，這在我看來不至於離題。

第59章　跟共和國或君主結盟，何者比較可靠

〈信守盟約無非是彼此有顧忌〉

因爲天天都有君主之間或是共和國之間互訂同盟建立友好關係，同樣也有共和國與君主簽訂聯盟

協議，我想檢討共和國和君主的盟約，到底哪一種比較可靠，因此值得更加重視。全面檢討之後，我發現這兩者在許多情況是彼此類似，在某些情況則有出入。只就一事而論，我相信在武力威逼之下締結的協議並不可靠，君主不會遵守，共和國也不會；如果面臨存亡絕續的關頭，不論君主或共和國爲了不失去政權都會背信毀約，對你做出無情無義的事。馬其頓王戴梅崔俄斯，外號劫城者，曾帶給雅典人不計其數的好處，後來被敵人打敗，避難到雅典，心想該城對他有所虧欠，應該會伸出友誼之手，卻不得其門，這件事傷透他的心遠超過部隊人馬的損失。龐培在色薩利被凱撒打敗，避難到埃及向托勒密尋求庇護，心想後者曾經在他的王國休養生息，結果卻被他給殺了[1]。這些事的起因看來都一樣；話雖這麼說，共和國的所作所爲比起君主畢竟多了點人情，而且比較不會落井下石。可是，只要彼此有顧忌，彼此就會展現同樣的誠信。

〔共和國因動作慢而可靠〕

不論是共和國或君主，大難臨頭之際依然信守跟你締結的盟約，那也是因爲有所顧忌。以君主來說，一個君主結交一個強勢的君主，這個強勢的君主雖然一時沒有機會保護他，卻可望在日後成全他重掌政權，那麼他還是會跟這個強勢的君主親善；或者說，他已經以黨羽的姿態追隨這個強勢的君主，難免認爲跟盟友的敵人談什麼信守盟約或情義是不可能的。那不勒斯王國裡頭追隨法國黨的那些君主，命

[1] 譯註：龐培是被托勒密的兒子殺死的。

運正是如此【2】。就共和國而言，西班牙的薩貢屯因追隨羅馬黨而面臨亡國的境地【3】；佛羅倫斯也一樣，因爲它在一五一二年追隨法國黨【4】。全面斟酌之後，我相信在危急當頭的情況下，共和國比君主更可靠。共和國即使在意向和意願兩方面都跟君主相同，卻因爲動作慢而難以下決定，也因此比君主難以輕易毀棄盟約。

〈聯盟因利益而解體〉

聯盟解體無非是因利益而起。在這方面，共和國遠比君主更遵守協議。有實例可以說明君主因微小的利益而背信，共和國卻不因重大的利益而背信。這裡說的後一種情形正是泰米斯托克利斯向雅典人提議的策略，他在會議上對他們說，他有個建議將帶給他們的祖國莫大的利益，可是他不能當衆說出來，因爲如果透露口風，機會就破滅了。於是雅典人公推亞里斯提代斯代表接聽，然後根據他的判斷作爲公決。於是泰米斯托克利斯向他說明，希臘的聯合艦隊雖有盟約保護，卻位在輕易可以被佔領或摧毀的地點，這將使雅典有機會雄霸整個地區。於是亞里斯提代斯向人民報告，說泰米斯托克利斯的策略非常管用卻違背誠信，結果雅典人民斷然拒絕。馬其頓的腓力不會這麼做【5】，志在奪取更大的利益而不惜背信

【2】譯註：法國與西班牙為了爭奪那不勒斯的控制權於一五〇三到〇四年交戰期間，一些支持法方的貴族被西班牙將領貢薩瓦囚禁。雙方於貢薩瓦得勝之後達成休戰協議，那些貴族被殺害，無一倖免。

【3】譯註：薩貢屯與羅馬結盟，公元前二一八年被漢尼拔征服，國亡，事見李維21.5-16。

【4】譯註：佛羅倫斯與法國結盟，在拉韋納戰役之後遭遇西班牙部隊的攻擊，後者促成麥迪奇於一五一二年重新掌權。

【5】譯註：參見1.26述腓力的作為；但是，不像採取中庸之道的那些人，腓力雖然搞得天怒人怨，通常是成功的。

毀約的其他君主也不會這麼做。我說的不是有理由不履行協議而毀約的情形，那是常有的事；我說的是沒有正當理由的毀約行爲，就這種情形而論，根據前文所說的，我相信人民犯的過錯比君主少，所以說比君主更可信賴。

第60章 羅馬任命執政官或其他任何官職從不考慮年齡因素

透過歷史的軌跡可以看到，執政官的職位對平民開放之後，羅馬共和國並沒有針對年紀或血統設限。年齡在羅馬從來不是問題；他們在意的是德性，根本不考慮年紀的大小。瓦列瑞烏斯．科維努斯可以見證這一點，他在二十三歲膺任執政官；我們說的這個瓦列瑞烏斯對他的士兵談話時，說執政官職「是獎賞德性，不是獎賞血統」（李維7.32）。那樣的作法是否經過周詳的考慮或許大有探究的餘地。

〔人才不論出身〕

不強調血統可謂勢所必然；這同樣的必然也會見於想要獲致像羅馬那樣功成名就的其他城邦，就如同我在別個地方說過的，因爲不能沒有提供獎賞就要人去冒險犯難，也不能沒有危險就剝奪他們獲得獎賞的希望。因此即早讓平民懷抱得到執政官職的希望並不爲過，就讓他們望梅止渴；等到望梅不足以止渴的時候，化爲實際也不爲過。不期望平民創造豐功偉績的城邦儘可以自行其是，正如我在別個地方辯明過的；有意願效法羅馬的城邦就沒必要劃地自限。

〈舉才不避年少〉

既然如此，年齡根本不是問題。不在乎年齡的大小甚至可以說是必要的，因爲推舉年輕人擔任某個需要老年智慮的官職時，既然衆人選了他，必定是有非常顯赫的事跡使他膺任該職。年紀輕輕竟然如此德性高超，就像羅馬重用瓦列瑞烏斯．科維努斯、斯基皮奧、龐培以及其他許多少年得志的人，這樣的人如果不能即時受到重用，而非得要等到年華老去，原本對祖國大有用處的活力與衝勁不再有用武之地，城邦將身受其害。

第二卷　〔羅馬主權的成長〕

〔本卷論羅馬共和國版圖的擴張，評述所據爲李維《羅馬史》記載羅馬所參與的戰爭〕

〔序〕

〔1〕

〔厚古薄今原因之一：對古代認識不清〕

世人總是厚古薄今，雖然不見得有理。他們緬懷過去的事，不只是讚美透過作家留下來的記憶所知道的那些時代，甚至連他們年老時記憶所及年輕時候的歲月也無法忘情。這樣的看法在絕大多數的情況是不對的，我相信使得他們受到蒙蔽的原因不只一端。首先是我相信古代事情的眞相不可能全盤瞭解，絕大多數的情形是敗壞時代名聲的事遭到隱瞞，其他會帶來榮耀的事則被說得天花亂墜。作家大多數順從成王敗寇的鐵律[1]，爲了使他們的勝利更顯榮耀，不只是在他們有功可表的事蹟錦上添花，而且還誇大敵人的所作所爲。他們這麼做，爲的是讓後來出生的人，不論是勝利的一方或是被打敗的一方，有理由驚嘆那些人和那個時代，以便盡情讚美、表示敬愛。

【1】譯註：順從……鐵律：直譯作「服從勝利者的運氣」，「運氣」（*fortuna*）是馬基維利筆下的一個關鍵字眼，有時候譯作「機運」。

〔原因之二：對當今知之過詳〕

此外，憎惡之情無非是出於害怕或嫉妒，這兩種憎惡的原由雖然強烈卻與過去無關，因爲過去的事既爲難不到你，也招惹不到你的嫉妒。可是你親自參與和親眼目睹的事情卻恰恰相反，其來龍去脈點點滴滴都瞞不過你，不只是好的一面，你還知道許許多多使你不高興的事，你忍不住一口咬定它們遠遜於古代的事，縱使當今之事其實遠比古代之事値得享有更大的榮耀與讚賞。我不是在推究藝術方面的事。藝術品光彩奪目，理當享有無比的榮耀，我們這個時代既無法減一分也無法添一分。我說的是跟人們的生活習俗有關的事，這方面的判斷不是那麼顯而易見。

〔2〕

〔時代的條件各有不同〕

前面所寫關於讚美過去和批評當前的習慣是確有其事，可是這麼做也不盡然就是不對。不可否認，厚古薄今之輩的判斷有時候言之成理，因爲人類的事變動無常，浮沉不定。出類拔萃的人，憑其周詳的智慮妥善規劃自由的政體，也可以憑其高超的德性不斷精益求精。如果出生在那樣的時代，又生活在那樣的政體之下，卻讚美古代而看扁現代，那是自欺欺人，原由正如前文所說。至於後來出生在那個城市或地區的人，如果正逢向下沉淪的時期，那麼他們厚古薄今就不能說是自欺欺人。

〔興衰浮沉有常道〕

思索這些事情的浮沉，我斷定這世界向來就是如此，而且其中吉凶參半，但是爲凶或爲吉則因地而異。對古代的王國有所認識的人都明白，它們由於習俗有別而吉凶互見，可是世界還是一成不變。只有這一點不同：功德[2]起先落在亞述，而後給擺到米底亞，然後在波斯，最後流轉到義大利與羅馬。如果羅馬帝國之後別無其他繼起的帝國可以延續並匯聚舉世的功德，它還是會分散到人民的生活有德可表的許多國族，諸如法蘭克人的王國、土耳其人的蘇丹王國以及當今的日耳曼人——年代較早的還有薩拉森[3]部族，他們做了許多大事，又在滅亡東羅馬帝國之後佔有世界的大片地區。

〈義大利與希臘今非昔比〉

由此可見，羅馬滅亡以後，世人所企求而且衷心讚美的功德仍然在這所有的地區與民族之間流轉，現在仍然存在於其中的某個地方。出生在那些地方卻厚古薄今的人有可能自欺欺人。可是任誰在義大利或希臘出生而沒有在義大利變成越山派或在希臘變成突厥派[4]，那就有理由譴責他自己的時代而讚美別個時代，因為古代確有許多令人讚嘆的事，今生今世卻沒有任何事能彌補其悲慘、無恥與屈辱——宗教、法律與軍事無一不傾頹，處處烏煙瘴氣。看到這些污點出現在高據行政長官之位、對每一個人發號施令又期望受人景仰的人身上，尤其更為刺眼。

【2】譯註：此處言「功德」（virtù），猶如《史記．孝武本紀》所云「天報其德星」，司馬貞索隱：「德星，歲星也。歲星所在有福，故曰德星也。」

【3】譯註：中古時代基督教世界以「薩拉森」指稱所有信奉伊斯蘭教的民族，包括阿拉伯人與突厥人。

【4】譯註：越山派：山外勢力（如法國）的支持者。越山派與突厥人分別是義大利和希臘的入侵者。本句所指的強勢效應，猶如台灣諺語說的「西瓜偎大邊」。

〔3〕

〔諉過身外因與挑剔眼前事乃是常情〕

言歸正傳，我說由於對遠古之事的認識不可能像自己的時代那樣深入，人們在判斷眼前的時代和古代哪一個比較好的時候，難免有偏見，但是老年人在判斷他們年輕與年老的時代卻不該有偏見，因爲他們在前後這兩個時代所知與所見是相等的。這話錯不了，如果人終其一生在不同的時期都有同樣的判斷力和慾望。但是因爲判斷力和慾望隨年紀而有不同，即使同一個時代也會看出不同的面貌，因爲人在老年時候有了和年輕時不一樣的偏好、興致與考量。年紀大則體力衰，判斷力和智慧卻相對增長，因此年輕時看來可以接受的好事，到了年老時一變而爲無法忍受的壞事，這情況說來是事有必至而理有固然。就此而論，該受非議的應該是他們的判斷力，他們卻指責時代的不是。此外，人的胃口不知足，因爲人類天生有能力也有意願追求一切慾望，運氣卻使人所得有限，結果心中滋生不滿，對於自己所擁有的東西反而產生厭惡之情。於是他們譴責當前的時代、讚美過去並且慾求未來，即使他們並沒有合理的動機。

〔不得不厚古薄今以策未來〕

既然我在本書高度讚美上古羅馬的時代而譴責我們的時代，我不知道是否因此理當把自己列入自欺的名單。誠然，如果當時盛行的德性和如今盛行的惡習不是比太陽還醒目的話，我會說得更含蓄一些，以免指責別人自欺卻落得欠缺自知之明。可是既然事情這樣明顯，每一個人都看得出來，我將大膽說清楚我所瞭解的上古羅馬和當前這兩個時代，好讓有可能讀到我這些感想的青年能夠迴避後者，並且隨時準備在機運可能給予他們機會的任何時刻起而仿效前者。行善無非是教導別人你自己由於生不逢時與時運不濟而心餘力絀的好事，以便大家能夠身體力行的時候，其中有比較受到老天垂愛的人就可以具體實踐。

〈羅馬的擴張是第二卷的主題〉

既然我在前一卷已討論羅馬人規範城邦內部事務的種種決定，這一卷我將討論羅馬人民拓展其主權所作的相關決定。

〔1—5：擴張的模式〕

第1章 德性與運氣何者為羅馬建立帝國的主因

〔1〕

〔羅馬以德立功〕

許多人抱持這樣的看法，其中包括普魯塔克這樣穩健持重的作家，認爲羅馬人民建立帝國是由於運氣的偏愛，而非德性所致。他提出的理由包括，羅馬人民自己招認他們獲得的一切勝利都是來自運氣，因爲他們爲運氣女神興建的廟超過其他任何一個神。李維的看法似乎與他相近，因爲他很少讓羅馬人在演說中談及德性時沒有扯上運氣。這樣的看法，我無論如何難以苟同，甚至看不出有什麼道理。如果說不曾有一個共和國像羅馬那樣功成名就，那是因爲不曾有一個共和國建立能夠像羅馬那樣獲致功成名就的制度。軍隊的功德使他們獲得帝國，最早創制法律的人所奠定的典章制度使他們得以維繫帝國命脈，正如後續的論述將會多方陳明的。

〔羅馬不曾被迫兩面作戰〕

那些作家說，羅馬不曾同時面對兩場大戰是運氣使然，與德性無關。他們一直到痛擊薩謨奈人之後才跟拉丁人交戰，竟使得羅馬人不得不保衛薩謨奈人；他們在征服拉丁人並且以連連告捷幾乎徹底削弱薩謨奈人的勢力之前不曾與托斯卡納人交戰[1]。這些勢力只要有兩方趁實力完好之初聯合起來，我們可以輕易推論隨之而來的無疑是羅馬共和國的滅亡。但是不論原因爲何，他們從來不曾同時得要面對兩場大戰，卻總是此起而彼落，不然就是此落而彼起。這從他們的戰爭發生的次序可以輕易看出來：暫且撇開羅馬被高盧人佔領以前的事，他們在奮戰埃魁人和沃爾西人期間，這些人的勢力如日中天，這段期間不曾有其他的民族起來反抗他們[2]。等到他們被制伏以後，戰爭轉而對付薩謨奈人；雖然拉丁人在戰爭結束以前反叛羅馬人，可是叛亂初起的時候，薩謨奈人和羅馬人締有同盟，遂以他們的軍隊幫助羅馬人壓制拉丁人的傲氣。拉丁人的叛亂平定以後，薩謨奈的戰爭又爆發了。薩謨奈人因爲接二連三吃敗仗，武力大受打擊，這時候托斯卡納人的戰爭開始了。這也平定了，薩謨奈人就在皮洛士抵達義大利的時候東山再起。他一被擊退，給遣送回希臘之後，他們和迦太基人的第一場戰爭開始了。那場戰爭尚未結束，阿爾卑斯山兩側的高盧大舉興兵，共謀對抗羅馬人，結果在波波婁尼亞和比薩之間，也就是當今的

【1】譯註：事實上，羅馬人征服拉丁人（李維《羅馬史》8.13-4）又擊敗薩謨奈人是在與埃特魯里亞人交戰（9.27-9, 31-2）之前，卻得在與埃特魯里亞人作戰時持續奮戰薩謨奈人（9.38-41, 43-4）。跟薩謨奈人締結和平之後，他們又跟埃特魯里亞人打了起來（9.45; 10.3-5），可是接著卻跟他們雙方同時打起來（10.12, 14, 19-21）。薩謨奈人的勢力當時並沒有被徹底削弱（10.31-45）。

【2】譯註：羅馬人一而再、再而三奮戰沃爾西人和埃魁人，同時又對埃特魯里亞人、拉丁人和赫爾尼基人用兵。請注意李維《羅馬史》6.15寫曼利烏斯．卡皮托利努斯對於出兵沃爾西人、拉丁人和赫爾尼基人所作的解釋。

聖文千叟這座名塔所在之地，吃了敗仗，慘遭空前的大屠殺。這場戰爭結束後，他們在二十年的期間內不曾有重大的戰爭，因為除了利古里亞人和倫巴底殘餘的高盧部落，他們沒有和別人交戰。這樣維持到第二次迦太基戰爭爆發，義大利陷入兵荒馬亂達十六年之久。這場戰事以空前的榮耀結束的時候，馬其頓戰爭隨之而起；這場戰事結束時，接著來的是安條克和亞洲的事。那一場勝利之後，整個世界既沒有哪個君主，也沒有哪個共和國，能夠憑自己的實力抗衡羅馬，就算全體結盟也不可能。

〔2〕

〔羅馬因德性與智慮而走運〕

可是在最後的那一場勝利以前，任誰細心斟酌這些戰爭的順序及其進行的模式，都將發現他們的運氣攙雜了莫大的德性與智慮。因此，任誰探討這樣的運氣都不難找出原因。一個君主或民族只要建立起威望，讓鄰近的每一個君主或人民不敢進襲，甚至聞之喪膽，在這樣的情況下，除非迫不得已，他們任誰也不會展開攻勢，這是非常確定的事。這一來，選擇權幾乎全掌握在那個強勢者的手中，可以隨自己喜歡對哪一個鄰邦開戰，並且巧計安撫其他鄰邦。部分出於對強權的敬意，也部分由於被招安的手段所欺，他們輕易就安分守己。距離遙遠而關係疏遠的其他強權則抱著隔岸觀火的態度，任憑對方坐大，貽誤戎機直拖到有燃眉之急。到了那樣的地步，想要殲滅對方只能仰賴自己的武力，卻因為對方太強大而無能為力。

我打算略過薩謨奈人冷眼旁觀沃爾西人和埃魁人被羅馬人征服一事。為了長話短說，我只談迦太基人。他們在羅馬人力戰薩謨奈人和托斯卡納人的時候也是稱霸一方的強權。他們已經佔領整個非洲，也佔領薩丁尼亞和西西里，甚至在西班牙的一部分擁有宗主權。他們的國力，加上他們的邊界與羅馬人之間的距離，使得他們不曾想到襲擊羅馬或救援薩謨奈人和托斯卡納人。他們的所作所爲反而偏袒羅馬，就像人們對方興未艾的勢力，他們跟羅馬暗通款曲。直到羅馬人征服羅馬和迦太基之間所有的民族，爲了西西里和西班牙的主權而對迦太基人開戰，迦太基人這才發覺自己犯下的錯誤。

迦太基人的遭遇同樣發生在高盧人身上，馬其頓的國王腓力五世和安條克也一樣有，他們一個個都相信羅馬人汲汲於併吞別個國家時，那個國家將會禦侮成功，自己則有時間提供安全的屏障，不論是和是戰。所以，我相信君主如果學到羅馬人的作風並且具有同樣的德性，也會擁有羅馬人在這方面所獲得的運氣。

〈3〉

〈羅馬如何取得海外的據點〉

跟這個主題相關的是羅馬人進入外邦領土所採取的方式，我在申論君主制時如果掛一漏萬[3]，就利用這機會補充說明。這問題在該書已全面討論過，現在只要這麼說就夠了：他們在新的領土總是想方設法結交可望成爲入門階或墊腳石的朋友，以利得隴望蜀。他們就是這樣利用卡普阿人進入薩謨奈，利用

【3】譯註：指《君主論》第三章。下一句開頭的「該書」即是《君主論》。

凱莫瑞嫩人進入托斯卡納，利用馬莫丁人進入西西里，利用薩貢屯人進入西班牙，利用馬辛尼撒進入非洲，利用埃托利亞人進入希臘，利用歐邁尼斯及其他君主進入亞洲，利用馬西里人和埃杜維人進入高盧。可見不論攻城掠地還是守疆衛土，他們從來不缺這一類使得他們易展鴻圖的支持者。遵循這個作法的那些民族將會明白，比起不善於遵循這個作法的那些民族，他們更不需要仰賴運氣。

為了讓大家更瞭解德性遠比運氣更有助於羅馬人建立帝國，下一章將述及他們必需與之交戰的那些民族的特質，以及他們如何頑強捍衛自己的自由。

第2章 羅馬得要跟什麼樣的民族交戰，那些民族又是如何頑強捍衛他們的自由

〔1〕

〔義大利的自由民族〕

羅馬人征服周遭的民族和遠方的地區時，所面臨最大的難題莫過於那個時代許多民族對於自由的愛好；他們誓死捍衛自由，非有過人的德性不足以讓他們心服口服。他們為了維護或恢復自由而冒著什麼樣的危險，對於剝奪他們自由的那些人又採取什麼樣的報復手段，這可以從許多事例得知。奴役帶給人

民與城邦的傷害也可以從閱讀歷史得知。我們這個時代只有一個地區可以找得到自由的城市[1]，古代卻有許多非常自由的城市遍佈各地。看看義大利，就拿我們現在說的那個時代而論，從如今分隔托斯卡納和倫巴底的〔亞平寧〕山脈一直延伸到義大利的底端，全都是自由的民族散佈之地，比如托斯卡納人、羅馬人、薩謨奈人都是，還有在義大利其他地方定居的許多民族。除了在羅馬稱王的那些人和托斯卡納王波爾塞納，也不曾有報導提到什麼國王。波爾塞納的血統是怎麼斷絕的，歷史沒有交代。但是在羅馬人圍攻維愛的那個時代，顯然托斯卡納還是自由的，並且極其享受自由，對君主的稱號恨之入骨，竟至於維愛人為了自衛而擁立國王之後，向托斯卡納人求援對抗羅馬人，托斯卡納人多次召開會議終於決定只要維愛人仍然生活於國王治下就不伸出援手。依他們的判斷，去保衛已經向別人臣服的那些人的祖國有弊無利。

〔自由帶來繁榮〕

人民熱愛自由的生活方式這一股情懷因何而起，這不難明白，因為從經驗可知，城市如果沒有自由就不可能拓展其領土或財富。想到雅典在擺脫皮西搓托斯的專制之後一百年所達到的偉業，真的是令人驚嘆。尤其可驚的是羅馬在擺脫王制之後所達到的偉業。箇中原由不難理解，因為使城市偉大的不是個人的幸福，而是公眾的幸福。而且，無庸置疑，公眾的幸福只有在共和國才可能實現，因為那是共和國

【1】譯註：應該是指日耳曼：見卷一55.2-3和卷二19。

內大家全力以赴的目標，其措施雖有可能個別危害到這個人或那個人，受益於前面說的那個好處的人卻多到足以貫徹始終，少數受害人的抗拒起不了作用。

〔專制造成停滯〕

一旦出現君主，情形恰恰相反，因位對君主有利的通常牴觸城邦公共的利益，對城邦有利則牴觸君主個人的利益。這一來，專制統治凌駕自由的生活方式，禍害接踵而至，最輕微的是城邦的進展停滯，實力和財富也不再成長，不過通常——或許該說總是——發生倒退。假如應運而生的是個武德超群的專制君主，他開疆拓土只對他自己有利，對那個共和國毫無效益可言，因爲他不可能敬重受他專制統治的任何一個堅強又善良的公民，唯恐日後尾大不掉。他也不可能讓他所奪取的城市臣屬於他專制統治的城市，或向它納貢，因爲使它強盛不合乎他的利益。對他有利的是讓政權分崩離析，這樣每個鄉鎮都分別承認他是唯一的統治者。因此，他征伐所得，受益的是他個人，不是他的國家。任誰想要有充分的證據確認這個看法，應該去讀芝諾芬的專論《論專制》，書中實例不勝枚舉。

〔古人愛好自由〕

因此，說來不足爲奇，古代的人愛好自由的生活方式，對專制君主恨之入骨，必欲除之而後快，說到自由則推崇備至。怪不得有這樣的事發生：耶羅尼睦斯，他是敘拉古的耶羅之孫，被敘拉古人殺死，那時他的軍隊駐紮在離敘拉古不遠的地方，官兵接到他的死訊，起初全軍嘩然，帶著武器要去對付弒君的人，可是接著聽到自由的呼聲響遍敘拉古，入耳動心，全軍鴉雀無聲，針對弒君而起的怒氣轉眼消沉，轉而思考如何在那個城市制定自由的政體。

〔自由的公敵引起公憤〕

同樣不足爲奇的是人民採取不尋常的手段報復剝奪他們自由的人。那種例子非常多，我只指出伯羅奔尼撒戰爭期間在希臘，一個叫做科古拉的城市發生的事。由於當時希臘分成兩大陣營，分別以雅典人和斯巴達人馬首是瞻，結果就是有許多城市分裂成斯巴達黨派和雅典黨派。事情發生在前面說的那個城市，貴族得勢，剝奪了人民的自由，平民黨透過雅典人的幫助重新掌權，搜捕所有的貴族，把他們關進一個足以容納他們全體的監牢。他們每一次從牢裡揪出八或十個人，假稱要把他們放逐到不同的地方，其實是無所不用其極殘殺他們。還沒被殺的人知道了這事，決定竭盡所能避免這種沒有尊嚴的死法。他們盡能力所及武裝起來，奮戰嚴防來者進入監牢大門。吵雜聲引來大批民衆，他們搗破堅牢的屋頂，把牢裡的人全都活埋。希臘還有許多類似的恐怖事例廣爲人知，可見眞的是自由被剝奪引來反撲的力道遠超過自由受到威脅。

〔2〕

〔基督教與異教的教化作用不一樣〕

這使我想到何以古代人比現代人愛好自由，我相信箇中原因和現代人不如古人刻苦耐勞如出一轍，也就是在於我們的教育和古代不一樣，追根究底乃是當前的宗教跟古代不一樣。我們的宗教指示眞理和正道[2]，使我們比較不重視世間的榮譽，反觀非基督徒，他們非常重視世間的榮譽，認為其中有至善，因此表現在行為上比我們來得勇猛。這可以從他們的許多制度推論出來，從祭禮的壯觀一路下來，和我們的謙恭處處對比。我們的祭禮精緻有餘而壯觀不足，展現不出勇猛與活力。他們的儀式，排場與壯觀兩不欠缺，還加上充滿血腥和勇猛的祭禮動作，現場宰殺大量的動物。這樣的恐怖景象足以發揮潛移默化的功能。此外，古代的宗教只賜福給渾身洋溢世俗榮耀的人，如軍中的將領和城邦的統治者。我們的宗教推崇的是謙卑和冥思而不是行動派人士，因此在謙卑、自制以及藐視人間事務之中體現至善，另一個卻是在豪邁、體魄以及其他一切能使人強壯的事務之中體現。假如說我們的宗教要求你內心剛強，那是希望你更能適應苦難，而不是要你去從事什麼壯舉[3]。

〔基督教的影響〕

因此，這種生活形態使世界變得文弱，使它成為惡徒予取予求的獵物，因為信眾為了來日榮登天國，遭受打擊時心裡想的是如何忍辱負重，而不是如何報仇。雖然這世界因此看來比較娘娘腔，天國也解除武裝，形成這樣的局面無疑主要源於某些人懦弱的行徑，他們解釋我們的宗教只講懶散而不談功

【2】譯註：耶穌對信眾說「你們會認識真理，真理會使你們得到自由」，又說「我就是道路、真理、生命」（《舊約．約翰福音》8:32, 14:6）。

【3】譯註：馬基維利並不是排斥基督教，而是批評基督教沒能維持並發揚古人的德性，至於古德與基督教義是否相容，那不是他關懷所在：他關心的是宗教如何發揮政權的機制。參見他在卷一12辯稱，如果基督教的統治者像古羅馬人保留異教精神那樣保留基督教的原始精神，基督教的政權與共和國將更為團結。

德[4]。如果他們考慮到宗教容許我們壯大並捍衛祖國，他們將會明白宗教盼望我們熱愛、推崇並隨時準備防衛祖國。由於這樣的教育和錯誤的詮釋，如今在世界上看得到的共和國比古代來得少，在人民身上也看不到像以前那麼愛好自由的情懷。我相信箇中原因在於羅馬帝國憑其武力與權力消滅了所有的共和國和一切公民的生活方式[5]。雖然那個帝國解體了，各城市到現在還是分崩離析，也沒辦法重新規劃公民生活[6]，只有那個帝國極少數的地方是例外。

〔羅馬的實力基礎〕

不論是怎麼一回事，羅馬人在世界各地，即使是最不起眼的地方，都遭遇過裝備精良的共和國共謀頑強捍衛他們的自由。這說明了羅馬人民如果沒有罕見又高超的德性是征服不了他們的。

〔3〕

要舉出這方面的事例，我想薩謨奈人的事例對我來說就夠了。說來令人吃驚——這連提圖斯．李維也承認——他們那麼強盛，軍備那麼健全，抵抗羅馬人能夠撐到帕皮瑞烏斯．庫爾索擔任執政官，也就是第一個帕皮瑞烏斯的兒子，期間常達四十六年，經歷許多敗仗，城鎮被毀，在他們的疆域多次遭到屠殺，尤其是看到在那一片疆域，曾有過那麼多的城市和那麼多的人，如今幾乎沒有人煙。當時的秩序那

【4】譯註：功德：*virtù*（virtue），意同功效、效能、藥效之「效」，可以有剛強之意。
【5】譯註：本書提到「公民」總是和法律習習相關，提到「生活方式」則是離不開政治體制。
【6】譯註：公民生活，視同一種生活方式（*vivere*）的憲政體制或法治政府。

麼完善，武力那麼強大，如果不是遭逢羅馬無與倫比的德性是不可能被征服的。

〔何以自由帶來繁榮〕

不難推敲那個古代的盛世和這個現代的亂象從何而生，說穿了是由於以前自由的生活方式大行其道，現代則是奴化的生活方式無所不在。正如前文所說，各方面都自由的城鎮和地區無不受益無窮。那些地方人丁旺盛，因爲婚姻自由，大家喜歡結婚，每一個人都樂意在能力所及的範圍內儘量生養小孩。他們不擔心祖傳的家產會被充公；他們不只是知道自己生而自由、不是奴隸，而且知道憑自己的德性就有可能出人頭地。他們看得到財富大量倍增，來自農業的和來自技藝的都一樣，因爲每一個人都願意增產，並努力獲取他相信一旦獲得就能夠享受的產物。因此而來的是互相競爭的人將會兼顧私利與公利，並且兩者相得益彰。

〔4〕

〔最慘的莫過於受共和國奴役〕

跟這一切相反的事情發生在過著奴隸生活的共和國，而且奴役的程度越深，就越是跟人人企求的善背道而馳。所有令人難以忍受的奴役狀態中，最令人難以忍受的是受共和國奴役。首先，因爲它比較持久，逃避的希望比較小；其次，因爲共和國的目的是削弱其他所有的主體以壯大自己。要求你屈服的君主不做這種事，野蠻的君主才會，就像四處燒殺劫掠又摧殘文明的東方君主。但是如果打心坎裡認同人性常情的規範，他通常一視同仁愛護向他歸順的城市，並且任由它們保存所有的技藝以及幾乎一切古代的制度。這一來，就算它們沒能像自由的城市那樣繁榮，還是可以免於像奴隸那樣被蹂躪（這裡說的是屈服於外地人的城市所遭受的奴役，因爲屈服於自己的公民的情況，我在前面已經說過）。

因此，只要對我說的這一切加以斟酌，就不會驚訝薩謨奈人擁有自由時的強勢以及後來遭受奴役時的弱勢。提圖斯・李維數度信誓旦旦指出這一番消長，特別是在漢尼拔的戰爭中。他提到薩謨奈人受到諾拉這地方一個軍團的壓力，派特使請求漢尼拔援救他們。特使告訴漢尼拔，他們憑自己的將士抵抗羅馬人長達一百年，好幾次同時力戰兩名執政官率領的兩支部隊，如今實力大不如前，即使面對一個小小的羅馬軍團也難以自保。

第3章　羅馬摧毀鄰近的城邦卻不吝於重用外邦人，因而成為強大的城邦

「羅馬這時候在阿爾巴的廢墟成長」（李維1.30）。

打算把城邦發展成強權的人應該全力想方設法增殖人口，因爲人口不豐足的城邦絕無可能成就大業。增加人口可以有兩個途徑：憑愛心和憑武力。憑愛心廣開門戶並保障打算前來定居的外邦人的安全，俾使人人只要樂意都可以前來定居；憑武力摧毀鄰近的城市，然後強制其居民遷移到你的城市定居。羅馬積極推動這樣的政策，竟至於在第六代國王的任期中，能夠從軍的羅馬居民多達八萬人。羅馬人的做法學自有經驗的農夫：爲了使植物長得壯又能豐收，剪掉最先長出來的樹枝，好讓它屆時長得更

翠綠而且結更多的果子，因爲植物的德性[1]保留在樹幹中。

斯巴達和雅典的例子說明了，這個方式用於擴張勢力進而建立帝國是必須的，也是有效的。雖然那兩個共和國軍備非常精良，法制也非常完善，它們卻沒有獲致羅馬帝國那樣的偉業，而羅馬跟它們比起來似乎更動蕩，制度也沒那麼完善。歸根究底，除了前面引述過的別無其他原因：藉由那兩種方式強化城市的體質，羅馬能夠動員二十八萬人，而斯巴達和雅典各自都不曾超過二萬人。原因不在於羅馬比它們佔更多的地利，而是在於不同的做法。由於斯巴達共和體制的肇建者呂庫古斯考慮到混雜新居民很可能瓦解他的法律，他在當地千方百計隔離外邦人。除了不允許他們通婚、取得公民權和其餘促使人們融合的交往形態，他下令在他的共和國應該使用皮革貨幣，一舉鏟除人們前往該地、攜帶商品前往該地或是引進任何技藝的念頭，所以那個城市的居民永遠不可能增加。既然我們的行爲都是在模仿自然，硬要細樹幹撐起粗樹枝既不可能也不自然。所以說一個小共和國不可能奪取比它自己更健全又更繁茂的城邦或王國。就算它奪取了那樣的一個城邦或王國，結果就是像旁枝比主幹來得粗壯的樹木，千辛萬苦撐起來，隨便一陣微風就把它折斷了。斯巴達的情形就是這樣。它奪取了希臘所有的城市，可是底比斯一反叛，其餘的城市全都反叛，只留下沒有枝葉的樹幹。這不可能發生在羅馬，因爲它的主幹非常粗壯，輕易撐得起任何枝椏。這樣的作法，加上下面就要說到的其他方式，造就了羅馬的偉大和強勢。提圖斯·李維用三言兩語就說明了這個道理：「羅馬這時候從阿爾巴的廢墟成長。」

【1】譯註：此處指活力。

第4章　共和國的擴張模式有三種

〔1〕

〔第一種模式：共和國同盟〕

任誰觀察古代歷史都會發現，共和國使用的擴張方法有三種。一個是古代的托斯卡納人遵循的，幾個共和國結盟在一起，並沒有哪一個的權力或階級比其餘的優先；佔領別的城邦就跟他們結成伙伴，方法類似當今的瑞士以及古代希臘的阿凱阿人和埃托利亞人的作爲。由於羅馬人經常對托斯卡納人發動戰爭，我將花些篇幅特別交代他們的來龍去脈，以便說明第一種模式的特色。

〔托斯卡納人的歷史〕

在羅馬帝國成立以前的義大利，托斯卡納人[1]在海上和在陸上都非常強勢。詳情雖然不得而知，他們的盛世還是有少量的文獻和遺跡可以佐證。我們知道他們曾派人建立一個殖民地，他們稱作阿德里亞，就在北海岸，以其顯赫而被用於稱呼拉丁人直到現在還叫做亞得里亞的那一片海洋。我們還知道他們的武力威震整個義大利的精華地帶，從台伯河向北延伸遠達阿爾卑斯山腳。儘管如此，在羅馬的力量壯大之前兩百年，這裡說的托斯卡納人喪失了當今稱作倫巴底的這一片疆域的統治權。那個地區被法國

【1】譯註：現代的托斯卡納即古代的埃特魯里亞，馬基維利述及埃特魯里亞人習慣稱作托斯卡納人，猶如以法國人代稱高盧人。

人佔領，他們也許是形勢使然，也許是看上物產豐饒，尤其是酒這個特產，在他們的公爵貝洛維蘇指揮下進入義大利。他們打敗並且驅逐當地人之後，定居下來，建立許多城市。他們用自己的族名稱那個地區為高盧，以此相沿直到被羅馬人征服。

〔托斯卡納同盟〕

托斯卡納人就是以平等共同生活，依上述第一種模式從事擴張。總共有十二城市組成同盟，共同統治他們的版圖，丘西、維愛、阿瑞佐、菲索列、沃爾泰拉等都包括在其中。他們的征略沒能超出義大利的邊界，義大利境內甚至還有一大部分原封未動，箇中原委將在下文說明。

〔另外兩種模式〕

另一種模式是爭取伙伴，可是不至於不為自己保留發號施令的地位、大權在握的職位以及進取操之在我的權利，也就是羅馬人所遵行的模式。第三種模式爭取的不是伙伴，而是直接的藩屬，就像斯巴達人和雅典人所做的。

這三種模式當中，最後一種完全沒有效果可言，就如同我們在前面指出的那兩個共和國所見到的情形，他們的覆亡只有一個原因，就是無法保有自己獲取的領地。憑暴力治理城市，尤其是習慣過著自由生活的那些城市，根本吃力不討好。如果沒有雄厚的武裝部隊，你既不可能指揮也不可能治理他們。如果你打算建立雄厚的武裝部隊，有必要爭取伙伴幫助你大量增加公民數。由於斯巴達人和雅典人這兩個城市兩頭踩空，不但沒有雄厚的武力，公民數也太少，它們的運作模式沒有效果可言。羅馬屬於第二種模式，它雙管齊下，因此成爲超級強權。

〈羅馬模式獨一無二〉

羅馬的作法獨一無二，因此國威獨步古今。它在義大利全境爭取到許多伙伴，彼此在許多方面生活於平等的法律之下，而且就像前文說過的，它總是爲自己保留大權在握的職位和發號施令的權利。因此它的伙伴不知不覺爲羅馬流血流汗，心甘情願接受奴役。羅馬人開始派遣軍隊到義大利境外，把王國貶爲行省，把習慣接受國王統治的臣民貶爲屬民。他們被冠上羅馬之名的軍隊所征服，被套上頸軛因習成性，甘願接受羅馬總督的管轄，被羅馬勢力壓得死死的。結果，羅馬在義大利境內的伙伴赫然發覺自己被羅馬的屬民團團包圍，同時被一個奇大無比的城邦壓得喘不過氣。等到他們明瞭出自己生活於其中的錯覺，已經來不及補救了，因爲羅馬挾其外圍的省區而掌握無比的權勢，內部的實力又那麼堅強，金城湯池與鐵甲金戈雙雙無比堅強。它的伙伴就算想要密謀反叛以圖報復自己受到的冤屈，也很快就吃敗仗，處境比以前更慘，因爲它們的地位從盟友變成屬民。這個方式，我說過了，只有羅馬人採取；有心要擴張的共和國不可能採取其他的模式，因爲經驗顯示別無更確定或更穩當的方法。

〈2〉

〈同盟的模式有其侷限〉

前面提到的同盟模式，也就是從前托斯卡納人、阿凱阿人和埃托利亞人以及當今瑞士人所採取的模式，好處僅次於羅馬模式。這種模式雖然不可能大肆擴張，卻有兩個好處：一個是不容易腹背受敵，另一個是容易悉數保有你的所得。擴張能力不足的原因在於，你的同盟是由分散四處而且各自獨立的共和國組成，同盟的成員難以共商大計或做出決定。這也使得它們沒有拓展疆域的欲望，因爲佔領的疆域由衆多成員分享畢竟不如由單一共和國獨享那麼受重視。此外，不同的共和國透過會議遂行治理，比起單一疆域之內的人作決定，總是緩不濟急。

從經驗可知，同盟模式的運作有其侷限，因爲沒有事例顯示它行得通。一個同盟可能有多達十二或十四個成員，不會再尋求更多了。只要達到看來足以抵禦任何外侮的程度，它們就不會想要擴大權力，一方面是因爲形勢沒有迫使他們去獲取更大的權勢，另一方面是因爲他們看不出獲取所得有利可圖，理由如前所述。同盟如果要擴張，可以就這兩件事擇一而行：持續爭取伙伴，可是成員多則混亂隨之而來；不然就是把同盟的伙伴變成自己的藩屬，可是沒有人會這麼做，因爲困難重重又無利可圖。因此，當加盟的成員達到一定的數目，安全無虞，他們轉而採取兩個措施。一個是接受信託以遂行保護，這意味著他們廣收保護費由大家朋分。另一個是爲別人從事戰鬥任務，接受雇用他們的君主所付的酬勞，就像在當今的瑞士看到的和從前面的引例可以讀到的情形。提圖斯·李維就是見證人，他說馬其頓的國王腓力去找弗拉米尼烏斯討論一個協議，適逢埃托利亞的一位行政長官在現場。這位行政長官有話要跟腓力說，腓力斥責他貪心不足又不忠不義，說埃托利亞人無恥，在戰場上和某一方並肩作戰卻依然派他們的人投效敵方，難怪埃托利亞的旗徽經常在敵對的陣營看到。

由此可見，同盟的運作模式總是大同小異，結果也半斤八兩。使盟國成爲藩屬的方式總是不牢靠而且利益有限；而且一旦超過本身的極限，很快就崩潰了。這種爭取藩屬的方式，如果說在有武裝的共和國實效有限，那麼在沒有武裝的那一些，就像我們這個時代義大利境內的共和國，根本就毫無實效。

〈夙昔典型後繼無人〉

所以我們可以恰當下結論：羅馬人所採取的是正確的模式，妙處無窮，在羅馬之前沒有前例，在羅馬之後沒有仿效者。至於同盟的仿效者，只有瑞士和斯瓦比亞同盟。爲了結束這個主題，我要強調羅馬人所遵循的許多制度，包括對內和涉外的事務，在我們的時代不只是沒有人仿效[2]，甚至沒有人加以重視，因爲有一些被認定爲不實在，另有一些被認定爲行不通，甚至有一些被認定爲不合所需又沒有好處。如此無知的結果，我們只好任人予取予求。就算仿效羅馬人看來窒礙難行，仿效古代的托斯卡納人應該不至於困難，尤其是對我們當今的托斯卡納人來說。古代的托斯卡納人就算基於前面說過的理由而無法造就像羅馬那樣的帝國，確實在義大利取得他們採行的模式所能獲致的權勢，維持長期的安定，武力和政府組織享有無上的榮耀，習俗和宗教獲得最高的讚美。此一權勢與榮耀先是遭到高盧人的侵蝕，接著被羅馬人給剷除，簡直是斬草除根，竟至於托斯卡納人在兩千年前睥睨一世的權勢，如今只在文獻留下蛛絲馬跡。這使我想起何以世人如此健忘，下一章將就此事加以討論。

【2】譯註：仿效羅馬卻失敗的現代實例，見本卷18和33兩章。

第5章 教派和語文的變遷，加上洪災和瘟疫為患，使得歷史記載無法久存

〔1〕

對於寧可相信世界是永恆的那些哲學家，我想可以這麼答覆：如果古史可信，可以合理推知歷史有超過五千年的記載，奈何過去的記憶備受摧殘，原因不一而足，部分出於人事，部分出自天意。

〔教派和語文〕

出於人事的原因有教派和語言的變遷。新的教派——也就是新的信仰——出現時，初始的目的是消滅舊的教派以便建立名聲。如果新信仰的創始人使用不同的語言，舊信仰輕易就會被消滅。這只要看看基督教如何對付非基督徒的信仰就可以知道，因爲我們發現基督教廢除舊信仰所有的制度和儀式，並且把那個古老信仰的跡象清除得一乾二淨。誠然，他們並沒有完全成功剷除舊信仰的聖賢所成就的知識，原因在於基督教沿用拉丁語文——他們不得不如此，因爲他們非得要用拉丁文書寫新的律法不可。如果他們當初使用新的語文，那麼考慮到他們受過的迫害，我們可以推論過去的事跡將不會有任何記錄。

任誰讀到聖格列高利和其他基督教領袖所使用的手段都會明白，他們不屈不撓要清除古代的記憶，燒毀詩人和歷史學家的作品，摧毀神像，破壞其他任何古代文物的蛛絲馬跡。所以，如果他們在這一串迫害錄加上新的語文，可想而知在很短的時間過去的一切勢必涓滴不存。由此推論，可信基督教用來對

付異教的作爲，也會被那個教派用來對付其先行輩[1]。由於這些教派在五、六千年的時間中數度發生變異，遠古時代的事已無影無蹤；就算有蛛絲馬跡留下來，也被視爲無稽之談，沒人會相信——就像西西里人狄奧多羅斯的歷史，雖然提供四、五萬年的記載，卻被當作一派胡言，連我也這麼認爲。

〔2〕

〔自然界的劇變〕

至於來自天意的原因，無非是毀掉人類並且大大減少世界某個部分的居民之類的劇變。這可能由於瘟疫或饑荒或洪災。最重要的是最後這一項，一來因爲比較普遍，二來因爲獲救的全都是粗鄙的山地人，他們因爲不具備遠古的知識，無法承傳給後世。就算他們當中有具備那種知識的人獲救了，爲了揚名立萬使自己成爲一代宗師，他會師心自用竄改曲解，以至於傳給繼承人的都是經過他篩選的，其餘的則失傳。

這些洪災、瘟疫與饑荒的發生，我不相信有懷疑的餘地，因爲它們充斥所有的史書，因爲歷史被湮沒的後果顯而易見，也因爲事情的發生合情合理。就如同功能單純的身體聚集大量多餘的物質，自然透過排泄淨化以促進健康，同樣的情況也發生在人類的複合體，一旦各地人滿爲患，到了固守原地和移居外地同樣窒礙難行的時候，人類的機心巧詐一發不可收拾，這世界必然要透過這三種方式之一進行淨

---

[1] 譯註：這和李維所述（《羅馬史》1.35, 55; 5.21-22; 7.3; 9.36）羅馬人對待埃特魯里亞人的語言、文獻與宗教的方式大相逕庭。

化，俾使人類數量減少，並且在逆境中學會謙卑，這一來或有可能過著比較愜意的生活並且善益求善。

托斯卡納人，正如我在前面說過的，一度是個強權，宗教情操與德性兼備，也有自己的風俗和語言，這一切全都被羅馬的勢力一掃而空。所以，就像前面說的，只剩下名稱留在記憶中。

〔6—10：殖民與戰爭及其原因與代價〕

第6章　羅馬人如何征戰

〔1〕

〔為利益而戰〕

既已討論羅馬人如何進行擴張，現在就來討論他們如何征戰。從他們的每一個行動都可以看到他們多麼謹慎避開別人通常採取的方式，以便於獲致最可觀的偉業。發動戰爭，不論是出於政策或是出於野心，無非是求其有所獲取並維護獲取所得，藉以增富祖國的疆域，使其免於匱乏。因此，獲取一如維護，有必要避免揮霍，反倒要事事爲公衆的利益設想。

〔戰爭求其快又狠〕

任誰有心獲致這樣的結果，一定要採取羅馬人的作風和方法，首要之務在於，就像法國人說的，快又狠。他們跟拉丁人、薩謨奈人和托斯卡納人所爆發的一切戰爭，都是在戰場上投入大量的軍力，在極短的時間分出勝負。

細數從羅馬建城到對維愛人展開圍城戰，無一不是速戰速決，有一些花六天，有一些花十天，有一些花二十天[1]。他們的作法是，一宣戰，部隊投入敵軍陣前，立刻開打。一旦打贏，敵人同意羅馬提出的條件以免家園全毀，羅馬人就要他們割讓土地，把這些土地轉變成私產或供作殖民地。殖民地設在邊疆，成爲羅馬的邊防屏障，殖民者因爲擁有大片土地而受益，羅馬人民也因爲戍守邊疆不需要花錢而受益。沒有比這更安全、更可靠或更有效的方式。敵人沒有出現時，那樣的邊防就夠了；假如敵人大舉進逼殖民地，羅馬人也會大舉出兵跟他們作戰。戰爭結束，打贏了，羅馬人強迫對方接受更嚴苛的條件，然後班師返鄉。就這樣，他們聲威遠播，勢力日益強大。

〔2〕

〔戰爭速決又利多的原因〕

他們一直沿用前面說的方法，直到對維愛人展開圍城戰才改變作戰的模式。當時爲了進行長期戰，他們開始立法發薪餉給戰士——以前羅馬戰士不領薪，因爲戰爭期間短而沒有必要。雖然發軍餉以便進行比較長期的戰爭，雖然因爲戰線拉長，他們的軍隊迫於形勢而留在戰場上更久，他們不曾改變按時空條件速戰速決的初衷，也依舊派遣殖民隊。除了積習成性之外，執政官的野心也促使他們固守速戰速決的初衷。因爲執政官任期只有一年，那一年當中又有六個月留守羅馬，他們一心只求結束戰爭凱旋榮

【1】譯註：維愛圍城戰花了十年（李維V 22）：速戰速決的例子見李維《羅馬史》2.26-7; 3.26-9; 4.31-4, 45-7。比較長期的戰爭，見3.2, 23。李維的敘述看來好像是條陳列舉羅馬參與之戰爭所花的時間，其實不然：他只是概括表明他對於羅馬速戰速決的印象。

歸。派遣殖民隊的實效與利益使得他們樂此不疲。戰利品的處置是有改變，不再像當初那麼大方，因爲自從士兵領薪以後，戰利品對於他們似乎不是非有不可，同時也因爲他們設想有更多的戰利品厚植公庫就不至於仰賴羅馬城內的稅金支應軍事行動。沒多久，這一套制度使他們的財庫大爲充裕。分配戰利品和派遣殖民隊這兩個辦法就這樣使羅馬因戰爭而發財，不像其他沒那麼聰明的君主和共和國因爲戰爭而貧窮。事情的發展後來變本加厲，竟至於執政官即使打勝仗，如果沒有帶回大量的金銀財寶等戰利品添注公共財庫，就不算凱旋。

就這樣，由於前面所說關於戰利品和速戰速決的策略——經由屈人之兵，經由劫掠，也經由對自己有利的協議，終能耗盡敵人的實力——羅馬人越來越富足也越強勢。

第7章　羅馬人分配給每一個殖民者多少土地

羅馬人分配給每一個殖民者多少土地，這很難說清楚，我相信他們多少是依照殖民隊奉派前往的地方而定。據判斷各地的分配額都很有限：首先是爲了能夠派遣更多的人去，因爲他們被視同代理邊防軍；其次，由於羅馬人在故鄉生活簡樸，要說他們會讓屯墾的人生活富足，這不合理。提圖斯·李維說，維愛被攻陷時，他們派遣一支殖民隊前往，分配給每一個人三又十二分之七犁畝（換算成我們的單位是……)[1]。除了前面說的理由，他們還認爲土地不必求多，好好耕作就夠了。非常必要的是整個殖民地應該有每個人都可以牧養家畜的公領地，以及揀拾薪柴的樹林，否則殖民地不可能安定。

第8章 何以有些民族遷離故土，大量移居別人的疆域

〔1〕

〔共和國與君主的野心征戰〕

既已討論羅馬人的征戰方式，以及托斯卡納人如何遭遇高盧人攻擊，接著討論戰爭的兩種類型似無不妥。一種是尋求擴張版圖的君主或共和國的野心所致，亞歷山大大帝和羅馬人所發動的戰爭即屬此類，強權彼此傾軋無日無之所爆發的戰爭也是。這些戰爭固然危險，卻不至於把在地的居民趕盡殺絕，因爲戰勝的一方只要求被征服的人民順從就夠了，被征服的一方通常能夠保留自己的法律，並且持續擁有自己的家園和財物。

〔民族征戰〕

另一種戰爭類型是全體人民受饑荒或戰爭所逼，攜家帶眷搬離一個地方，去尋找新家園和新疆域，

【1】譯註：原文脫落。犁畝：見卷一24註2。

不像前面說的去管轄該地，而是大大小小一概佔爲己有，然後驅逐或殺害世居當地的人。這種戰爭非常殘忍而且非常可怕。薩盧斯特在《朱古達之戰》的結尾有提到。他說朱古達被打敗之後，羅馬人注意到高盧人向義大利推進的動向。他針對這一場入侵說，羅馬人奮戰其他民族只是爭取霸權，但是他們奮戰高盧人卻攸關生死存亡。君主或共和國進犯某地，只要剷除統治者就夠了，可是高盧人卻非要把對方趕盡殺絕才罷休，因爲他們想要鵲巢鳩占。

〔高盧人入侵義大利〕

羅馬人遭遇過三次這種非常危險的戰爭。第一次是羅馬淪陷的時候，如前文所述，高盧人從托斯卡納人手中奪取倫巴底，以之爲根據地入侵羅馬。關於這一場戰爭，提圖斯·李維歸結出兩個原由。第一個是，如前文所述，他們被義大利的豐果美酒給吸引，那是高盧所欠缺的。第二個是，由於他們的人口激增，糧食不足，那些地方的君主認定有必要強制部分人口去尋求新土地。下了這樣的決定之後，他們推選高盧的兩個國王貝洛維蘇和席格維蘇擔任指揮官；貝洛維蘇進入義大利，席格維蘇進入西班牙。貝洛維蘇的到來導致倫巴底的陷落，也因此導致高盧人對羅馬的第一次戰爭。接著是在第一次迦太基戰爭之後，高盧人再度入侵義大利，卻在皮翁比諾和比薩之間陣亡超過二十萬法國人。第三次是在日耳曼人和金布里人進入義大利的時候，他們先馳得點，打敗幾支羅馬部隊，最後被馬略打敗。

羅馬贏得這三次險象環生的戰爭，他們的勝利有賴於超乎尋常的德性。我們看到後來羅馬人的德性衰微，他們的軍隊也喪失了古代的勇氣，他們的帝國被同一個民族推翻，那個民族包括哥德人和汪達爾人，他們佔領了整個西羅馬帝國。

〔2〕

〔征服者帶來新地名〕

前文說這些民族離開他們的國家是迫於形勢，形勢無非是源自饑荒或戰爭以及在自己的國家受到迫害，因此被迫去尋求新土地。數量夠多的時候，他們憑暴力入侵別人的國家，殺死當地的居民，強佔他們的財物，建立新王國，更改地名，就像摩西和佔領羅馬帝國的那些民族的作風。在義大利等地，新地名無非是新的佔領者用來稱呼的地名：比如以前叫Gallia Cisalpina（山內高盧），就是現在的Lombardy（倫巴底）；France（法蘭西）在以往叫做Gallia Transaplina（山外高盧），現在的稱呼是根據Franks（法蘭克人）命名的，他們就是佔領該地的民族[1]；Slavonia（斯拉沃尼亞）舊稱Illyria（伊利里亞）；Hungary（匈牙利）舊稱Pannonia（潘諾尼亞）；England（英格蘭）舊稱Britannia（不列坦尼亞）[2]；還有許多地區改過名稱，例子不勝枚舉。摩西也把他所佔據的Syria（敘利亞）部分稱爲Judea（猶太）。

---

[1] 譯註：法蘭克人於中古時代進入今法國之地時，原住民即是羅馬人所稱的高盧人，羅馬人稱其地為*Gallia*。至於「山外」、「山外」乃是指義大利人看阿爾卑斯而言。

[2] 譯註：「英格蘭」字義為「盎格魯人之地」，Britannia則是比盎格魯人早到的不列顛人（*Briton*）之地。法國的不列顛人所佔據的地方則稱作Brittany（布列塔尼）。

〈迫於形勢的民族遷徙最危險〉

由於我在前面說過諸如此類的民族因戰爭而被迫離開他們的根據地，不得不尋求新土地，我想談一談古代在敘利亞的一個民族茅魯西人的例子。他們聽到希伯來人來了，判斷無法抵抗他們，認為保全老命離開家園勝過試圖保全家園卻賠上老命。他們攜家帶眷從那個地方奔赴非洲，找到了新的根據地，趕走當地的居民，雖然沒有能力防衛自己的家園，卻有辦法佔領別人的家園。歷史學家普羅科匹俄斯記載貝利薩留跟曾經佔領非洲的汪達爾人之戰，報導他讀到這些茅魯西人在住處的柱子上留下的文字：「我們是茅魯西人，在嫩的強盜兒子約書亞的面前逃命」（*De bello Vandalico* 4.10）。由此可見他們離開敘利亞的原因。這樣的民族是很可怕的，因為他們迫於險峻無以復加的形勢；如果沒遭遇精良的軍隊，他們是不可能停下來的。

〈3〉

〈人數少者以和為貴〉

被迫放棄家園的人數如果不是很多，他們就不至於像上述的那些民族那麼危險，因為他們所能施展的暴力有限，必須使用手腕才能佔領一些土地，而且在得手之後還得要透過友誼和聯盟加以維持。埃涅阿斯、狄兜、馬西里人都可以看到做過這樣的事，他們全都獲得他們落腳處鄰居的同意而保有新土地。

〔4〕斯庫替亞人〕

這些民族大量遷徙，幾乎是全部來自斯庫替亞[3]，那是個嚴寒又貧瘠的地方。因為地理條件養不起那麼多人，他們被迫出走；太多的因素在趕他們走，卻沒有一個因素要他們留下來。要說過去五百年那地方沒有出現移民潮，原因多端。首先，從那片疆域大量移出人口發生在羅馬帝國衰微的時期，遷徙而出的民族超過三十個。其次，日耳曼和匈牙利也是民族移出之地，如今生活條件已大有改善，沒必要遷居；在另一方面，他們非常好戰，簡直就是一座堡壘堵住他們的邊界，使得斯庫替亞人無從妄想征服他們，甚至連借道都不敢想。韃靼人經常有大遷徙發生，都受阻於匈牙利人和波蘭人。後者常吹噓，說如果不是有他們的武力，義大利和教會將會一再遭受韃靼人的武力壓迫。

關於這些民族，我想這裡說的就夠了。

第9章 強權之間引發戰爭的常見因素

長期結盟的羅馬人和薩謨奈人後來兵戎相見，其原由在爆發衝突的列強之間屢見不鮮，要不是起於偶然事故，就是有一方蓄意挑起戰端。

【3】譯註：斯庫替亞，羅馬帝國以東和安息（今伊朗）以北的廣大地區。

〈出於偶然的戰爭〉

羅馬人和薩謨奈人爆發戰爭是起於偶然，因爲薩謨奈人先後對西迪基嫩人和坎帕尼亞人發動戰爭，並不是衝著羅馬人而來的。但是坎帕尼亞人因臣服於羅馬人而在壓力臨頭時向羅馬人求援，這是羅馬人和薩謨奈人雙雙始料未及的，羅馬人被迫人溺己溺，因而發動一場在他們看來似乎不可能全身而退的戰爭。他們不能以盟友的立場捍衛坎帕尼亞人抵禦跟他們有盟友關係的薩謨奈人，這在羅馬人看來似乎相當合理，但是沒出面捍衛其實無異於被保護人的屬民，這在他們看來是簡直是奇恥大辱。他們推論如果拒絕出兵保護，勢必阻斷所有可能向他們屈服的通路。既然以宗主權和榮耀爲目標，而不是只求安定，羅馬不可能排斥此一任務。同樣的原由導致第一次與迦太基人爲敵的戰爭，羅馬人出面防衛西西里島上的梅西納人，那也是出於偶然。

〈藉口挑釁引發的戰爭〉

可是羅馬與迦太基人第二次爆發戰爭就不再是出於偶然了。迦太基將領漢尼拔襲擊羅馬人在西班牙的盟友薩貢屯人，不是要侵犯他們，而是要激惹羅馬部隊，俟機跟他們對決，以便進軍義大利。此一掀啓新戰端的模式在強權間屢見不鮮，它們對信義有所顧忌，彼此也有顧忌。假如我打算對某個君主發動戰爭，而我們之間卻彼此長時期信守條約，那麼我襲擊他的盟友將會比襲擊他本人更理直氣壯。我心裡明白，假如我襲擊他的盟友，他要不是激起憤慨而落實我對他發動戰爭的心意，就是無動於衷而曝露他的懦弱與不忠不義，竟然袖手旁觀他的被保護者落難。這兩種情況不論是哪一種都會使他信譽掃地，使我的計畫簡便易行。從坎帕尼亞人的屈服可知，以上所說掀啓戰事的種種有什麼值得注意之處，以及沒有能力自衛卻千方百計希望受到保護以免於外侮的城市可以有什麼對策。質言之，就是毫無保留屈服於你心目中認爲應該保護你的人，就像卡普阿人臣服於羅馬人。佛倫斯人臣服於那不勒斯的侯貝賀，道理相同，他沒有意願把佛倫斯人視同盟友加以保護，卻把他們當作屬民而出兵對抗大舉入侵的魯卡的卡斯楚丘。

第10章 咸信財力是戰爭的動力，其實不然

〔1〕

〔軍力比財力更值得優先考量〕

人人都可以隨意掀啓戰端，結束戰爭卻不然。既然如此，君主在發動戰事之前應該先衡量自己的實力，並以之爲行動的依據。但是他應該慎重其事，對於自己的實力切忌自欺。軍力不足卻根據財力、地利或民心衡量發動戰爭的可行性，這永遠避免不了欠缺自知之明的下場。前面提到的那些條件固然增強你的實力，卻不是你能掌控自如的，而且本身不足爲恃，少了忠心耿耿的軍隊則根本毫無助益。沒有武力，再多的財力、再怎麼豐饒的物產都無法成全你，民衆的信心與善意無法持久，因爲他們不可能在你保衛不了他們的情況下對你忠心耿耿。什麼地方缺少堅強的防衛，那個地方的每一座山嶺、每一個湖

泊、每一個無路可通之處都會成爲平原。而且，金錢不只是保障不了你，甚至使你更快成爲獵物。

〈審慎有虧的君主唯財富是賴〉

咸信錢財是戰爭的動力，大謬不然莫此爲甚。這句話是昆圖斯．庫提烏斯述及馬其頓人安提帕特和斯巴達國王交戰時說的，他提到這個斯巴達國王因需錢孔急而戰卻打了敗仗，如果他把戰事延後幾天，亞歷山大的死訊一傳抵希臘，他大有可能不戰而捷[1]。可是他阮囊羞澀，擔心他的軍隊會因此背叛他，他被迫鋌而走險試試戰場的運氣。昆圖斯．庫提烏斯就是因此斷言錢財是戰爭的動力。這句話天天有人引用，智慮不周的君主則身體力行。既然奉之爲圭臬，他們相信擁有大量的財富就足以自衛，卻不考慮假如財富足以從事征戰，那麼大流士早就應該征服了亞歷山大，希臘人早就應該征服了羅馬人，在我們這個時代查理公爵早就應該征服了瑞士人，還有幾天之前教皇和佛羅倫斯人聯手也已應該在烏比諾之戰輕而易舉征服教皇尤利烏斯二世的姪子法蘭切斯科．馬瑞亞[2]。可是上面列名的全都被征服了，打敗他們的無不認定戰爭的動力不是財力，而是精兵良將。

【1】譯註：昆圖斯．庫提烏斯並不是在述及安提帕特和斯巴達國王交戰時（李維《羅馬史》6.1）說出這樣的一句話，而是在亞歷山大大帝逝世之前八年說的；他也沒有說斯巴達國王因缺錢而被逼上陣。

【2】譯註：出身麥迪奇家族的教皇利奧十世於一五一六年八月沒收前任教皇尤利烏斯二世之姪子法蘭切斯科．馬瑞亞的公爵領地，理由是他接受教會的俸祿卻陰謀勾結教會的敵人，並且參與謀刺帕維亞樞機主教；他轉手將該領地賜給自己的姪子羅倫佐．德．麥迪奇（亦即《君主論》的受贈人）。但是法蘭切斯科展開反撲，於一五一七年二月十七日從教皇與佛羅倫斯人手中奪回烏比諾，並且佔領到同年的十二月。

〔戰爭是鐵器打造的〕

呂底亞國王柯洛埃蘇斯向雅典人梭倫大肆炫耀，最後帶他到庫房看不計其數的財寶，接著問梭倫對於他的國力有什麼看法。梭倫回答說他的國力也不過如此，因爲戰爭是靠鐵器而不是靠黃金打造的，鐵器比他多的人伸手過來就把那些財寶拿走了。此外，亞歷山大大帝去世之後，有個高盧部落湧入希臘然後進入亞洲，派遣使節晉見馬其頓國王，交涉締結協議。馬其頓國王展示金銀庫藏，想要以國力嚇唬他們。結果，一心以爲和平之勢底定的高盧人毀了約，起貪念要奪取那些黃金；就這樣，那個國王累積作爲自衛的東西硬是給搶走了。威尼斯人的財庫在幾年前仍然充裕，卻因爲無法仰賴那些財富自衛，主權全部喪失。

〔2〕

因此，我說，戰爭的動力不是俗見所稱的黃金，而是精兵良將，因爲黃金未必找得到優秀的軍人，優秀的軍人卻能夠找到黃金。如果羅馬人打仗時仰賴錢財甚於仰賴鐵器，那麼想想他們從事的大戰役和遭遇的艱困，縱使擁有全世界的財寶也不符所需。但是他們憑鐵器征戰，因此一向是黃金不虞匱乏，因爲害怕他們大軍壓陣的那些人自然帶給他們黃金，甚至親送到他們的營帳。

〔缺錢可能逼出戰事〕

再說，如果那個斯巴達王眞的因缺錢而必須冒險一試戰場的運氣，他隨錢事而來的遭遇也往往因其他原因而發生。我們知道軍隊一旦因缺乏補給而被迫面臨餓死或奮戰的關卡，通常會選擇戰鬥，因爲這樣比較光榮而且可望得到運氣的眷顧。這樣的事也很常見：指揮官看到敵人源源獲得軍需補給，他勢必要搏命一戰，試一試戰鬥的運氣，而不是坐待敵軍壯大，等到無計可施才勉強應戰。還可以看到，面臨逃跑或奮戰的關頭時，就像哈斯竹巴在馬爾凱遭遇克勞狄烏斯·尼祿和另一位執政官聯手襲擊的情況，指揮官總是選擇戰鬥，因爲這個策略雖然成敗在未定之天，畢竟還有勝利的可能，另一個策略則是必輸無疑。

指揮官迫於形勢而違背自己的意願投入戰場，這種情況很多，其中之一有可能就是缺錢。可是不該據此推論錢財爲戰爭的動力，因而忽視同樣使人迫不得已的其他形勢。所以，我重申：戰爭的動力不是黃金，而是優秀的軍人。

〔3〕

〔武德自有黃金屋〕

金錢當然不可或缺，確實是第二必要，不過那是優秀的軍人有辦法爲自己贏得的必要之物，因爲優秀的軍人不可能找不到金錢，金錢卻不可能保障軍人成爲優秀。歷史記載汗牛充棟，處處顯示我說的是實話。雖然伯里克利斯勸勉雅典人力戰整個伯羅奔尼撒，陳明他們仰賴勤奮和財力就可以贏得那一場戰爭。結果，雅典人在那一場戰爭雖然一時居於勝算，到頭來還是輸了，事實證明斯巴達的策略和軍人的素養還比雅典的勤奮和錢財更勝一籌。說到這方面的見識，沒有人比提圖斯·李維更深刻。在論及亞歷山大大帝如果入侵義大利是否征服得了羅馬人的段落，他陳明三件事爲戰爭所不可或缺：大量的優秀軍人，智慮周詳的指揮官，以及好運氣。他在檢討到底是羅馬人還是亞歷山大會在這些方面佔上風時得出他的結論，壓根兒沒提到錢的事。卡普阿人應西迪基嫩人之請爲他們出兵抵禦薩謨奈人時，一定是憑錢財而不是憑軍人衡量自己的實力，因爲作出幫助他們的決策之後，接連兩場敗仗下來，他們爲了保留自己生機也只好成爲羅馬人的屬國。

〔11—15：外交與戰爭〕

第11章　結盟有名望卻沒有實力的君主是不智之舉

〔1〕

〔佛羅倫斯式的錯誤〕

提圖斯．李維有意陳明西迪基嫩人信賴坎帕尼亞人的援軍是錯誤的，以及坎帕尼亞人相信他們能夠幫西迪基嫩人抵禦外侮也是錯誤的，說了一句生動無比的話：「坎帕尼亞人帶給西迪基嫩人的是有名無實的禦侮力量」（李維7.29）。

跟君主結盟應該注意的是，不論是因爲他們地處遙遠而無法掌握馳援的時機，或是因爲他[1]自己情勢不穩或其他緣故而無法遣軍馳援，這樣的結盟關係爲信任他們的人帶來的是空洞的名聲，不是實質的助益。同樣的事也發生在我們這個時代的佛羅倫斯人身上，他們在一四七九年遭到教皇和那不勒斯共和國的國王攻擊的時候，從盟友法國國王路易十一得到的就是「有名無實的保護」。同樣的事也會發生在

【1】譯註：馬基維利從複數轉為單數代名詞。

信賴馬克西米連皇帝的君主身上，因爲跟他結盟就是締結帶來「有名無實的保護」那一類的關係，一如李維提到西迪基嫩人和卡普阿人[2]的關係時所說的。

〔2〕

〔防衛別人是愚行〕

卡普阿人就是在這方面犯錯，高估自己的武力。人有時候就是這樣思慮不周，自己既不知道如何也沒有能力自衛，卻熱心出兵幫別人抵禦外侮。塔蘭托人也是這樣，他們在羅馬軍攻打薩謨奈軍的時候，派遣使節覲見羅馬執政官，要他瞭解他們希望這兩個民族維持和平，又說他們會對破壞和平的一方宣戰。執政官聽了這個提議，哈哈一笑，當著使節的面前吹響出征號並督師迎敵，以具體的行動而非空口說白話讓塔蘭托人見識合其應得的答覆[3]。

〔下一章的主題〕

既已在本章論及君主採取防衛別人的策略之不當，接著我打算述及他們從事自衛所採取的策略。

【2】譯註：卡普阿人即前一章結尾所稱的坎帕尼亞人。卡普阿是坎帕尼亞的主要城市，馬基維利只是因襲李維的代稱筆法。

【3】譯註：按李維《羅馬史》9.14，執政官Papirius Cursor並沒有哈哈笑，而是說禽卜人宣布吉兆而且牲祭吉祥，塔蘭托人因而可以明白天神支持羅馬的軍事行動。

第12章　擔心外患來襲時，迎敵與候戰何者是上策

〔1〕

我偶爾聽到對於戰爭事務有豐富經驗的人爭辯這個問題：假設有兩個武力旗鼓相當的君主，其中比較強勢的一方向另一方宣戰，後者採取什麼樣的策略比較妥善——是靜候敵人侵犯邊境，還是越過邊境迎頭敵痛擊敵人。正反雙方的理由我都聽過。

〔有人主張攻擊是最好的防禦〕

主張進擊的人引述柯洛埃蘇斯給居魯士的建議。居魯士揮軍進犯馬薩給提人的邊境時，他們的女王湯迷瑞絲傳話給他，說他可以就下面兩個策略擇一而行：進入她的王國，她會恭候大駕，不然就是讓她出境迎駕。這事引起激辯。柯洛埃蘇斯獨排衆議，說居魯士應該主動採取攻勢，辯稱如果在她的王國境外遠方征服她，他不可能佔領她的王國，因爲她有時間復元；但是，如果在她的邊境之內征服她，他可以窮打猛追，不給她復元的空間，她的領土自然手到擒來。爲了支持這個論點，他還引述安條克打算對羅馬人發動戰爭時，漢尼拔給安條克的建議。他說明羅馬人不可能被征服，除非是在義大利境內，因爲別人在那裡能夠就地利用義大利的資源充實自己的軍力；可是任誰在義大利境外決戰羅馬人，無異於爲他們保留完整的義大利，保留給他們源源不絕供應軍備所需的資源。他結論道：佔領羅馬比佔領整個帝國容易，佔領義大利比佔領其他諸行省容易。他也引述阿噶托克利斯的例子，後者在自己的國內無力應戰，卻迎頭痛擊來襲的迦太基人，迫使他們求和。他還引述斯基皮奧遠征非洲，把戰火轉移到義大利境

外。

〔2〕

〔有人主張防禦戰勝於侵略戰〕

持相反論調的人說，任誰想要讓敵人吃足苦頭就讓對方遠離家園。爲了支持這論點，他引述雅典人固守家園時，戰爭打來得心應手穩佔上風，後來派軍遠征西西里，卻換來失去自由的下場。他引述詩人筆下的神話故事，說利比亞國王安泰俄斯遭到埃及人海克力斯的攻擊，在自己的王國境內以靜制動守候對方時堅不可摧，爲了對付海克力斯的狡猾而遠離境外時卻喪失了他的政權和性命。所以才有這樣的傳說：安泰俄斯是土地所生，從他的母親，也就是大地，得回他的力量；海克力斯知道這一點，所以把他高高舉起，使他遠離土地。現代的看法也被引來支持這個論點。大家都知道那不勒斯的國王斐迪南在他那個時代是公認非常明智的君主，他逝世之前二年聽到傳言說法國國王查理八世有向他進襲之意。他做了許許多多的準備，卻一病不起，臨終交代兒子阿方索的事項之一是，他應該在自己的王國境內守候敵人，千萬不可把軍力抽調到王權所不及的地方，而是應該在自己的疆界之內以完整的兵力禦敵。後者沒有遵守先父的遺言，派遣一支部隊進入羅馬涅，還沒交鋒就全軍覆沒，政權也丟了。

〔3〕

〔補充進行侵略戰之利〕

除了以上所說的，爭辯雙方各自提出的理由還包括下列幾點：比起採取守勢的一方，攻擊的一方士氣較爲高昂，因此更有自信；此外，進擊敵人也就是使敵人沒有機會利用既有資源，因爲採取守勢的一方不可能從已遭掠奪的那些民衆得到任何支援。再者，由於兵臨城下，統治者不得不在向百姓徵收稅捐和要求他們服勞役時更爲瞻前顧後。於是，就像漢尼拔說的，採取攻勢的入侵者得以盡情搜括原本可以使採取守勢的統治者有能力進行持久戰的那些資源。此外，侵略者的士兵由於身處別人的疆域，必定是摩拳擦掌，此一形勢，就如同我們一再說過的，有助於激發武德。

〈補充進行防禦戰之利〉

在另一方面，也可以辯稱守候敵人有種種優勢，因爲你能夠憑藉補給和其他任何軍需物質的便利以逸待勞。你可以有更好的機會牽制他的作戰計畫，因爲你佔有地利之便。你可以投入更多的兵力跟他打一場遭遇戰，因爲你輕易就能集結你所有的部隊，這在境外遠方是辦不到的。一但打了敗仗，你輕易就能重整復元，因爲你的部隊就近避難將有助於保存大部分的實力，同時也因爲援軍不必遠道跋涉。這一來，你可以兵力傾巢而出，卻不必以全部的運氣下賭注；反觀遠征境外，你下的賭注是你全部的運氣，卻無法投注你全部的兵力。是有人爲了大事削弱對方的實力，不惜誘敵深入國境達數日之遠，讓敵人佔領許多市鎮，迫使他們處處留下駐軍而削弱自己的兵力，到時候遭遇反擊只得甘拜下風。

〈4〉

〈持平之議首當判明有無防務〉

現在說到我自己的理解，我相信作這樣的區別有其必要：到底我的疆域是像以前的羅馬或現在的瑞士那樣有武裝，還是像以前的迦太基或現在的法國與義大利諸王那樣不設防。

〔不設防的情況〕

在後一種情況，應該把敵人阻絕於境外，理由是既然你的優勢在於財力而不在於人力，財路一受阻你就無以爲繼了，而財路受阻莫過於境內的戰爭。迦太基人就是這樣的例子，他們的國土沒有受到侵犯時，憑自身的財源能夠力戰羅馬，可是阿噶托克利斯一入侵，他們根本沒有能力抵抗。佛羅倫斯人面對魯卡的統治者卡斯楚丘束手無策，因爲他在他們的境內開闢戰場，以至於他們只得屈從於那不勒斯的國王侯貝賀。可是卡斯楚丘去世時，同樣的佛羅倫斯人卻有鬥志進襲米蘭公爵，驅軍入境奮力奪其王國；他們在遠方的戰爭展現何其充沛的武德，在近處則又何其儒弱。

〔有武裝的情況〕

但是，王國有武裝的時候，像以前的羅馬和現在的瑞士都有武裝，你越是逼近它們，越是不容易征服它們，因爲這些國家在抵禦外侮的時候比侵略別人更能集結大軍。就這個情況而論，漢尼拔雖然不可一世也無法改變我的看法，因爲他對安條克的那一番說詞是出於意氣和個人的利益。假如同樣的一段時間之內，羅馬人在高盧遭遇像他們在義大利輸給漢尼拔那樣的三場敗仗，他們早就完蛋了。他們在高盧勢必無法像在義大利那樣憑藉地利人和糾集殘餘部衆，勢必沒有重整軍力的機緣，也不可能靠他們所能掌握的兵力禦敵。他們從來不曾派遣超過五萬人的部隊進攻境外地區，卻在第一次布匿克戰爭之後，針對高盧部署了十八萬的重兵保衛家園。他們也勢必不可能像當年在托斯卡納打敗高盧那樣，在倫巴底打敗他們，因爲對抗如此衆多的敵人，他們勢必不可能率領如此的重兵前往如此遠的地方或以如此的優勢跟他們交戰。金布里人在日耳曼打敗一支羅馬部隊，羅馬人在那兒束手無策。可是回到義大利時，羅馬人卻能夠糾集全部的兵力，一舉收拾金布里人。在瑞士境外容易征服瑞士人，因爲他們不可能派遣超過三萬或五萬人；可是在他們的境內，他們可以聚集十萬人，這可就難以征服了。

〔防禦策略視情況而定〕

因此，我再下結論：人民既有武裝又有戰備的君主應該有始有終在境內守候強敵大戰，犯不著攖其鋒；可是民衆沒有武裝而且境內疏於軍備的，向來應該在境外盡可能遠的地方迎敵。這樣，雙方都能夠根據自己的情況從事最好的自衛。

第13章　運氣否極泰來的人多數是由於詐欺而不是由於武力

〔1〕

〔有武力而不耍詐成不了大器〕

我確信這句話眞實無比：除非接受或繼承別人爭取到的職位，否則出身寒微的人不靠武力也不靠詐欺卻能飛黃騰達，這種事就算發生過也是十分罕見。我也不相信只憑武力就夠了，倒是只憑詐欺往往就綽綽有餘[1]；馬其頓的腓力二世、西西里人阿噶托克利斯，以及其他許許多多像那些從寒微或低賤的出身爭取到王國或大帝國那樣的人，任誰讀過他們的生平都明白這個道理。

〔有雄心的君主必須學會欺騙〕

芝諾芬在他撰寫的居魯士生平顯示了欺騙有其必要。在他筆下，居魯士第一次督師出征亞美尼亞的國王就是一場騙術大觀，而且他得到他的王國是透過欺騙，不是透過武力。芝諾芬從這樣的行爲能夠得出的結論只有一個：有心成大事的君主有必要學會欺騙。此外，他還寫居魯士多方欺騙米底亞的國王，也就是他自己的舅舅居阿薩瑞斯；他表明居魯士沒有耍詐是不可能爭取到他獲致的偉業[2]。我也不相信運氣寒微的人有可能只憑公開的武力靈活爭取到大帝國，倒是只憑詐欺就可以大有作爲，就像米蘭公爵鳩凡·噶雷阿佐從他的叔父梅瑟·貝爾納博奪取倫巴底的政權和版圖。

【1】譯註：《君主論》第18章以希臘神話中的馬人（半人半馬）紀戎比喻君主當具備半人半獸的特性，獅子的力量和狐狸的狡猾缺一不可。

【2】譯註：見Xenophon, *The Education of Cyrus*, 1.6; 2.4-3.1; 4.1, 5; 5.5. A. Gilbert在其英譯本頁357註1指出，居魯士以打獵掩護出征是展現用兵的策略，談不上欺騙。芝諾芬筆下好像也沒有居阿薩瑞斯受騙於外甥的事例。馬基維利一心要證明他的論點，似乎有張冠李戴之嫌。

〔2〕共和國也使用詐欺：羅馬之例〕

君主在開創事業之初非做不可的事，共和國也一定要一直做到單憑武力即可立足的地步。羅馬不論是出於機緣或是出於選擇，全面見縫插針採取邁向偉大的必要步驟，在詐欺這方面也不外行。它發跡之初，詐術運用之高明莫過於採行我們在前面討論過結交伙伴的方式，以盟友的名義爭取鄰邦的效勞，盟友後來卻變成屬國，拉丁人和鄰近其他民族的遭遇就是這樣。它先是以武力征服鄰族，藉此打開政權的知名度，勢力隨之大增，終於所向無敵。拉丁人不曾察覺他們根本就形同奴才，這情形一直持續到他們看見薩謨奈人兩度敗戰而後被迫訂定城下之盟。由於這場勝利，羅馬的聲勢錦上添花，連不曾與羅馬部隊交鋒的遠方君主也風聞盛名，這才激起目睹又領教過他們軍威壯盛的那些人的嫉妒與疑心，當中就包括拉丁人。別小看嫉妒與疑心，不只是拉丁人才這樣，連羅馬本身在拉丁姆的殖民地，以及不久之前接受羅馬出兵保護的坎帕尼亞人，統統聯合起來密謀反抗羅馬的權威。戰爭是由拉丁人發動的，其模式已在前文述及大多數戰爭的起因時有所著墨，不是直接攻擊羅馬人，而是保衛西迪基嫩人抵抗由羅馬人撐腰而對他們發動戰爭的薩謨奈人。拉丁人確實是因爲識破羅馬的這個計倆而掀啓戰端，提圖斯·李維藉拉丁人的行政長官安尼烏斯·塞替努斯之口有所闡明，他在他們的會議上說出這樣的話：「即使現在以平等條約作幌子使我們可以忍受奴才的處境」（李維8.4）。由此可見，羅馬人在勢力坐大之初也少不了要詐，這對於有心從微不足道的起點攀上崇高職位的那些人向來是必要的，而且表面功夫做得越漂亮，像羅馬人那樣，就越不該受到譴責[3]。

第14章 相信謙虛可以戰勝傲慢，如此自欺是人性常情

經常可見謙虛不只是成事不足，而且是敗事有餘，特別是用在對付傲慢的人，那種人無非是出於嫉妒或其他原因而對你懷恨。我們的歷史學家李維證實這就是羅馬人與拉丁人發生戰爭的原因。薩謨奈人向羅馬人抱怨說拉丁人襲擊他們的時候，羅馬人並沒有意願去阻止拉丁人的這一場戰爭，因爲不想惹他們生氣。可是羅馬人避免惹拉丁人生氣只是促成拉丁人敢於跟羅馬人作對，而且更快暴露他們的敵意。前面提過的那一位拉丁行政長官安尼烏斯在同一場會議證實這一點，他在會議上說：「你們拒絕派出援兵是在考驗他們的耐心；有誰懷疑他們怒火中燒？可是他們忍痛不發。他們聽到我們準備發兵攻打他們的同盟薩謨奈人，卻留在城內不爲所動。要不是對於雙方的兵力知己知彼，他們有什麼理由裹足不前？」（李維8.4）羅馬人的耐心如何增強拉丁人的傲慢，從這一段文本看得非常清楚。

[3] 譯註：引自李維的事例其實不足以支持馬基維利的論點。馬基維利在推理論據方面的疏失甚或粗糙，就時代背景而言並不令人驚訝，只是現代讀者看到這樣一個「馬基維利式」的要點竟然如此簡略交代過去，或許難掩失望之情。在西方的哲學傳統中，他談不上是體系精密的思想家，可是他對於人際關係與現實世界的洞察力把歐洲的政治學理從烏托邦拉回到人世間。就此而論，馬基維利一如文化史上其他的不朽典範，功在終結舊傳統又同時開啓新紀元。

〈寧可戰敗不可喪志〉

因此，君主千萬不該紆尊降貴，千萬不該屈從人意，以爲委曲可以求全，除非他能夠或使人相信他能夠堅守到底。一旦事情發展到你無法依剛才說的模式讓步，因自己武力不足而失守總勝過因畏懼對方武力而棄守。如果因畏懼對方武力而棄守，你以爲這樣就可以避免戰爭，其實往往事與願違。理由是，你對他讓步因而暴露自己懦弱的那個人不會裹足不前，而是會得寸進尺，並且火上加油跟你作對，因爲他看扁你。在另一方面，你會發現你的支持者熱度漸消，因爲你在他們看來不是脆弱就是懦弱。但是，假如你在對手的心意一暴露就立刻調兵遣將，即使你的實力比不上對方，他會開始敬重你，鄰近其他的君主也會更加敬重你，在你自暴自棄時永遠不會幫助你的人自然會在你備戰的時候興起助你一臂之力的意願。

〈以利誘離間敵對的陣營〉

前面說的這個辦法，在你只有一個敵人的時候行得通。可是，如果你有許多敵人，明智的政策是，即使已經宣戰也不惜對敵方陣營之一誘之以利，把他拉攏過來了，使他脫離與你爲敵的同盟。

第15章　弱國總是優柔寡斷；決斷慢半拍總是有害

〔1〕

〔目標堅定勝過千言萬語〕

關於前文說到拉丁人與羅馬人爆發戰爭一事，可以注意到在每一場會議中對於待決之事予以定案的好處，切忌模稜兩可或游移不定。這在拉丁人所舉行的會議特別明顯，當時他們正考慮跟羅馬人分道揚鑣。由於羅馬人已經預見拉丁各部族離心離德，爲了澄清這件事，同時也看看能否不動干戈就爭回那些民心，羅馬人知會拉丁人指派八位公民到羅馬進行商議。拉丁人得知此事，明白自己做了許多事違背羅馬人的意願，於是召開會議以便指定出使羅馬的人選，並指示應對之道。大家七嘴八舌在爭辯，他們的行政長官安尼烏斯也在場，說了這樣的話：「我判斷對我們最重要的是，各位多多考慮我們該怎麼做，而不是該怎麼說。一旦作出明確的決議，因事制宜的話自然水到渠成」（李維8.4）。這句話眞確無比，每一個君主和每一個共和國都應該細細品味。如果對自己想做的事優柔寡斷又游移不定，因事制宜的話自然無處可尋；一旦心意已定而且決策明確，應對的話自然水到渠成。

〔馬基維利有感而發〕

我尤其樂於提出這一點心得，因爲我一再看到優柔寡斷爲害公務，傷及我們的佛羅倫斯共和國，並且使它蒙羞。政策未定之際，在需要大膽決行的場合，意志不堅的人進行商議最常看到優柔寡斷的情形。

〈遲疑不決之為禍〉

拖泥帶水的決定造成的傷害不下於優柔寡斷，特別是在得要決定是否支持盟友的時機，因為拖延的結果，幫助不了別人同時又害了自己。會作出這樣的決定，無非是由於勇氣與兵力雙雙不足，不然就是作決定的人居心不軌，存心推翻政權或是落實私慾，因此故意擱置或橫加阻撓。好公民即使看到衝動的民意對自己有害，也不會加以杯葛，對於刻不容緩的決策尤其如此。

〔2〕

敘拉古的專制君主耶羅尼睦斯去世的時候，迦太基人與羅馬人爆發一場大戰，敘拉古人為了到底是要追隨羅馬還是迦太基的友誼而爭論不已。雙方面紅耳赤，得不出定論，而此無法決行，一直僵持到在敘拉古領袖群倫之一的阿波羅尼代斯發表一篇智慮周全的演說，使得支持羅馬的人不受指責，追隨迦太基的人也不受指責，但是足使人厭惡在採取決策時遲疑不決和推拖遷延。他預見遲疑不決導致共和國的滅亡，但是只要決策定案，不論什麼樣的決策，總是可望帶來好的結果。提圖斯．李維對於懸宕不決為害之烈說得非常清楚。對於拉丁人的情況，他也有所說明：拉維尼烏姆人接到拉丁人求援抵抗羅馬人的消息，久拖不決，等到終於派出援軍，部隊出城卻傳來拉丁人被擊敗的消息。他們的行政長官米洛尼烏斯這麼說道：「這麼短距離的行軍會要我們付出可觀的代價給羅馬人」（李維8.2）。假如他們一開始就決定要還是不要援助拉丁人，那麼結果無非是他們不援助就不至於冒犯羅馬人，要不然就是即時的援助使得他們武力增強而得勝。可是這一拖延，他們兩頭落空，正是他們的下場。

〔佛羅倫斯人拖延賈禍〕

如果佛羅倫斯人注意到這一段文獻，那麼法王路易十二進軍義大利攻打米蘭公爵魯多維科時，他們就不至於因法國人而受害那麼深或吃那麼多的苦頭。法王在斟酌這一次的出征時，佛羅倫斯的代表有意跟他結盟，說他們會保持中立，但要求法王讓他們維持既有的政權，同時保障佛羅倫斯百姓。他並且訂出一個月的期限讓他們批准條約。可是佛羅倫斯有些智慮不周的人同情魯多維科，拖延批准條約事宜，直到法王已經勝利在望，佛羅倫斯人要確認條約卻吃了閉門羹。法王知道佛羅倫斯人是被迫而不是心甘情願跟他結盟。這事使得佛羅倫斯城付出相當大筆的金錢，政權幾乎不保，就像後來由於類似的原因所造成的結果。尤其引人非議的是，這個政策甚至對魯多維科公爵也沒有好處。如果勝利落在他手中，他會比法王對佛羅倫斯人展現更多的敵意。

〔溫故知新不憚煩〕

雖然共和國因此一弱點而受的禍害已在前面的章節論述過，然而有機會透過新的事件溫故知新，我重複不憚其煩，因爲這件事在我看來是同我們類似的共和國都應該特別注意的。

〔16—18：軍隊的訓練與組成〕

第16章　當今的軍隊背棄古代的兵法

〔1〕

〔羅馬人以戰志取勝〕

不論是對哪個民族的什麼戰爭，羅馬人所發動過最重大的一場戰役是托夸圖斯和德基烏斯在執政官任期中對拉丁人所發動的。有理由相信，拉丁人輸了就會成爲奴隸，同樣的道理，羅馬人如果贏不了也將成爲奴隸。提圖斯．李維就是持這樣的看法，因爲在他筆下，雙方部隊的紀律、武德、堅毅和數目無不旗鼓相當；他點出僅有的差別在於羅馬的指揮官武德勝過拉丁的指揮官。還可以看到戰事進行期間，在那以前不曾有過先例而且在那以後難得一見的兩件事是怎麼發生的：爲了堅定部隊不屈不撓、服從軍令和奮戰不懈的士氣，這兩位執政官之一自殺，另一位殺自己的兒子。提圖斯．李維說到對峙的兩軍平分秋色，那是因爲他們長期並肩服兵役，語言、訓練、裝備處處相同。他們沿用相同的戰術，編制如出一轍。既然雙方的武力和武德不相上下，必定是有什麼不尋常的事件使得一方的戰志比另一方更堅毅不撓；勝利，就像我們在別個地方說過的，取決於堅毅，因爲參與戰鬥的人只要常懷堅毅之心就不會落荒而逃。羅馬人的戰志比較持久，固然有部分出於機緣，但也有部分是執政官武德激發出來的，托夸圖斯殺自己的兒子和德基烏斯自殺令人肅然起敬。

在指出雙方軍力旗鼓相當時，提圖斯．李維特別說明羅馬的軍隊編制和戰鬥部署。由於他解說詳實，我沒必要重複，此處只引述我認為值得注意的要點，都是當今的將領普遍疏忽因而在軍隊內和戰鬥中造成混亂。

〔羅馬軍隊的陣式〕

從李維的文本可知，羅馬的軍隊有三個主要的編制，托斯卡納語稱作三線。他們稱第一線為「前鋒」，第二線為「中堅」，第三線為「後衛」，各有各的騎兵。部署戰鬥陣式時，他們把前鋒擺在最前面，其次在他們正後方擺中堅，同一縱隊的第三梯隊則擺上後衛。這些縱隊的騎兵擺在這三支部隊的右側和左側，依隊形和位置稱為「翼」，因為它們看來就像主體部隊的兩片翅膀。他們把第一線，也就是在最前頭的前鋒，部署成密集隊形，可以突進並抵抗敵軍。居於第二線的中堅因為不是衝鋒陷陣的部隊，而是在第一線挨打或被迫後退時擔任支援，他們並不是部署成那麼密集的陣式，而是採取比較鬆散的排面，以便第一線在敵軍的壓力下必須徹退時能夠接納前鋒部隊又不至於擾亂完整的陣式。第三線，也就是後衛，排面比第二線更鬆散，為的是必要時能夠接納前頭的兩線，亦即中堅和前鋒部隊。這些陣線就是以這樣的配置形態參與戰鬥。如果前鋒被逼退或打敗，他們就撤入中堅行間的空隙，兩線的部隊聯合成一個戰鬥體，重新發動攻勢。如果這支新組成的戰鬥體又被逼退，他們就全部撤入後衛行間的空隙，全部的三線部隊形成一個戰鬥體，再重新發動攻勢。如果又打敗仗，由於再也無法整編，他們就輸了。因爲每逢後衛這最後一線投入戰鬥就表示全軍面臨危險，於是有「看後衛而定」這麼一句俗話，用托斯卡納的說法就是「我們孤注一擲」。

〔2〕

〔現代的軍隊沒有預備隊〕

當今的將領放棄了其餘的一切制度，也不遵照古代的訓練，所以陣式部署這一部分也放棄了，這非同小可。對於有機會在一場戰鬥進行三次整編的軍隊來說，打敗仗意味著一連三次背運，對方想獲勝則得要擁有能夠三次克敵制勝的武德。可是在抵擋第一擊之後無法再接再厲，一如當今所有的基督教軍隊，這就很容易打敗仗，因爲陣式一亂，武德不能發揮，勝利也就失之交臂。我們的軍隊之所以沒有能力一而再、再而三重新整編，就是因爲沒有預備隊可以接納前一線的部隊。當前的戰鬥陣式總不離這兩個缺失：陣線一字排開，戰鬥的行列正面廣延卻沒有縱深，結果因爲前排與後排之間距離淺短而戰鬥力大減；不然就是，爲了強化戰鬥力，以羅馬方式縮短陣線。假如第一個前排被突破了，由於沒有第二線可以接納前排兵，他們自然是混雜一團而自亂陣腳，因爲前排受到衝撞只好向後推擠，第二排如果要往前推進必定受阻於第一排，於是第一排推第二排，第二排推第三排，亂成一團，常見全軍毀於最輕微的事故。

〔拉韋納之役〕

西班牙和法國兩軍在拉韋納的戰役，導致法軍的部隊長德．富瓦先生陣亡，戰鬥之激烈是我們這個時代有數的，就是排出前面說的兩種陣式之一：交戰的兩軍都把部隊部署成一字排開，彼此都只有一個前排，排面遠比縱深來得寬廣。這樣的陣式總是出現在開闊的戰場，像拉韋納就是。因爲知道撤退時造成的混亂，爲了避免這一點，他們只要可能就像前文說的部署成寬廣的排面；可是一旦地形受限，他們立刻面臨前文所說的混亂局面，無法謀求補救之道。

〔佛羅倫斯軍在聖瑞杰洛自亂陣腳〕

他們以這種混亂的隊形入侵敵人的疆域，也許是爲了掠奪，不然就是爲了進行另一個軍事行動。佛羅倫斯因爲比薩在法王查理入侵義大利之後叛變而與之發生戰爭期間，在聖瑞杰洛、在比薩的領土還有在其他地方，佛羅倫斯人被比薩人打敗，原因就在於盟友的騎兵。那一支騎兵在前方，被敵人擊退之後，衝撞並且打散佛羅倫斯的步兵，其餘的部隊因此向後轉。佛羅倫斯步兵的前任司令屈瑞阿科大人好幾次當著我的面信誓旦旦說，要不是受到盟友的騎兵牽連，他不會打敗仗。

〔現代的軍隊受運氣擺佈〕

瑞士人以驍勇善戰知名於當世，他們跟法軍並肩作戰時，小心翼翼把自己擺在側翼，爲的是盟友的騎兵如果受阻後撤也不至於衝撞到他們。這些事情看來容易瞭解，也容易做到，可是我們當代的將領甚至找不出一個效法古代兵法以匡濟現代戰爭的例子。雖然他們也有三軍，分別稱作前衛軍、主力軍和後衛軍，可是除了在營區用於號令，根本沒什麼作用。即使派上用場，就像前面說的，這三軍也很少不是聽任運氣擺佈。

〔3〕

〔下一章的主題〕

有許多城邦為了掩飾自己的無知，宣稱砲兵的威力使得許多古代的兵法不再有用武之地。因其如此我打算在下一章辯明這件事，同時檢討砲兵是否真的使古代的武德沒有用武之地。

第17章　現代軍隊是否該倚重炮兵；衆口是否足以鑠金

〔1〕

〔砲兵與武德〕

除了前面說的，我想到羅馬人在不同時間遭遇過許許多多的野戰，也就是法文稱作*giornate*而義大利人說是*fatti d'arme*的戰鬥形態，忍不住要檢討廣為流傳的一個看法。很多人說，假如在那個時代就有砲兵，羅馬人不可能——最起碼沒那麼容易——佔領那麼多的地方，還使那麼多的民族向他們納貢，也不可能牢牢掌控他們所奪取的一切。他們還說，有了炮兵就不可能像古代那樣運用或展現武德[1]。他們還加上第三件事：現在的戰爭比以前難打，不能套用那個時代的制度，戰爭終將淪爲砲戰。爲了判斷這些說法的是非曲直，試爲斟酌砲兵到底增強還是減弱軍隊的威力，以及炮兵到底是剝奪或給予優秀的將領大展武德的機會，我想並不離題。我就從他們的第一個意見說起，也就是所謂的如果有炮兵，古代羅馬的軍隊不會有那樣的成就。關於這一點，我的答覆是這樣的：戰爭無非是自衛或侵略，因此不妨先來看看炮兵在這兩種戰爭形態中的利弊。

〈砲兵擋不住蜂擁突進的人潮〉

雖然攻守雙方都有話說，我還是相信採取守勢的一方受害之深遠非採取攻勢的一方所能相提並論。我這麼說的理由是守方無非是在城鎮之內或柵欄圍繞的營區中。假如是在城鎮之內，那麼要不是小鎮，像大多數的要塞，就是大城。在前一種情況，守方幾乎是必敗，因爲城牆不論有多厚，絕無可能經得起大炮連續幾天的轟擊而不被夷爲平地。城內如果沒有以壕溝和壁壘爲屏障而可供退守的足夠空間，必敗無疑，因爲不可能抵擋敵軍破城而入的進擊；就算他有砲兵也幫不上忙，因爲砲火擋不住蜂擁突進的人潮這句話是至理名言。

【1】譯註：參見阿里奧斯托《瘋狂的奧蘭多》（Ariosto, *Orlando Furioso*）11.26針對滑膛槍而發的一段話：「戰士的榮耀由於你而毀了，軍事由於你而沒有榮譽可言，英勇與神勇由於你而一蹶不振，因為如今屢見不鮮壞人勝過好人；由於你，英勇不再經得起戰場的考驗，大膽也沒有用武之地」。

因其如此，由北方南下的猛烈攻勢根本無從抵禦，反觀義大利的攻勢卻容易受阻，因爲他們向來不是以大軍壓陣，而是以小股人馬投入戰鬥——他們稱作「小衝突」倒名副其實。以毫無章法且漫不經心的軍隊攻打有砲兵防堵的城牆缺口根本是送死，炮火用來對付他們很有效。但是，如果集結大批人馬，後浪推前浪進攻城牆的缺口，只要沒有受阻於壕溝和壁壘，他們大可長驅直入，連炮火也制止不了；就算有人陣亡，數目也是微不足道，因此勝利唾手可得。

〈德．富瓦在布雷西亞的戰例〉

我說的沒錯，這可以從北方人好多次在義大利勢如破竹得知，特別是法國人進攻布雷西亞那一次。那個鎮起兵反叛法國，可是要塞仍控制在法國人手中。威尼斯人爲了抵擋可能來自該要塞的攻勢，在通往要塞的整條馬路上部署砲兵，前方、兩側以及每一個恰當的地方一無遺漏。德．富瓦先生根本不當一回事。他反而讓他的騎兵隊下馬，徒步穿越炮兵陣地而佔領該城，我們並沒有聽說他遭受慘重的損失。所以，像前面說過的，任誰在小鎮自衛，發現城牆已破又沒有壁壘和壕溝提供撤退的空間，此時堅持要仰賴砲兵是死路一條。

〈2〉

〈炮兵有利於攻城的部隊〉

就算你防守的是大城鎮，又佔有撤退時的地利，砲兵對於在城外的人仍然比在城內的人更管用。

首先，如果砲兵是用來對付外邊的人，你迫於形勢非得把炮台設在城鎮高地不可，因爲如果炮台和鎮址位在一樣的高度，敵人防柵和壁壘都很安全，你根本破壞不了。因此，既然你必需抬高炮台的地基或把大炮拉上城牆的走道，或是不管用什麼方式使你自己的炮址高於地面，你都無法避免兩個困難。第一個是，你不可能在那樣的地方安置體積和威力足以比美城外敵軍所使用的大炮，因爲大物件無法在小空間運用自如。另一個是，就算你眞的在那樣的地方把大炮安置妥當，你也不可能像城外敵軍那樣建造堅固牢靠的防禦工事，因爲他們在穩固的土地上，地利和空間都能充分利用。所以說，如果城外的一方擁有強大的火炮威力，任誰把炮兵部署在高處都不可能抵擋敵人的攻勢。反之，如果把炮兵陣地設在低處，那就像前面說明的，幾乎沒有威力可言。這一來，守城淪爲徒手防禦，跟古代一樣，頂多只能利用輕型炮。輕型炮如果說有些微的實效，不利之處卻足以抵銷炮兵的優勢。既然這樣，城牆只好降低高度，簡直有如埋在壕溝裡，因此戰鬥進行到短兵相接的時候，由於城牆已毀，而且壕溝已被塡平，城裡的人比先前更不利。所以，就像前面說的，這些武器對於攻城的人比對於守城的幫助更大。

〔3〕

〔炮兵不利於陣地戰卻有利於攻勢〕

第三種情況是堅守防柵之內的營區，如果對你不利或佔不到上風就不應戰。在這樣的情況下，就避免跟敵人交戰而論，你的處境通常不比古人好多少，炮兵則使你更爲不利。如果敵人向你進逼又佔有一些地利——這是常有的事，如果他處於居高臨下的位置——或是你沒來得及在他抵達之前建好防柵和掩體工事，他兵臨城下讓你措手不及，你只好離開要塞應戰。這正是西班牙人在拉韋納戰役所遭遇的情形。他們在龍科河畔立柵紮營，防禦工事高度不夠，法軍又佔有些許的地利，結果他們被大炮趕出掩體進行肉搏戰。但是，假如你紮營的地點高於對方的據點——通常應該要這樣——而且防柵工事堅固牢靠，戰備能力也足以嚇阻敵人發動攻勢，這一來將會重演古代一夫當關而全軍不受攻擊時的情形。這時候，敵人可能轉而採取其他的軍事行動，包括蹂躪鄉郊，佔領或圍攻對你友善的城鎮，或是切斷你的補給，無非是要逼你迫於形勢而不得不離開陣地應戰。可是，在開闊地，正如我將在下文申論的，炮兵難有用武之地。

由此可見，任誰考慮過羅馬人所採取的戰爭形態，同時也知道他們的戰爭幾乎都是侵略別人而不是自我防衛，就會明白前面說的是不是眞確。換句話說，如果當時有砲兵的話，局面對羅馬人會更有利，征伐會更順利。

〔4〕

〔炮火不妨礙武德的發揮〕

至於第二個說法，炮兵使人不可能像古代那樣展現武德，我說沒錯，因爲他們必須以小股人馬現身，因此比以前蒙受更多的危險，尤其是他們得要攀登城牆或進行類似的襲擊行動的時候，他們無法組成密集隊形而必須以散兵現身。同樣沒錯的是，現在的指揮官或部隊長比以前面臨更大的死亡威脅，因爲他們隨時隨地籠罩在炮火的射程之內，就算在最後一個方陣受到最英勇的衛兵重重保護也不濟事。儘管如此，這兩種危險很少造成重大的傷亡，因爲防衛良好的城鎮難以攀登，也不是零星的攻勢所能奏效，要想佔領只能仰賴圍城，這跟古代沒兩樣。即使是在因正面強攻而被佔領的情況，危險也不會比過去大多少，因爲那時候防禦城鎮的人並不欠缺投射的東西，縱使威力有限，殺人的效果其實不相上下。至於部隊長和總指揮官陣亡的情形，最近二十四年來在義大利進行的戰爭所發生的事例比古代十年之間所發生的還要少。他們當中，除了米藍多拉伯爵在幾年前威尼斯人攻打那個政權時陣亡於費拉拉，還有內穆賀公爵在齊瑞奴歐拉陣亡，再也沒別的指揮官死於炮火之下。德·富瓦先生在拉韋納陣亡是死在劍下，不是死於炮火。因此，如果說個人的武德沒有展現出來，那不是由於砲兵部隊的關係，而是由於現代軍紀渙散又戰力積弱不振，因爲整體的武德有虧，個人不可能發揮武德。

〔5〕

〔不該過度寄望砲兵〕

至於第三種說法——不再有短兵相接的戰鬥，戰爭將完全由炮兵主導——我認爲根本說不通，想要根據古德用兵的那些人也會堅持同樣的看法。任誰想要帶出一支優秀的軍隊，理當藉演習或實戰使手下熟諳接敵之道、劍術攻防以及近身肉搏，應該仰賴步兵甚於仰賴騎兵，我現在就來說明這個道理。只要像我說的這樣以步兵爲重，炮兵將毫無用武之地。比起古代的步兵閃避衝鋒陷陣的象群、有鐮刀裝備的馬拉戰車，以及羅馬步兵遭遇的其他千奇百怪的對手，現代步兵迫近敵人時能夠更輕易閃避炮火的轟擊。古代那些戰術都找得出辦法應付，應付炮兵更是容易得多，因爲炮火危害的時間跟象群和馬拉戰車比起來短暫得多。後者是在近距離戰鬥當中帶給你混亂，前者只可能在戰鬥開始之前騷擾你。步兵不難避開炮擊的騷擾，只要在對方射擊的時候就地尋找天然的掩護或是臥倒在地面都可以。從經驗可知甚至連這一點都不是必要的，防禦重型炮的攻擊時尤其如此，因爲它的射程不可能精確調整，仰角不是太高就是太低，總之就是打不到你。到了短兵相接的時候，不論重型炮或輕型炮都爲難不了你，這事明顯如白晝。理由是，敵人如果把炮兵擺在前頭，你不難手到擒來；如果擺在後頭，首先受害的是他們的友軍；如果擺在側翼，他們不可能全面遏止你的攻勢，結果就是前面說過的情形。

我說的這個道理沒有可以爭辯的餘地，看看瑞士人的例子就知道。一五一三年在諾瓦拉，他們既沒有炮兵也沒有騎兵，迎戰在要塞內配置炮兵的法軍，輕輕鬆鬆突破防線。原因在於，除了前面說過的，炮兵得要有城牆或壕溝或壁壘作屏障才能發揮戰力；如果缺少那些屏障，炮兵難免於被囚或無用武之地的下場，正如同會戰或野戰時炮兵得要有人防守所發生的情況。炮兵在側翼派不上用場，除非效法古人運用投射武器的方式，也就是擺在方陣之外，便於他們在正規隊伍的外圍參與戰鬥；這一來，不論在什麼時候被騎兵或其他敵軍逼退，他們都可以在軍團後方得到庇護。任誰對炮兵別有所求就是對炮兵不夠瞭解，就是輕信別人一廂情願的說法。如果說土耳其人以炮兵打敗薩非王朝和蘇丹，那不是炮兵本身有德可表，而是大炮震耳欲聾的噪音嚇壞了他們的騎兵。

〔6〕到了本章的尾聲，我的結論是：炮兵在結合古代武德的時候有它的用處，如其不然，遭遇具備武德的軍隊就沒什麼用處了。

第18章 羅馬人的威望與古代戰爭的實例顯示步兵應該比騎兵更受推崇

〔1〕

〔羅馬軍以步卒反敗為勝〕

許多理由與實例清楚顯示，羅馬人在軍事行動中對於步兵的推崇遠在騎兵之上。他們所有的兵力部署無不建立在這樣的基礎，這可以從許多實例看出來，其中之一是他們跟拉丁人激戰於瑞吉盧斯湖，羅馬軍開始顯露敗象之際，他們下令騎兵棄馬徒步以提供支援，就這樣重新發動攻勢而反敗爲勝。由此顯然可見羅馬人對於他們在徒步時比在馬背上更有信心。他們在其他許多戰役中使用這同樣的權宜辦法，一再證實那是化險爲夷的良策。

〔2〕

〔漢尼拔的揶揄〕

漢尼拔的意見不足以推翻前述的說法。他得知坎尼戰役的羅馬執政官下令他們的騎兵棄馬徒步，挖苦這樣的策略，說：「我更喜歡那些執政官把騎兵綑綁了交給我」（李維20.49）。即使這個意見出自一個非常傑出的人，如果要遵循權威的話，還是應該相信羅馬共和國及其許多非常傑出的將領，而不是聽信漢尼拔一個人。

〈軍隊的根基是步兵〉

就算沒有權威，還是有顯而易見理由支持前述的說法。人徒步能夠走到馬到不了的許多地方。他能夠受教遵守紀律，陣式被打散了還可以重整；要求馬遵守紀律可就難了，陣式被打散了也不可能恢復紀律。此外，馬跟人一樣，有的精神萎靡，有的精神飽滿；而且常常可以看到膽小的人騎精神飽滿的馬以及精神飽滿的人騎膽小的馬，不論是哪一種不搭調的情形都會造成效益與紀律的逆轉。紀律嚴明的步兵輕易能夠突破馬陣，反過來可就難了。

除了古今許多實例，這個看法還可以從爲民事擬訂規章的那些主事者得到佐證，他們顯示戰爭起初是騎兵戰，因爲那時候還沒有步兵的規訓。但是步兵的規訓確立之後，大家隨即明白他們比騎兵更管用。不可否認，在執行偵察任務、從事強劫掠奪、追逐竄逃的敵軍、協同對抗敵方的騎兵時，騎兵的確有神效。然而軍隊的根基和動力，因此應該更受推崇的，畢竟是步兵。

〈3〉

〈義大利忽視步兵的後果〉

義大利諸君主所犯而導致義大利仰外人鼻息的過錯當中，最嚴重的莫過於輕忽步兵這個軍制，把所有的軍事重心全投注在馬背上。這樣的失策源自領袖人物的惡性以及掌握政權之輩的無知。過去二十五年，在義大利掌握兵權的人失去了政權，他們成爲走運的軍人，想到自己握有君主所沒有的武力，所以設法爭取名望。由於沒有國民可資利用，也無法持續支付數目龐大的步兵所需的經費，可是數目太少又無法帶來名望，他們轉而保有騎兵。一個總指揮官付得起兩三百個騎兵的開銷就能維繫他的名望，所需的費用不至於超出雇用他的君主的能力。這麼一來，目標易於達成，名望也得以維繫，他們以前對於步兵的好感與敬重從此轉移到騎兵。他們還變本加厲，竟至於在最龐大的軍隊中，步兵也只佔最小的一部分。這種作法，連同與之糾纏不清的其他胡作非為之舉，使得義大利的軍事積弱不振，導致這地區易受北方人蹂躪。

〔羅馬之例〕

再舉一個羅馬的例子，更能看清把騎兵看得比步兵重要是錯誤的。羅馬人對索拉展開圍城戰的時候，一支騎兵從該鎮衝出來襲擊營區，羅馬的騎兵隊長率領他的騎兵出面抵抗，雙方短兵相接。兩軍的首腦不幸在第一回合的遭遇戰雙雙陣亡。其他人雖然群龍無首仍然持續戰鬥，羅馬人為了便於擊敗敵人，棄馬改為徒步，迫使敵方的騎兵為了與之抗衡不得不起而效尤。羅馬就這樣獲得勝利。別無更可貴的事例可以闡明步兵的武德如何超乎騎兵之上。在其他的戰役中，執政官要羅馬騎兵棄馬是為了解救陷入苦戰而亟需支援的步兵，但是這一次他們棄馬既不是為了救援步兵，也不是為了奮戰敵方的徒步人員，而是在馬戰方酣之際，他們判斷既然不可能在馬背上擊敗對方，下了馬背就更容易可以擊敗對方。所以，我的結論是，紀律嚴明的步兵不可能輕易被擊敗，除非遭遇其他的步兵。

〔羅馬步兵與安息騎兵〕

羅馬的克拉蘇和安東尼帶了少數的騎兵和非常多的步兵在安息人的領土馳騁多日，遭遇安息人不計其數的騎兵的抵抗。克拉蘇連同部分軍隊在當地陣亡，安東尼奮戰脫困生還。然而，羅馬人不幸的遭遇正好看出步兵優於騎兵，因為在那一大片廣袤的疆域，山地少、河流少、海洋遙遠、處處不便，安東尼竟然求生成功有德可表，連安息人也這麼承認。安息人傾其全部的騎兵也不敢窮追猛打安東尼的部衆。雖然克拉蘇在當地陣亡，任誰細察他的行動都會明白他是中計，不是戰敗，安息人也不敢在他慌亂之際逼近他，卻只是在他的附近徘徊，阻撓他的補給，口是心非虛與委蛇，這才使他陷入絕境。

〔4〕

〔步兵優於騎兵的其他實例〕

要不是有那麼多當代的實例提供非常充分的證據，我相信我得費更多的心力才能說明步兵的武德遠比馬更可觀。再來看前面引述過的例子，九千個瑞士人在諾瓦拉遭遇一萬名騎兵和同樣多的步兵，打敗了他們。騎兵威脅不到瑞士人，瑞士人也不怎麼把那些步兵放在眼裡，因為那些步兵大部分是加斯科涅部隊，紀律很差。後來，二萬六千個瑞士人在米蘭迎戰法國國王法蘭西斯，法王帶了二萬名騎兵、四萬名步卒和一百輛炮車。就算沒有像在諾瓦拉那樣打勝仗，他們確實奮戰不懈持續了兩天，吃了敗仗之後，還是有半數的人生還。馬庫斯·雷古盧斯更是膽敢以他的步兵抗衡大象，而不是只有騎兵而已。就算他的計畫沒有成功，那也不是因為他的步兵武德不足使他無法仰賴他們克服困難。

所以，我重複：征服紀律嚴明的步卒有必要以紀律更嚴明的步卒相抗衡，否則必敗無疑。在米蘭公爵菲利波·維斯康惕的時代，大約有一萬六千名瑞士人下山進犯倫巴底，公爵任命卡米尼約拉為部隊長，派他率領大約一千名騎兵馬和少數的步卒去抵抗。他不曉得對方的戰法，用騎兵迎戰，認爲很快就可以破敵。可是他發覺對方久戰不退，自己則損失許多人，只好撤退。他畢竟是個幹才，知道如何應變，整編更多的部隊之後，再度迎敵。雙方對陣，他要所有的重騎兵棄馬徒步，擺在步兵的前頭，再度攻打瑞士人。瑞士人果然束手無策，因爲卡米尼約拉的重騎兵都是徒步的，而且裝備精良，輕易能夠毫髮未傷突破瑞士人的陣式，一旦滲透進入敵陣就勢如破竹了，竟至於敵軍有人生還都是由於卡米尼約拉的人道。

〔5〕

〔羅馬的步兵制有待發揚〕

我相信有許多人知道這兩個軍種在武德方面的差異，可嘆古往今來的實例或懊悔都不足以讓現代的君主知所警惕，說來眞是這時代的大不幸。他們應該想到，如果要把名望寄託在一個地區或國家的軍事力量，那就有必要恢復這個兵種，留在身邊，將之發揚光大，使它起死回生，以便爲他[1]保全生命又掙得名望。如其不然，結果將是爲害而不是造福國家，正如下一章要說明的。

【1】譯註：「他」指複數的「現代的君主」，代名詞不一致，這是馬基維利筆下常有的情形。

〔19—23：佔領區的行政及其他無法妥協的困難〕

第19章　共和國一旦制度不良又不遵照羅馬德性，隨擴張而來的是毀滅，不是進展

〔1〕

〔諾瓦拉所見步兵的威力〕

與眞理背道而馳的這些看法，根據的是我們這個腐敗的時代所帶來的惡例，使得人們不再遵循常軌。三十年前有誰可能讓義大利人相信一萬步卒能夠在平原上攻擊一萬名騎兵和同樣數目的步卒，不只是交鋒，而且打敗他們，就像我們常引述的諾瓦拉戰役那樣？雖然史書充斥這樣的例子，他們還是不相信。就算相信，他們還是會說這時代的裝備比較好，一個戰鬥方陣有能力攻打一座山壁，而不只是一支步兵——他們的判斷就這樣藉這些不可當眞的託詞以訛傳訛。他們也不去考慮盧庫盧斯以少數的步卒突破提格蘭爲數多達十五萬的騎兵，其中還包括跟我們的兵種非常相似的騎兵。

〔羅馬模式以外的征略不是明智之舉〕

既然這個謬見已經被後山的部隊所遭遇的事給戳穿[1]，而且從中可以看出史書對於步兵的相關敘述是正確的，他們應該相信古代的其他作法都是眞確而且有用。如果相信這一點，共和國和君主就會少犯一些錯，也更有能力抵抗外侮，不至於把希望寄託在逃竄；而且管理政府組織的那些人將會更明白如何引導公民生活，不論採取的是擴張或守成的途徑。他們也會相信造就偉大的共和國和拓展疆域的正道在於增加城市的居民、廣交盟友而不是使盟友成爲屬國、派遣殖民團隊去守衛已經征服的疆域、以戰利品厚植資本、以襲擊和戰鬥而不是以圍城制服敵人、保持公衆富裕而私人貧窮，以及認眞維持軍事訓練。假如這個擴張模式不合心意，那就應該切記用任何其他方式爭取所得都會導致共和國衰敗，所以務必收斂自己的野心，以法律和習俗規範城內事務、禁止對外用兵，只考慮如何自衛和保持防務上軌道——就像日耳曼的共和國，它們長久以來一直用這些方法維持自由的生活方式。

〔共和國很難靜止不動〕

然而，就像我在論及擴張與守成各有不同的做法時所說的，共和國不可能長期在狹小的疆界內安寧享受其自由。就算它不會干擾別人，別人也會干擾它，隨之而來的則是征服的意願與必要；就算沒有外在的敵人，它也會在國內找一個，正如所有的大城市必然發生的情形。日耳曼的共和國能夠生活在那樣

【1】譯註：這裡的「後山」指瑞士。馬基維利顯然不曉得英國的弓箭手在百年戰爭中對付法國騎兵極其成功。然而，他們得要其他部隊配合才能發揮戰力；瑞士步兵是獨立作戰。

的模式中，而且能夠維持相當的一段時間，那是由於那一片領域具備其他地方所沒有的某些條件，它們要是少了那些條件也不可能保持那樣的生活方式。

〔2〕

〔日耳曼的自由城市〕

我說的日耳曼那一部分跟法國和西班牙一樣隸屬於羅馬帝國，可是在羅馬帝國趨於衰微而帝國的稱號侷限於那地區的時候[2]，由於皇帝本身懦弱或迫於形勢，那些城市當中比較強盛的爲了爭取自己的自由，開始付款擺脫帝國的掌控，方法是每年支付一小筆款項，於是以往直接由羅馬皇帝管轄而不是隸屬於任何一個君主的那些城市憑那一類的模式逐步買到了自由。就在這些城市買到自由的同時，隸屬於奧地利公爵的某些社群起義反抗，當中包括弗里堡和瑞士等等。它們從一開始就不斷繁榮，增益逐漸可觀竟至於它們再也不要回到奧地利的軛下，卻造成了鄰邦的恐懼——他們就是現在所稱的瑞士人。

〔日耳曼城市如何生活在和平中〕

這地區因此分成瑞士、自由邦共和國、君主與皇帝。如此多樣的生活方式竟然沒有發生戰爭，就算發生也不至於長期持續，原因在於皇帝的象徵意義：他沒有武力，卻有足夠的名望斡旋他們的紛爭，憑其威望以仲裁的身份介入每一件引發公憤的事總能發揮一言九鼎的作用。該地區規模最大而爲期最長的

【2】譯註：第一個日耳曼皇帝是薩克森的奧托一世，於九六二年由教皇約翰十二世加冕，是為神聖羅馬帝國之始。

戰爭發生在瑞士和奧地利公爵之間；雖然皇帝和奧地利公爵是同一個人的情形持續了很多年，他還是無法征服瑞士人的豪勇，而對他們來說，武力之外不可能有其他取得協議的方式。其他的日耳曼並沒有幫他多少忙，一來是因爲那些社群不曉得如何去對付像他們自己一樣想過自由生活的人，二來是因爲那些君主部分由於沒錢而幫不上忙，部分由於嫉妒他的權勢而不願意幫忙。那些社群就這樣能夠滿足於有限的主權而生存下去，因爲皇帝的權勢使他們沒有理由慾求更多。他們在城牆內能夠團結一致，因爲近鄰有虎視眈眈要趁他們失和時佔爲己有的敵人。那個地區如果不是有這樣的條件，他們也會尋求擴張因而打破他們的安寧。

〔威尼斯和佛羅倫斯因為對外征伐而減損實力〕

由於其他的地方沒有同樣的條件，那個模式並不可取，只能經由結盟擴張或像羅馬人那樣擴張。任誰背道而馳都是在尋求死亡與毀滅而不是求生，因爲征伐之爲害途徑上千而原因多端。他很可能取得版圖卻沒有同時取得實力，而任誰取得版圖卻沒有同時取得實力終將走上絕路。任誰由於戰爭而貧困都不可能取得實力，即使獲勝也一樣，因爲戰爭的消耗超過征伐所得，就像威尼斯和佛羅倫斯那樣，比起當初一個滿足於海濱而另一個滿足於六公里長的疆界[3]，威尼斯佔有倫巴底而佛羅倫斯佔有托斯卡納之後雙雙衰微許多。這一切全是因爲他們想要有所獲取卻不曉得怎麼做。他們最該受譴責的就是無知，因爲

【3】譯註：長，由城牆各個點向外延伸的長度。

他們知道過羅馬人的作法，大可見賢思齊，反觀羅馬人並無前例可援，全憑自己的智慮卻有辦法找出可行之道。

〈連羅馬也受害於軍事擴張〉

即使是上軌道的共和國也難免因對外用兵而造成不小的傷害，比如佔領逸樂充斥的共和國或地區，經由交流而沾染他們的惡習，就如同羅馬與漢尼拔先後佔領卡普阿的情況。假如卡普阿距離羅馬更遠一些，士兵染上的惡習因而無法就近矯正，或是羅馬當時已經顯現腐敗的跡象，那麼征伐所得無疑會導致羅馬共和國的覆亡。提圖斯．李維信誓旦旦寫道：「雖然軍事訓練無足可觀，卡普阿這個逸樂鄉足以蠱惑軍心戰志，使得他們遺忘鄉關何處」（李維7.38）。類似的城市或地區確實以不戰鬥也不流血的方式報復他們的征服者，因爲只要讓他們的壞習俗四處蔓延，他們就能夠使征服者反被征服。朱文納在他的《諷刺詩》6.293描寫這一點可說是淋漓盡致：經由佔領外國的土地，外國習俗進入羅馬的胸腔，節儉以及其他非常優良的德行從此讓位，「紙醉金迷落戶生根，爲被征服的世界報仇。」如果擴張政策對行事仍然謹愼而且德性仍有可觀的羅馬人尚且有害，那麼跟他們不能相提並論，一再犯錯就像我一再指出的，而且利用雇傭軍和外籍援軍的那些人，後果會是如何？因此產生的就是下一章將提到的禍害。

第20章　利用外籍援軍或雇傭軍的君主或共和國所涉及的危險

〈羅馬派遣的外籍援軍〉

我在另一本著作討論過雇傭軍或外籍援軍沒有用處以及自己的軍隊如何有用[1]，假如那裡沒說清楚，我應該利用這個機會詳加申論。但是，既然我已經用了相當的篇幅說明，這一部分我就長話短說。略而不提在我看來並不妥當，因爲我在提圖斯·李維的書中發覺大量關於外籍援軍的事例。外籍援軍指的是某個君主或共和國指派部隊長並支付開銷前來幫助你的那些軍人。

回到李維的文本，他在書上說當羅馬人和他們派去解救卡普阿人的軍隊已經在兩個不同的場合打敗薩謨奈人的軍隊，因此解除了卡普阿人的兵災，他們急著返回羅馬，於是留下兩個軍團在卡普阿的疆域擔任防衛，以免他們防務空虛又成爲薩謨奈人的獵物。這些軍團怠惰成習，在當地尋歡取樂，竟至於忘了祖國和對於元老院的敬意，居然想發動兵變，好讓自己在一度憑武德加以捍衛的疆域成爲新主人。在他們看來，當地的居民不值得擁有他們不曉得如何防衛的那些財富。羅馬人預見這一點，即時鎮壓並加以匡正，正如在本書稍後我們說到陰謀事件時會詳細說明的。

〈外籍援軍一無是處〉

因此，我再說一次，所有的兵種當中，外籍援軍爲害最烈，因爲靠他們幫忙的君主或共和國管不動

【1】譯註：見《君主論》12-13章。

他們，倒是只有指派他們出兵的人管得動他們。就像我說過的，外籍援軍是某個君主指派給你的軍人，部隊長是他的人，勳章是他頒發的，軍費是他支付的，就跟羅馬派往卡普阿的軍隊一樣。這一類軍人如果打勝仗，通常不只是劫掠敵人，連雇用他們的人也照樣劫掠。他們這麼做不外是由於雇用他們的君主心懷不軌，或是由於他們自己的野心。雖然羅馬人的意圖不是要打破他們跟卡普阿人訂定的協議與條約，然而輕易獲勝使得那些軍人動念搶奪卡普阿人的城鎮與政權。這一類的事例不勝枚舉，不過我想這一個之外，再加上雷吉姆人的例子就夠了，他們的城市和性命都被羅馬人派在那兒守衛的一個軍團奪走了。

〔愚蠢的野心與外籍援軍〕

所以說，君主或共和國採行什麼政策都無妨，就是不該仰賴雇傭兵進入他的領土協助防務，因爲他跟敵人所簽訂的任何協定、任何條約，不論多麼嚴苛，都比那樣一個門戶洞開的政策來得有保障。明察過去的事以作爲當今的殷鑑將會發覺，那樣的政策得不償失，而且遺患無窮。對野心勃勃的君主或共和國來說，要想竊據一個城市或地區，沒有比受邀派遣他的軍隊前去協防更好的機會。換個角度來看，君主覬覦別人的疆域竟至於召來外力的援助，不是爲了協防自己，而是想要進攻別人，如此不自量力，想取得他自己掌握不了的東西，根本是引狼入室。偏偏人心貪得無饜，竟然爲了滿足眼前的慾望而不去思考隨後引發的惡果，對於我說過的殷鑑無動於衷。他們[2]如果心有戚戚就會明白，對鄰邦越是寬大爲懷而且越是沒有意願佔領他們的領土，他們就越會近悅遠來。下文將藉由卡普阿人的事例說明這一點。

第21章　羅馬人派出的第一個行政長官是在卡普阿，那是他們交戰之後四百年

〔1〕

〔羅馬允許被征服的城市保留舊法律〕

同樣擴張領土，羅馬人採取的方式跟當今的國家大相逕庭，這已在前文充分討論過。我也討論過他們讓沒有被他們毀滅的城鎮生活在自己原來的法律之下，即使投降的那些人不是伙伴而是屬民的身分。他們沒有在那些城鎮留下羅馬人民的任何主權的跡象，而是附加一些條件，只要遵守就能保有他們的政權和尊嚴。這樣的模式蕭規曹隨一直到他們走出義大利開始把王國和政權貶爲行省。

〔2〕

〔羅馬走上擴張政策的坦途〕

這方面的事例最清楚的莫過於他們所曾派任的第一個行政長官是前往卡普阿，不是出於野心，而是

【2】譯註：馬基維利從單數轉為複數。

應卡普阿人的請求，因爲他們有鬩牆之爭，他們判斷有必要請來一個羅馬公民在城裡加以整頓使他們團結一致。安齊奧人被這個事例感動，覺得也有同樣的必要，要求如法炮製。關於這件事和這個新的治理模式，提圖斯．李維說：「如今不是只有羅馬的武器，連羅馬的法律也通行無阻」（9.20）。由此可見這個模式爲羅馬的擴張開闢了坦途。

〔地方自治的好處〕

特別是一向生活在自由中或是習慣接受自己同胞統治的那些城市，在看不見的主權統治之下雖然有些難堪，比起每天看到盛氣凌人在他們面前頤指氣使的人，總是心滿意足過著比較安祥的生活。這對君主另還有個好處。由於在那些城市經管民事與刑事司法案件的法官和司法行政官都不是他的手下，任何判決會都不可能歸咎或怪罪到君主頭上，這一來化除了許多對他誹謗或怨恨的根由。要說明這道理，除了有古代的實例可以援引之外，義大利也有新出爐的實例。

大家都知道熱那亞一再被法國佔領。佔領期間，除了現在這一陣子，法王總是派遣法籍總督以他的名義統治該城。只有現在，不是出於國王的選擇，而是形勢使然，他讓那個城市自治，總督就由熱那亞人擔任。任誰探求這兩種模式何者對於國王的治理帶來更多的保障而且帶給民衆更大的滿足，毫無疑問都會贊同後面這個模式。此外，你越是表現得不想接納，人們越是近悅遠來向你投奔；你越是對他們仁慈友善，他們因爲擁有自由就越不怕你。這種友善與氣度促使卡普阿人向羅馬人要求一位行政長官；假如羅馬人表現出沒有什麼意願派令赴任，他們卡普阿人立刻會起疑心而跟他們〔羅馬人〕疏遠。

〔佛羅倫斯採取差別待遇的結果〕

既然說的是佛羅倫斯和托斯卡納，扯進卡普阿和羅馬的事例有什麼必要？大家都知道自從皮斯托亞自願接受佛羅倫斯的治理以來有多久了，也都知道佛羅倫斯人跟比薩人、魯卡人和錫耶納人之間的敵意有多深。這其間的差別，原因不在於皮斯托亞人作踐自己因此不像其他人那樣珍重自由，而是在於佛羅倫斯人跟皮斯托亞相處情同手足，跟比薩人、魯卡人和錫耶納人則形如讎寇。這使得皮斯托亞人情願接受他們的治理，其他人則一直傾全部的武力抗拒他們的治理。毫無疑問，佛羅倫斯人如果經由不管是法律〔如締約結盟〕或援助的途徑善待鄰邦，而不是怒目相向，他們這時候就是托斯卡納的主公了。這不是說我認定兵力沒有用武之地，不過它們應該保留到最後的步驟，也就是其他的方法都不足以應急的時間和地點。

第22章 判斷大事容易出錯

〔1〕

〔腐敗的共和國總是迫於形勢才重用人才〕

有機會見識決策的人向來明白，判斷錯誤是常有的事；如果不是人中豪傑，走一步錯一步是司空見慣。尤其是承平的時候，傑出的人才在腐敗的共和國，要不是由於嫉妒就是由於野心作祟，總被當成仇敵看待，因此人們追隨的無非是由於大衆盲目而被視爲善良的人，不然就是受到個人知名度的驅策而罔顧集體公益的人。到了時勢逆轉的時候，眞相終於揭發，民衆迫於形勢轉而求助於在承平時幾乎被遺忘的那些人，箇中情形本書將俟機詳加討論。

〈經驗不足易受蒙蔽的實例〉

也有一些事故的發生是由於經驗不足而易受蒙蔽，因爲所發生的事故有太多讓人信以爲眞的地方。我這麼說是有感而發，因爲拉丁人被羅馬人打敗之後，就是這樣被羅馬的行政長官努米西烏斯給說服了，也因爲幾年前有許多人相信的一件事，就發生在法王法蘭西斯一世派兵佔領被瑞士人打敗的米蘭時。

〈利奧教皇犯的錯〉

我要說明的是，路易十二去世之後，法蘭西斯一世繼任法國王位，亟欲把幾年前被瑞士人在教皇尤里烏斯二世的鼓勵下所佔領的米蘭公國再度併入他的王國，急於在義大利找到使他能夠完成心願的助手。除了路易已經爭取到手的威尼斯人，他打起佛羅倫斯人和教皇利奧十世的主意，因爲在他看來，既然西班牙國王有軍隊駐紮在倫巴底，而且這皇帝也有其他武力在維羅納，如果把佛羅倫斯人和教皇利奧十世雙雙爭取到手，將使他的心願更容易實現。

利奧教皇沒有順應法王的意願，卻聽信參謀人員的意見（據說如此）保持中立，因爲他們一致指出這樣的策略有勝利可期[1]。義大利出現強權，不論其爲法王或是瑞士，都不利於教會，但是既然想要在義大利恢復古代的自由，他有必要解放義大利擺脫任何一方的奴役。要征服這兩者是不可能的，不論是分開或合在一起，因此得要讓它們兩雄相爭，這一來教會就可以協同盟友攻打得勝的那一方。不可能找到比現在更好的機會了，因爲兩造雙方都在戰場上，而教皇的武力嚴陣以待隨時可以現身於倫巴底的邊境逼近雙方的軍隊，打著守疆衛土的旗號以便枕戈待旦。

這道理似乎說得通，因爲雙方的軍隊都具備武德，而兩雄相爭必定是腥風血雨，勝者實力大損，教皇的軍事行動將勢如破竹。這一來，倫巴底之主的榮耀歸於他，整個義大利的仲裁者也非他莫屬。然而，從事情的結果證實此一看法有多麼離譜：瑞士久戰兵敗的時候，教皇和西班牙雙方的部隊都不敢對勝利者發動攻勢，準備逃命倒是有志一同。要不是法王仁慈或冷靜，他們逃也沒用；他無意尋求第二場勝利，跟教會達成協議對他來說就夠了。

〔2〕

〔勝軍無敵手〕

教皇的參謀提供的建議，從遠距離看似乎有道理，卻完全背離實情。很少發生勝利的一方傷亡慘重的事。勝方折損戰士是在戰鬥的時候，不會是在奔逃的時候，而戰鬥方酣時，戰鬥人是面對面的，倒地

【1】譯註：在一五一四年十二月二十日致佛羅倫斯駐羅馬大使Francesco Vettori的兩封信中，馬基維利建議教皇與法國結盟。

不起的很少，特別是因爲戰鬥通常只進行短暫的時間。就算戰鬥持續很長的一段時間，而且勝方死了很多人，可是隨勝利帶來的聲譽是那麼的響亮，因此激發的恐懼卻無以復加，這樣的聲勢足以使戰士慘重的傷亡相形見絀。因此，如果有什麼部隊以爲打勝仗的軍隊實力受損而想趁火打劫，那是自欺欺人，除非那支部隊不論是在勝利之前或之後原本就有跟他一決勝負的實力。在這樣的情況下，勝或負取決於機運和武德，但是佔有優勢的是先前獲得勝利的那支部隊。

這一番道理可以從拉丁人的經驗、從行政長官努米西烏斯所犯的錯誤以及從相信他的人所受到的傷害得到確證。羅馬人征服拉丁人之後，努米西烏斯在拉丁姆到處叫嚷，說打擊羅馬人的時候到了，他們因爲剛打完一場仗而實力受損；又說羅馬人如今徒擁勝利的美名，其實耗損嚴重無異於吃了敗仗；還說隨便一支無足輕重的武力只要重啓戰端就足以收拾他們。於是，相信他的人組了一支新的軍隊，卻隨即被打敗，蒙受的損失正是持這種看法的人永遠躲不掉的。

第23章　羅馬人不得不處置被征服的民衆時一貫避免中庸之道

〔1〕

「拉丁姆的事態如今已是和平與戰爭兩頭落空。」（李維8.13）

〔2〕
〔下決策得先評估自己的實力〕

一切的不幸狀況中，最不幸的是君主或共和國面臨極端的處境，既不可能接受和平也不可能進行戰爭。這種情況發生在和平的條件太過於苛刻，而在另一方面，如果想要求戰，他們勢必要任憑援助他們的人予取予求或任由敵人予取予求。會面臨這樣極端的情況，無非是由於誤信人言或策略失當，就如同前面說過的，因爲共和國或君主只要善於衡量自己的實力，要像拉丁人那樣被引入極端的情況實在是不容易。他們在不應該跟羅馬人達成協議時卻達成協議，不該跟他們宣戰時卻宣戰。他們以爲這樣做兩面玲瓏，結果卻是羅馬人的敵意和友誼對他們同樣有害。隨後拉丁人打了敗仗接著全面被征服，對手依次是曼利烏斯·托夸圖斯和卡米盧斯，後者迫使他們無條件投降之後，在拉丁姆所有的城鎮佈下駐軍，並且挾持人質，然後才返回羅馬向元老院報告說整個拉丁姆完全歸羅馬人掌握。

〔羅馬人避免中道的作風〕

因爲當時元老院的裁決意義重大而且引人注目，値得面對類似機會的君主效法，我想引用李維藉卡米盧斯之口說出來的話。那些話見證了羅馬人所採取的擴張模式，以及他們在處置屬民時總是脫離中道而轉向極端。政府所爲不過是掌控其屬民使他們不能或無意跟你作對。要做到這一點無非是確保自己完全不受他們的傷害，一一消除他們爲害你的方法，不然就是讓他們得到好處，使得他們想要改變運氣的慾望顯得不合理。這一切先是囊括在卡米盧斯的提議，然後經由元老院的裁決得以貫徹。

卡米盧斯是這麼提議的：「永生的衆神使各位手操這個決定的大權，讓各位來決定拉丁姆的存亡絕續。因此各位可以爲自己提供永久的和平，就拉丁人而論無非是一舉殲滅或既往不咎。各位想要作出非常殘忍的決定來對付已經投降、已被征服的那些人嗎？你們可以消滅整個拉丁姆。各位想要步踵祖先的前例接受被征服的人成爲公民以壯大羅馬嗎？攀向空前榮耀的素材就在手邊。使人心悅誠服的統治肯定是最穩固的。因此，在他們由於期望而六神無主的這時節，各位理當先聲奪人，要不是懲罰，就是施惠。」（李維8.13）

緊接在這個提案之後，元老院所作的決議吻合執政官的宣示。所有重要的城鎮逐一個別考量，要不是施惠示好就是徹底殲滅。受益的那些，他們免除納貢又給予特權，讓他們取得公民的身分並且處處保障他們。其他的城鎮，他們夷爲平地，派出殖民隊伍前往該地，把被征服的民衆押回羅馬，令他們散居四處，使得他們不再能夠興兵作亂或聚衆孳事。羅馬人從來不曾像我在本章標題說的，在重大的事情上取法中庸。

〔3〕

〔佛羅倫斯處理基亞納谷地叛亂的失策〕

君主理當效法羅馬人的裁決。阿瑞佐和整個基亞納谷地在一五〇二發生叛亂時，佛羅倫斯人就是應該步踵前例。他們如果這麼做了，就能確保他們的統治，壯大佛羅倫斯這個城市，並且取得他們欠缺的穀倉。可是他們使用在裁決人事方面爲害甚大的中道：阿瑞佐人有一部分遭到驅逐，有一部分要付出贖金，不論下場如何全都喪失以往的榮譽和社會地位，可是城市本身毫髮無損。如果有哪個公民在會議中提案摧毀阿瑞佐，自以爲比較聰明的那些人就說把它摧毀對於共和國並不是什麼光榮的事，因爲那樣好像顯得佛羅倫斯欠缺掌控該地的武力。這種理由似是而非，因爲根據這同一個理由，弒親或其他罪犯與引起公憤的人都不該處死，因爲那是君主的恥辱，徒然顯示他沒有實力節制區區一個人。持類似看法的人沒有看出人就個別而言，或城市就整體而言，有時候違犯政權竟使得君主爲了他自己的安全只好將之消滅以殺雞儆猴，除此之外別無對策。榮譽表現在有能力而且知道如何懲罰它，而不在於有能力冒著上千的危險掌控它，因爲不以懲罰不法之徒遏止累犯的君主，不是無知就是懦弱。

〔4〕

〔普萊維嫩人之例〕

羅馬人所下的這個裁決有其必要，這可以從他們對普萊維嫩人的判決得到確認。就這事而論，李維的文本有兩點應該注意：第一點是前面說過的，對被征服的民眾應該施惠，不然就該徹底消滅；另一點是，在智慮周詳的人面前有擔當說出眞話，好處無窮。普萊維嫩人叛亂之後，在武力的威嚇下再度順服羅馬，羅馬元老院開會要作出判決。普萊維嫩人派出許多公民向元老院求情，他們進入現場時，一位議員問他們當中一個人「你認爲普萊維嫩人該受什麼懲罰」。這個普萊維嫩人回答：「認爲自己値得享受自由的那種人所該受的。」執政官回答：「假如我們免除你們的懲罰，我們可望跟你們維持什麼樣的和平？」他回答：「如果你們給出好的承諾，那麼隨之而來的和平可靠而且永久；如其不然，那麼和平不會持久。」雖然有人感到不安，元老院中較明智的一部分說：「自由民的心聲被聽到了，說出這話的人蒙受恥辱理當適可而止，因爲自願接受和平則和平可靠，被迫接受奴役不可能得到可靠的和平。」憑這些話，他們決定普萊維嫩人應該成爲羅馬公民，並且以公民的特權禮遇他們，說：「唯獨念念不忘自由的那些人值得成爲羅馬人」（李維8.21）。這個說出眞情又有擔當的答覆搔著了豪爽之士的癢處，別的答覆只不過是懦夫說的門面話。認定人不是這樣子的那些人，尤其是向來過著或是認爲自己過的是自由生活的那些人如果還這麼認爲，那就是自欺；在自欺的情況下作出的決策對自己沒有好處，別人也不會滿意。隨之而來的就是叛亂連連而政權崩潰。

〈中庸之道惹禍殃〉

言歸正傳，我從普萊維嫩人的事例和對拉丁人的裁決得出結論：一旦要對向來生活自由而且勢力強大的城市作出判決，必須在剷除他們和安撫他們之間擇一而行；否則一切判決終歸徒勞。理當全面避免中道，那樣的作法有弊無利，就如同薩謨奈人在科迪姆岔口成功攔截羅馬人時所發生的事。當時有個老人建議留生路禮遇羅馬人，不然就殺個片甲不留，他們不聽，卻採取中庸之道，要他們繳械又要他們掛軛，使得他們備感屈辱又義憤塡膺。就這樣，沒多久之後，他們深受其害，終於知道那個老年人的判斷有價值而自己的決定遺害無窮，我會在適當時候對這一點加以申論。

〔24—27：戰爭時常犯的錯〕

第24章 堡壘通常弊遠大於利

〔1〕

〔自由的羅馬不建堡壘威嚇屬民〕

為了確保自己跟拉丁姆和普萊維嫩城的人相安無事，羅馬人不考慮興建堡壘以牽制他們保持忠誠，這在我們這個時代自以為聰明的人看來或許覺得考慮不周，尤其是我們的聰明人在佛羅倫斯常引述的，說什麼比薩和其他類似的城市必須以堡壘鎮守。誠然，如果羅馬人也像他們那樣，他們會想到要建一些，可是由於他們具有不一樣的德性、不一樣的見識、不一樣的才幹，他們一座也沒建。羅馬雖然保存了一些已建好的堡壘，但是只要還過著自由的生活並且遵循自己的法律和靈活的制度，他們不曾為了鎮守城市或行省而建過任何堡壘。因此，看過羅馬人在這件事所創下的先例以及我們這個時代君主的作法，我覺得有必要考慮興建堡壘到底是不是好事，或者對於興建的人到底是利是弊。

〔堡壘無法阻絕民怨〕

首先要考慮的是，興建堡壘無非是防範敵人或防範國民。在第一種情況，堡壘根本就沒必要；在第二種情況，堡壘有弊無利。

先來看看從堡壘在第二種情況有弊無利的理由。對於害怕國民叛亂的君主或共和國而言，這樣的害怕必定是源自國民對於統治者的憎恨，恨統治者胡作非爲，而統治者膽敢胡作非爲不外是因爲相信自己能夠強力鎮壓他們，不然就是統治的措施不夠謹慎。使統治者相信他能夠強力鎮壓國民的靠山之一是因爲有堡壘，所以導致國民心中有恨的劣跡惡行泰半源自君主或共和國擁有堡壘，在這樣的情況下，有堡壘是弊遠大於利。理由首先是，就像前面說過的，有堡壘當靠山使你目無法紀，而且對待自己的國民更殘暴。其次，你讓自己相信在堡壘裡面很安全，其實不然，因爲用來鎮壓人民的一切武力和暴力都沒什麼效果可言，只有兩種情況例外：你有把握隨時能夠把精良的部隊投入戰鬥，像羅馬那樣，不然就是你把國民驅散、驅逐、攪亂與離間，使他們無法聚眾齊心危害你。假如你剝奪他們的財產，「窮人還是有武器」（朱文納《諷刺詩》8.124）；假如你沒收他們的武器，「怒火足以提供武器」（維吉爾《埃涅伊德》1.150）；假如你殺他們的首領繼之以凌辱其他的人，會有別的首領冒出來像許濁[1]那樣。你如果興建堡壘，那些堡壘在承平時期是有用處，因爲它們使你對他們作惡時更大膽，可是在戰時根本不管用，因爲你的敵人和你的百姓都會以它們爲攻擊的目標，你不可能抵擋得住。要說它們比沒有用還更不如，那就是在我們這個時代，因爲壁壘沒有退守的空間可以提供屏障，面對炮火的威力根本不可能進行防禦，就像前面說過的。

【1】譯註：許濁是希臘神話中的九頭蛇妖，一個頭被砍隨長出另一個頭。

〔2〕明君倚恃的是人民的善意

這件事我要詳細說明。你無非是個君主，想用這些堡壘壓制你的城邦裡的人民，不然就是以君主或共和國的立場想要牽制憑戰爭奪來的城市。我給君主的建言是，用來壓制公民的堡壘一無是處無以復加，理由已如前述。堡壘使你更肆無忌憚鎮壓他們，你的鎮壓使得他們盼望你被推翻，而你興建堡壘所引發的怒火也不可能保衛你。因其如此，明智又善良的君主永遠不會興建堡壘，為的是保持自己的善良或避免他的兒子們有恃無恐而變壞，這一來他們可能瞭解到要仰賴的不是堡壘而是人民的善意。

〔斯福爾扎家族因米蘭城堡而受害〕

法蘭切斯科．斯福爾扎伯爵後來成爲米蘭公爵，如果說他以明智聞名卻在米蘭建了一座堡壘，我說他在這一點就是不夠明智，其後果可見於這樣的一座堡壘爲他的子孫帶來的是傷害，而不是安全。他們認定有個堡壘就可以安枕無憂欺壓公民和屬民，恣情使用暴力，激起的民怨罄竹難書，因此敵人一來襲，他們就失去政權了。戰爭期間，那一座堡壘並沒有發揮防衛的功能，對他們根本就沒有什麼用途，承平時期更是大有害處。假如他們沒有那一座堡壘卻又輕率苛待他們的公民，他們很快就會發覺到其中的危險而有所不爲，這一來沒有堡壘卻有友善的百姓將會比有堡壘但也有敵視的百姓更能英勇抵抗法國人的攻勢。

堡壘不管在哪方面對你都沒有助益，因爲它們承受不了守衛的人耍詐、攻擊的人使用暴力或是缺糧的威脅。假如你困守在堡壘裡，希望堡壘有助於你收復失去的政權，那麼你必須要有軍隊能夠攻擊使你喪失政權的人。如果有那樣的軍隊，你終究會取回政權，就算沒有堡壘也一樣，而且如果你不至於擁堡壘以自重而虧待百姓，你將會因爲他們對你友善而更容易達成目標。從經驗可知，時勢一旦逆轉，米蘭的這座堡壘對誰都沒有助益，不論是斯福爾扎家族或法國人都一樣。更糟糕的是，它帶來大害而且毀了全體，因爲他們有了它就不去考慮用比較眞誠的方式固守政權。

〈烏比諾公爵摧毀堡壘〉

費德里科的兒子，也就是烏比諾公爵歸多巴多，在世時是個備受推崇的將領，被教皇亞歷山大六世的兒子闞扎瑞．博賈驅逐，後來藉著當地的一場變故返回故國之後，把當地所有的堡壘全部摧毀，因爲他認定它們有害。他受到百姓的愛戴，基於對他們的尊重而不要那些堡壘；而且他看出自己不可能防守那些堡壘，因爲防守它們需要養一支軍隊隨時備戰。於是，他甘脆把它們全部摧毀。

〈尤里烏斯教皇和尼寇洛．達．卡斯帖婁之例〉

尤里烏斯教皇把本蒂沃廖家族逐離博洛尼亞之後，在該城建了一座堡壘，縱容他的總督侵擾人民。人們因此反叛，他隨即棄守堡壘。堡壘並沒有給他助益，反倒害了他；如果他改弦易轍，對他或許會有助益。維帖利兄弟的父親尼寇洛．達．卡斯帖婁結束流亡的歲月之後，返回故鄉隨即拆除教皇西克斯圖斯四世在當地建的兩座堡壘，認定爲他保有政權的不是堡壘，而是人民的善意。

〔熱那亞之例〕

其他所有的事例當中，沒多久之前接著在熱那亞發生的是最新也最值得矚目，足以說明興建堡壘根本派不上用場，剷除它們反倒有實際的效益。大家都知道熱那亞在一五〇七反叛法王路易十二，他親自率領全部的武力捲土重來。光復失地之後，他建了一座堡壘，銅牆鐵壁當今無出其右。地點和其他所有的條件造就了這樣的金城湯池，因爲它座落在延伸入海的山崗頂，熱那亞人稱之爲「科代法城堡」。從那兒發射炮火可以涵蓋整個港區以及熱那亞這個城市相當大的一部分。接著在一五一二法國部隊被逐出義大利時，熱那亞雖然有堡壘卻照樣發生叛亂；奧塔維安諾．弗雷勾梭接掌政權，傾全力展開十六個月的圍城戰，阻斷糧援而將之佔領。每一個人都相信應該保留那一個堡壘，也有許多人這麼建議，可是他智慮非常周詳，知道維繫君主保有政權的不是堡壘，而是人的意志，因此斷然把它摧毀。所以說他的政權不是建立在堡壘之上，而是建立在他的德性和智慮之上。通常一千步卒就足以改換熱那亞的政權，他的對手用了一萬人襲擊他卻傷不了他。由此可見毀棄該堡壘並沒有傷害奧塔維安諾，建造它也沒能保衛法國國王。如果他有能力領軍進入義大利，就算他在那裡沒有堡壘，他也能夠光復熱那亞；如果他沒有能力領軍進入義大利，就算他在那裡有堡壘，他也不可能據有熱那亞。所以對國王來說，建造是花費昂貴而失守是奇恥大辱；對奧塔維安諾來說，將之收復是光榮，而加以摧毀是效益。

〔3〕

〔淪陷區城市的堡壘〕

現在說到不是在自己的祖國而是在佔領的城鎮興建堡壘的共和國。假如前面所說法國和熱那亞的實例不足以顯示其謬誤，我希望佛羅倫斯和比薩的事例能夠一言而決。佛羅倫斯人在比薩建造堡壘以便佔據那個城市[2]。他們不曉得如果想要佔據對佛羅倫斯素懷敵意、生活向來自由而且曾經在叛亂時以自由爲號召的一個城市，有必要遵循羅馬的模式：要不是結爲伙伴，就徹底殲滅。堡壘根本毫無價值，這在法王查理八世入侵義大利時就看得一清二楚，比薩人向他投降無非是由於對守衛堡壘的人沒有信心，不然就是擔心後果不堪設想；但是假如比薩沒有任何堡壘，佛羅倫斯人不會仰仗堡壘據守比薩，法王也就不可能用那樣的方式把比薩從佛羅倫斯人手中強奪而去。他們利用在此之前所採取的方式或許就足以據守比薩，而且毫無疑問效果不會輸給堡壘。

〔反駁塔蘭托和布雷西亞之例〕

因此我得出結論：用於據守祖國，堡壘有弊無利；用於據守征服所得的城鎮，堡壘一無是處。羅馬人的權威足以證明我的論點，他們在打算憑武力據守的地方拆除舊城牆，而不是建造新城牆。

如果有人要引述古代的塔蘭托和現代的布雷西亞反駁我的這個看法，說這兩個地方都是得堡壘之助

【2】譯註：比薩和其他城鎮於一四一四年併入佛羅倫斯的轄地，見馬基維利《佛羅倫斯史》3.29。

而從亂民手中光復，我的答覆是：關於塔蘭托的光復，法畢烏斯．馬克西姆斯在執政官一年任期的尾聲奉命率領他全部的軍隊出征，這樣的兵力就算當地沒有堡壘也能夠光復——而且雖然法畢烏斯利用堡壘獲勝，但是就算當地沒有堡壘，他也會使用其他方法獲致同樣的效果。既然需要一支執政官軍隊和法畢烏斯．馬克西姆斯這樣的一個指揮官去光復一個城鎮，我不知道堡壘對於收復失地有什麼效益。羅馬人無論如何都會奪回它，這可以從卡普阿的例子看出來：該地沒有堡壘，他們憑軍隊的武德失而復得。

再說到布雷西亞。我認為那一場叛亂的情況很少見：該城叛亂之後，堡壘仍然在你的武力控制之下，附近碰巧有你的一支大軍，像法國的情況那樣。法國國王的將領德．富瓦先生和他的軍隊就在博洛尼亞，他一聽到布雷西亞失守，立刻出兵，三天後抵達布雷西亞，得堡壘之助奪回該鎮。因此，要有用武之地，即使是布雷西亞的堡壘也得要有一個德．富瓦先生和三天就能馳援的一支法國軍隊。可見這個例子不足以反駁相反的實例，因為在我們這個時代的戰爭，堡壘來回易手，運氣起伏一如鄉野地來回易手，不只是在倫巴底，在博洛尼亞、在那不勒斯王國以及義大利所有的地方都一樣。

〔4〕

〔精兵良將優於堡壘〕

至於建堡壘防衛自己免於外侮，我說這對於擁有精兵良將的人民和王國根本就沒有必要，對於沒有精兵良將的人民和王國則是沒有用處。優秀的軍隊沒有堡壘也足以自衛，有堡壘而沒有優秀的軍隊卻不可能進行防衛。這可以從公認精於治理和其他事務的國家的經驗看出來，羅馬人和斯巴達人都是這樣。

如果說羅馬人不建堡壘，那麼斯巴達人不只是引以爲戒，甚至不允許他們的城市有城牆，因爲他們寄望憑藉個人的德性而不是其他方法從事自衛。因其如此，一個斯巴達人被一個雅典人問到雅典的城牆在他看來是不是漂亮時，他答道：「是的，如果裡面住的是女人[3]。」

因此擁有精兵良將的君主將會發現，邊境濱海之地有堡壘可以支撐幾天敵人的攻勢直到他準備妥當，這是有用處的，卻不是非有不可。但是假如君主沒有精兵良將，在領土之內或前線廣建堡壘則是有弊無利或毫無用處。說有弊無利，因爲容易失守，一失守，堡壘反而與你爲敵；假如堡壘非常堅固，敵人無法攻佔，敵軍掉頭而去，堡壘還是沒用。優秀的軍隊深入敵方勢如破竹，遇有城市或堡壘就繞道而行，這可見於古代歷史和法蘭切斯科·馬瑞亞，他就在不久之前襲擊烏比諾，沿途輕易繞過十座敵人的城市。因此，君主能夠帶出優秀的軍隊就可以不建堡壘，沒有優秀的軍隊則不應該建堡壘。他應該好好鞏固他定居的城市，強化補給，並且善待人民，以便達成協議或外援到來解除兵患之前能承受得起敵人的攻勢。其他的方案都是承平時期太昂貴而戰爭時期派不上用場。

【3】譯註：普魯塔克在*Sayings of Spartans*三度提及此事，都與雅典無關：一、有人指著漂亮的城牆給Theopompus看，他說：「是女人住的地方，不是嗎？」（190A）；二、有人指著他們的城牆給Agesilaus看，問他：「看起來漂亮吧？」答：「就女人住的來說，當然漂亮，給男人可不然」（212E）；三、斯巴達王艾吉斯三世途經科林斯，目睹城牆壯觀，問道：「住在裡面的是些什麼女人？」（215D）

〔羅馬人的智慧〕

詳加斟酌我說的這一切的人將會明白，一如羅馬人在他們其餘的每一個制度都表現明智，他們對於拉丁人和普萊維嫩人所作的判斷同樣智慮周詳，不考慮興建堡壘，而是憑更好的德性和更明智的方法保全自己對抗他們。

第25章　攻打分裂的城市絕不能利用其分裂加以佔領

〔1〕

〔羅馬的分裂〕

在羅馬共和國的內部，平民與貴族之間齟齬不斷，竟至於維愛人和埃特魯里亞人有志一同，認爲利用這樣的失和可以除掉羅馬這個心頭之患。他們組成一支軍隊，越過羅馬的田野，元老院指派蓋烏斯·曼尼利烏斯和馬庫斯·法畢烏斯去對付。他們率軍驅近維愛的軍隊時，維愛人既沒有停止攻勢也沒有停止辱罵羅馬。他們的魯莽與傲慢無以復加，竟使得羅馬人捐棄前嫌而同仇敵愾，突破敵陣贏得勝利。由此可見多少人在選取策略時受到蒙蔽，就像我們在前面討論過的，而且一再發生自己相信會有所得卻失手的情形。維愛人相信他們襲擊分裂的羅馬能夠把他們征服，偏偏這一場襲擊是促成後者團結而他們自己覆亡的原因。共和國內部失和的原因通常是懶散與和平，團結則是源於憂患和戰爭。因此，如果維愛人有腦筋，他們越是看到羅馬內部失和，就更應該避免戰爭，轉而使用和平的藝術制服他們。

〔如何取得分裂的城市〕

正確的方法是在分裂的城市爭取信任，然後設法使自己成爲兩個黨派的仲裁者直到他們兵戎相向。他們兵戎相向的時候，你要緩緩支持弱勢的黨派，既拖長他們之間的戰爭又讓他們彼此耗損，而且不至於讓他們疑心你佈下重兵是要成爲他們的君主。這件事一旦處理得當，結果幾乎總是往你爲自己設定的目標發展。

〔皮斯托亞、錫耶納和佛羅倫斯的例子〕

皮斯托亞這個城市，就像我在別個地方討論過的，就是被佛羅倫斯共和國以這樣的手法併吞。它內部分裂，佛羅倫斯人一下支持這個黨，一下支持那個黨，雙方都不得罪，就這樣牽著他們的鼻子直到他們厭倦了動蕩不安的生活方式，自願投入佛羅倫斯的臂彎。

錫耶納這個城市由於佛羅倫斯人的支援而不曾改變過政權，僅有的例外是這方面的支援變弱與減少的時候，因爲充裕而且積極的支援使那個城市團結一致擁護統治當局。

除了上面寫的，我想加上另一個例子。米蘭公爵菲利波・維斯康傷常常對佛羅倫斯人發動戰爭，倚仗的是他們內部失和，卻總不能如願，竟至於他對於這些戰爭悔不當初，說佛羅倫斯人害他花費二百萬金幣而一事無成。

〔2〕
〔鑑古知未來〕

因此，就像前面說的，維愛人和托斯卡納人在這方面有所不知，終於在一場戰鬥中被羅馬征服。同樣的道理，未來如有人相信在類似的情況下可以用類似的方法制服一個民族，也是有所不知。

第26章　誹謗和謾罵沒有任何效用，徒然招怨惹恨使自己受害

〔傲慢的代價〕

我相信謹愼之道莫過於絕對避免口頭上威嚇或傷害任何人。這兩者不但無法讓敵人放棄武力，反而是口頭威嚇使得對方更加小心，口頭傷害則加深對方的恨意因而更處心積慮傷害你。

這個道理可以從維愛人的事例看出來。前一章才提到維愛人，他們不只是對羅馬人開戰，還加上言詞咒罵，這是每一個謹愼的部隊長都應該下達的禁制令。咒罵的言詞會激發並引燃敵人的復仇心，而且正如已說過的，怎麼罵都阻止不了他的攻勢，反而使得咒罵變成爲害自己的武器。亞洲發生過一個値得注意的事例。波斯將領噶巴代斯在阿米達紮營已有一段時間，對於曠日費時的圍城戰心生不耐，決定撤軍。他一開始拔營，城裡的人一窩蜂擁上城牆，因勝利而起驕傲心，極盡侮辱、詈罵、問罪與責難之能事，數說敵人的懦弱膽怯。噶巴代斯一氣之下改變計畫，再度展開圍城戰，因受到侮辱而義憤塡膺，不

出幾天就佔領並劫掠該城。維愛人的遭遇如出一轍。在他們看來，就像前面說過的，對羅馬人發動戰爭還不夠，還要以言詞辱罵。他們甚至來到羅馬軍隊營區的柵欄外出言侮辱，口頭激怒他們的效果超過武器。原本不情願戰鬥的那些士兵如今反而強要執政官參戰，竟使得維愛人，正如前文具寫的，承受隨傲慢而來的懲罰。

〈羅馬人嚴禁辱罵以維持軍紀〉

因此，優秀的軍事首長和共和國統治者得要多方採取恰當的對策，以免在城裡或軍隊中發生這樣的侮辱和詈罵，不論是用在他們自己之間或用來對付敵人。用來對付敵人會產生上面寫的危急，用在自己的人，如果沒有謹愼的統治者採取防微杜漸的預防措施，情況只會更糟糕。

羅馬的軍團駐留在卡普阿之後，密謀反對卡普阿人，正如到時候將會述及的。這個陰謀事件引起的騷動被瓦列瑞烏斯．科維努斯弭平時，會議達成的協定之一就是對於引起騷動之士兵橫加辱罵的那些人訂定非常嚴厲的懲罰。葛拉庫斯在跟漢尼拔交戰時，奉命率領羅馬因人員不足而讓奴隸擁有武器的一支軍隊，他視事之初所下達的軍令包括對於辱罵從軍之奴隸的人處以極刑。不留顏面的辱罵和指責那些奴隸，就像前面說的，在羅馬人看來是危害軍紀的事，因爲煽動人心或引發義憤莫過於此，不論是說實話或開玩笑。「尖酸刻薄的玩笑，即使貼近事實，也會留下痛苦的記憶。」

第27章　謹慎的君主和共和國獲勝應當知足，否則通常得不償失

〔1〕

〔需索無度源於不切實際的希望〕

對敵人說話趾高氣揚，這大多數源自隨著勝利或對於勝利懷有不切實際的希望而來的傲慢。不切實際的希望經常使人犯錯，不只是說話如此，做事也一樣。心懷這樣的希望，人就會忘形，一忘形就容易為了擁有更肥的鴨子而喪失手中煮熟的鴨子。這雖然是人之常情，但是人經常因為這樣自欺而危害國家，所以值得斟酌。這道理不容易說清楚，我就來舉出古今實例加以證明。

〔迦太基佔有坎尼就該知足〕

漢尼拔在坎尼打敗羅馬人之後，派遣代表回迦太基宣佈勝利的消息，並且要求支援。他們的元老院為了如何是好爭議不休。一個年高慮遠的迦太基公民漢諾提議道：既然贏了，應該利用這一場勝利跟羅馬人達成和平才是明智之舉，不妨提出有利的條件，總不該等到戰事失利才不得不談和。由於迦太基一心一意要向羅馬人展示他們有足以抗衡的能力，如今勝券在握，實在不應該為了更大的希望而失之交臂。這個策略當時沒有被採納，後來迦太基元老院認其為明智，可是機會一去不返。

〔2〕

〔提爾人應該接受亞歷山大的條件〕

亞歷山大大帝已經幾乎取得整個東方時，提爾共和國（他們和威尼斯人一樣因城市臨海佔地利之便而望重一時且稱霸一方）既已見識亞歷山大的聲威，派出代表去告訴他，說他們希望當他的忠僕並且向他歸順，但是他們不打算接待他或他的部隊入城。亞歷山大一聽，心想自己所到之地無不是大門爲他敞開，如今竟然有個城市要賞他吃閉門羹，不禁勃然大怒，對他們的條件嗤之以鼻，就地紮營展開圍城戰。可是提爾坐落海濱，糧食供應以及防禦所需的其他補給非常充足，竟至於四個月之後，亞歷山大體認到爲了沒有實質利益的榮譽而浪費自己在多處地方征討所花更多的時間，決定嘗試和議之舉，願意對他們的要求照單全收。可是提爾人很驕矜自傲，不但不接受和議，甚至殺死調停和議的使者。亞歷山大義憤塡膺，增援兵力親自督師終於攻克提爾，毀城屠殺，活口則充當奴隸。

〔3〕

〔佛羅倫斯人過度自信而自取滅亡〕

在一五一二年，一支西班牙軍隊進入佛羅倫斯的領地，爲的是扶植麥迪奇東山再起並取得該城市的納貢。帶隊的是城裡的公民，他們給了西班牙人這樣的希望：大軍一進入佛羅倫斯的領地，城裡的公民就會起義響應。可是西班牙軍隊來到阿諾平原，發覺半個人影也沒有，加上缺乏補給，他們試圖議和。驕傲之心已生的佛羅倫斯人民不接受，結果普拉托淪陷，佛羅倫斯共和國滅亡。

〈4〉

〔提出的條件不至於壞到一無是處〕

因此，面臨勢力大得多的人所發動的攻勢，遭受攻擊的君主所犯的錯誤，嚴重莫過於關閉協商的大門，尤其是在對方提出議和的情況下。既然提得出口就不可能惡劣到對於接受的人連一點好處也沒有，這裡頭就有一部分的勝利是他的。對提爾人來說，亞歷山大接受他先前回絕的條件，這應該就已經夠了，更何況他們抵禦有成，竟然連亞歷山大那樣不可一世的軍人也屈從於他們的意願。同樣的道理，西班牙對佛羅倫斯的意願已作出讓步，把自己的目標打了折扣，只求改變佛羅倫斯的政權，使它不再唯法國馬首是瞻，同時也搾取一些金錢。西班牙人如果得到這三樣東西當中的兩樣（也就是後面的兩樣），留一樣給人民（即保存政權），那麼雙方都有榮譽也都滿意。而人民既然保住了政權，也沒必要去計較那兩樣東西；他們就算盼望更可觀而且更有把握的勝利，也不應該任憑運氣作主就這樣孤注一擲。不曾有哪一個智慮周詳的人冒過這種險，除非是迫於形勢。

〔漢尼拔之例〕

漢尼拔離開義大利時，已在當地風風光光十六年。迦太基人召他回去拯救祖國，他發覺哈斯竹巴和西法可斯都打了敗仗，努米底亞王國淪陷了，迦太基困守在城牆裡，除了他和麾下軍隊別無庇護。他知道祖國的存亡絕續在此一舉，只要還有其他對策可以嘗試就無意孤注一擲。他並不以求和為恥，因為他判斷祖國如果還有挽救的餘地，所繫者在於和平而不在於戰爭。求和被拒時，他即使可能打敗仗也不畏戰，因爲他判斷他還是能夠得勝，就算輸了也輸得風風光光。漢尼拔本人武德大有可表，而且他的軍隊毫髮無損，他尚且在開打之前先行求和，因爲他明白輸仗將使他的祖國與人爲奴，那麼武德與經驗都不如他的那些人該當如何？可是人們一誤再誤，不曉得如何爲自己的希望設限，仰賴希望卻不衡量自己，這樣的人注定一敗塗地。

〔28—33：羅馬應對鄰邦與鄰城的戰和之道〕

第28章 公衆或個人蒙冤受害卻沒有得到平反，該共和國或君主危險可期

〔1〕

〔羅馬人沒有懲罰法畢烏斯諸子而遭遇大難〕

法國人發兵攻打托斯卡納，以該地區首府丘西爲主要目標，城內居民向羅馬求援，羅馬人派遣法畢烏斯的三個兒子爲代表去會見法國人，從這件事不難看出義憤會激發出什麼樣的行爲。由於丘西人已派代表向羅馬求援抵抗法軍，羅馬派出的特使是以羅馬人民的名義告知法國停止對於托斯卡納的軍事行動。特使正好趕上法軍和托斯卡納即將開打，劍及履及站在第一線力敵法軍。法軍認出羅馬特使，他們對於托斯卡納人的怒氣整個轉向羅馬人。法軍透過他們的使節向羅馬元老院訴怨，要求羅馬元老院把法畢烏斯諸子交給他們以補償所受的傷害。羅馬元老院不但不交人，也沒有給予任何形式的處罰，甚至在選舉大會到來時選他們出任具有執政官權力的護民官，這一來法軍的怒氣更大。於是，法國人看到該罰的人反而受到禮遇，認爲這一切都是衝著他們而來的羞辱之舉。他們的怒氣火上加油，揮軍指向羅馬，一舉攻克，只有卡皮托得以倖免。羅馬人的這一場劫難說穿了就是由於沒有遵守道義，因爲他們的使節

犯了「違背國際法」[1]的罪名，理當受罰的人竟然受到禮遇。

〈君主切忌傷害個人〉

由此可見，共和國和君主都應該極力避免犯類似的錯誤，不論是對群體或是對個人。假如有人蒙受重大的冤屈，不管是私人或官員造成的，冤情沒能得到盡如人意的平反，那麼如果是在共和國，他爲了尋求平反甚至會不惜玉石俱焚，如果是由稟性寬厚的君主統治，他在向該君主討回公道之前不會善罷干休，即使他明白將付出重大的代價。

〔2〕

〈馬其頓的腓力沒有平冤而惹來殺身之禍〉

要證實這一點，沒有比馬其頓王腓力——也就是亞歷山大的父親——的遭遇更漂亮而且更眞切的事例。他的朝廷裡有個俊美又高貴的青年，名叫波撒尼亞斯，腓力的左右手阿塔陸斯愛上他。阿塔陸斯一再要求波撒尼亞斯同意他的求歡，卻發覺波撒尼亞斯對那種事深爲反感，他決定欺騙和強硬雙管齊下，除此也想不出還有什麼其他的法子。他舉辦一場盛大的宴會，波撒尼亞斯和其他許多世家貴族都出席，人人酒足飯飽之後，他找人把波撒尼亞斯綁起來，不單是自己用強硬的手段發洩色慾，爲了加倍羞辱他還要其他許多人用類似的方法霸王硬上弓。波撒尼亞斯一再向腓力陳情自己受到的羞辱，後者答應還他

[1] 譯註：引自李維《羅馬史》5.36. 所謂「國際法」係指羅馬與其他拉丁民族共同遵守的不成文法。

公道卻拖延不決，一段時間之後不但沒有平反他的冤情，反而拔擢阿塔陸斯出任希臘一個省的首長。波撒尼亞斯眼看仇敵榮寵加身而且沒有遭到懲罰，義憤難遏，不是針對羞辱他的那個人，而是針對沒有爲他平反的腓力。就在腓力的女兒嫁給埃皮魯斯的亞歷山大盛大舉行婚禮的當天早晨，腓力前往神廟慶賀途中，由女婿和兒子這兩個亞歷山大分別陪伴在左右的時候，被波撒尼亞斯殺死。

這件事跟羅馬人的那個事例非常類似，値得每一個統治者引爲殷鑑。千萬不該輕忽別人受到的冤屈，甚至還在他的傷口撒鹽巴。受到二度羞辱的人一定把危險和傷害置之度外，奮不顧身替自己討回公道。

第29章　運氣[1]蒙蔽人的心智以防計畫受阻

〔1〕

〔老天控制人間的事務〕

仔細觀察人間事務就會明白，事情的發生和事故的出現自有其法則，老天[2]不希望有人橫加阻撓。羅馬素以德性、宗教和制度樣樣可觀知名，尚且如此，那麼這裡列舉的條件遠不如羅馬的城市或地區更

【1】譯註：運氣，承襲中古時代陰性擬人格的用法，猶言「運氣女神」。
【2】譯註：馬基維利筆下的「老天」或「天」，意同國人擬人格的用法。

常出事也就不足爲奇。

〈以羅馬的歷史為例〉

因爲事例顯示老天影響人間事務的力量非常醒目，提圖斯．李維以相當的篇幅和令人信服的措詞加以說明，說老天貫徹意志以便讓羅馬人知道威力所在，先使法畢烏斯諸子在奉命擔任特使前往法軍陣營時犯錯，然後藉他們的行爲激勵法軍對羅馬開戰。接著爲了使羅馬人民在制止戰爭一事毫無作爲，事先安排唯一可能化解這場浩劫的人選卡米盧斯被放逐到阿爾代亞。接下來，法軍向羅馬進逼時，他們以往在面臨類似的危急時經常設置獨裁官作爲應付沃爾西人及其他鄰敵的對策，如今法軍兵臨城下卻付諸闕如。還有，徵召戰士時，他們漫不經心；動員的部隊懶懶散散，好不容易才在阿利阿河遭遇法軍，距離羅馬只有十英里。護民官在那裡紮營，以往慣有的用心都不見了，既沒有事先堪察地形，也沒有挖壕溝和立柵欄，甚至沒有採取任何對策，不管是人事或聖事。部署戰陣疏鬆得不堪一擊，士兵和隊長都表現不出羅馬的軍容。打起仗來都沒有流血，因爲對方還沒發動攻擊他們就先落跑了，大部分逃往維愛，其餘的退回羅馬。他們甚至過家門而不入，直接奔往卡皮托。元老院也不思保衛羅馬之道，連大門也不關閉，其中一部分逃之夭夭，一部分跟著別人進入卡皮托。然而，他們保衛卡皮托倒不至於毫無章法。他們沒有讓不適任的人拖累防務，而是儘量囤積所有的穀物，因此能夠支撐圍城戰。至於無用武之地的大批老弱婦孺，大多數逃往附近的城鎮，剩下的留在城內任憑法軍宰割。

任誰先前讀過那個民族那麼多年來的所作所爲，接著讀到那一段期間所發生的事，說什麼也不可能相信是同一個民族。說到這一切脫軌的表現之後，提圖斯·李維結論道：「運氣不希望自己匯聚的力量受到掣肘時，蒙蔽人的心智竟然到這樣的地步」（李維5.37）。不可能有比這更眞確的結論。經驗到大順境或大逆境的人通常不値得讚揚或責備，因爲他們不論一敗塗地或飛黃騰達都可以看出大多數是老天安排的，不是給予就是剝奪能夠功德圓滿的機會。

〔2〕

〔運氣與天意[3]造就羅馬的偉大〕

運氣在這方面表現可圈可點，因爲她一旦有意讓大事發生，就會選出勇氣可嘉而且有德可表的人，讓他明辨她提供給他的機會。同樣的道理，運氣如果有意讓事情一敗塗地，就偏愛能促成一敗塗地的人。如果有人橫加干預，運氣要不是置他於死地就是使他一事無成。這一段文本清楚顯示，爲了使羅馬更偉大並且引它走上那一條康莊大道，運氣認定有必要對羅馬加以打擊（正如我們將在下一卷的開頭詳加論述的），但是還沒有意願要讓羅馬一敗塗地。就是因爲這樣，我們看到卡米盧斯被放逐卻沒有被殺死，使羅馬被佔領而卡皮托卻沒有，造成羅馬人想不出保護羅馬的好辦法，後來防衛卡皮托卻井然有序。爲了讓羅馬淪陷，運氣促使在阿利阿河打敗仗的士兵大多數投奔維愛，就這樣全面放棄羅馬的防

【3】譯註：天意，不是國人普遍用於翻譯providence這個英文字的意思，而是表達類如希臘人以「舉凡已然之事皆為必然」的信念。馬基維利的微言大義可以這麼說：他不仰賴天意（providence），而是設想一個名為運氣的女神（參見本卷30.5），說是監督我們的行為，有時候還會為了我們而好心干預，可是也有她自己的計畫。

務。凡此種種無不是爲羅馬的光復預作準備，把一支羅馬部隊毫髮無損引到維愛，又把卡米盧斯引到阿爾代亞，俾使大軍在不因羅馬失守而損其名節的一名將領的指揮下光復故土。

〔3〕

〔人可能襄助卻不可能抗衡運氣〕

我們可以舉出現代的事例證實剛才說的道理，不過我們判斷沒必要多此一舉，所以省略了。根據整個歷史所看到的，我眞的確信世人可能襄助卻不可能抗衡運氣，可能穿針引線卻不可能折針斷線。他們眞的永遠不該灰心喪志，因爲他們不知道運氣目的何在，偏偏運氣的作風一向拐彎抹角的不走常道。他們應該常懷希望，有希望就不會灰心喪志，不論他們處身在什麼樣的運氣和什麼樣的痛苦當中。

第30章　真正強盛的共和國與君主購買友誼不是靠金錢，而是靠德性和軍威實力

〔1〕

〔運氣終於幫助羅馬〕

羅馬人被圍困在卡皮托，雖然在等候來自維愛和卡米盧斯的救援，卻因饑餓所逼而和法軍達成協定，付給了他們一批黃金。黃金已經依照協議秤量妥當，卡米盧斯卻在這時候帶著他的軍隊現身了。這

是運氣的作爲，我們的歷史學家這麼說，「俾使羅馬人不至於花錢買性命[1]」。這事極其醒目，不只是在這方面，在這個共和國整個的歷史軌跡也一樣，從中可以看到他們從來不曾靠金錢取得土地，從來不曾靠金錢達成和平，卻總是靠軍力武德——我不相信還有哪個共和國有過這樣的事。

〔政權強盛則友誼不請自來〕

衡量強權的勢力，跡象之一是看它如何與鄰邦相處。如果把自己治理到鄰邦爲了跟它交友而情願向它納貢，這便是該政權確爲強權的跡象；但是，如果那些鄰邦雖然略遜一籌卻從它掏金取財而去，它衰微的跡象就很明顯了。

〔2〕

瀏覽羅馬史就可以明白，馬西里人、埃杜維人[2]、羅得人、敘拉古的耶羅以及歐邁尼斯和馬辛尼撒兩位國王，都是跟羅馬帝國的邊界爲鄰，一個個奉獻它需要的費用和貢物以便博取友誼，除了防衛不求任何其他的回報。

〔政權衰弱只能花錢雇用友誼〕

相反的情形則見於衰弱的政權。就從我們自己的佛羅倫斯說起，在以往它名聲響亮的時候，羅馬

【1】譯註：馬基維利以拉丁文摘述李維《羅馬史》5.49大意。李維原文歸因於衆神和人們協力所致，馬基維利顯然誇大運氣所扮演的角色。

【2】譯註：馬西里人和埃杜維人都是入侵高盧的部族。

裡找不出一個沒有接受它津貼的領主；它甚至還支付給佩魯賈人、卡斯泰洛人，以及所有其他的近鄰。假如佛羅倫斯有武裝也夠強盛的話，一切將恰恰相反：為了尋求它的保護，大家會爭先恐後付錢給他，不會千方百計把他們的友誼賣給它，而是會購買它的友誼。不是只有佛羅倫斯如此懦弱，威尼斯人也一樣，還有法國國王，他坐擁那麼大的一個王國，卻彷彿在向瑞士人和英格蘭王納貢。這是由於他和前面提到的那些人一樣，為了逃避想像的而不是眞實的危險，不惜解除人民的武裝，寧可享受掠奪百姓這種眼前的利益，卻不願做一些可望保障自己的安全又使國家永保幸福的事。像這樣毫無章法，縱使帶來一時的安寧，到頭來必然是造成禍害而陷於萬劫不復。要訴說佛倫斯人、威尼斯人和法國一而再、再而三在戰爭中花錢消災，還有他們一而再、再而三蒙受羅馬人就只蒙受那麼一次的屈辱，這太花篇幅了。要訴說佛倫斯人、威尼斯人買了多少城鎮，這也太花篇幅了。後來果然證實，他們不曉得如何拿鐵器捍衛當初拿黃金買的東西，平白給自己添麻煩。羅馬人還擁有自由的時候就是堅守這種高貴的情操與生活方式，可是後來有了皇帝高高在上，皇帝開始變壞，喜愛陰影勝過喜愛陽光，他們也開始花錢消災，一會兒向安息人，一會兒向日耳曼人，一會兒向鄰近的其他民族，一個龐然大帝國就這樣開始衰亡。

〔3〕

〔強大的政權不荒廢軍備〕

這類禍殃是從解除人民的武裝開始的，還有更嚴重的禍殃由此產生：敵人離你越近，越能看出你不堪一擊。我說的那種做事沒有章法的人苛待版圖內心臟地區的百姓，卻善待邊境地區的百姓，寄望他們得到好處就能夠阻止敵人進逼。於是，爲了要和敵人保持距離，他只好付錢給邊境附近的統治者和人民。結果，這樣的政權很少設立邊防，一旦敵人入侵就束手無策。他們不明白像他們這樣的作法違背理性常情。需要護衛的是心臟和身體其他的重要部位，而不是四肢，因爲沒有四肢照樣可以維持生命，可是心臟等器官受傷就沒命了，偏偏我說的那些政權對心臟不設防，卻拼命護衛手和腳。

〔4〕

這種脫軌的作法帶給佛羅倫斯的不幸，以前就有，如今看得更清楚。一有軍隊穿越邊境逼近心臟地區，佛羅倫斯就束手無策。幾年前威尼斯人也看到同樣的情況，如果不是他們的城市四面環水，它的末日早就降臨了。這個經驗在法國沒那麼常看到，因爲那國王國幅員遼闊，很少有敵人能相提並論；儘管如此，英王亨利八世在一五一三年進攻法國的時候，整個王國天搖地動，法王路易十二本人和別人同樣認爲，只要一場敗仗就可能喪失整個王國和政權。

〔羅馬勢力奠基於人民有武裝〕

羅馬人的情形恰恰相反，因爲敵人越是逼近羅馬，越覺得那個城市銅牆鐵壁。漢尼拔入侵義大利，我們看到羅馬人歷經三場敗仗又陣亡許多將士，不只是能夠挺力抗敵，而且還反敗爲勝。這一切都是由於加強心臟的武備而較少考慮四肢的結果。羅馬的力量基礎在於羅馬人民、拉丁聯盟、義大利境內其餘的伙伴城鎮和他們的殖民地，他們從這些地方獲得大量兵員，因此有能力戰鬥不懈並且稱霸全世界。

我說的是實情，這從迦太基人漢諾在坎尼潰敗[3]之後對漢尼拔派出的信使所提的疑問可以看出。信使誇大漢尼拔的戰蹟之後，漢諾問道是否有羅馬代表前來求和，以及是否有拉丁城鎮或殖民地起來反抗羅馬人。聽到他們對這兩個問題都是否定的答覆，漢諾說：「這場戰爭勝負未卜跟以前沒兩樣。」

〔5〕

〔人力不濟則運氣當道〕

從前文所論可知，同樣是共和國，古代和現代的做法有多大的差異。也因爲這樣，我們天天看到有得有失大起大落的情況。人的德性乏善可陳的時候，運氣就展現銳不可當的勢力。就是因爲運氣說變就變，共和國與政權變動無常，直到崇尙古代的人出現，能夠掌控運氣，使運氣不再有理由隨著太陽的運轉展現她的威力[4]。

【3】譯註：「潰敗」是從羅馬觀點而言，依此處的句法應該說「大捷」才妥當，參見本書第二卷27.1。

【4】譯註：馬基維利沿襲中古歐洲「運道輪轉」的觀念，設想運氣女神手握轉輪（故云「太陽的運轉」），因此運氣起伏不定（「說變就變」）。

第31章 信任被放逐的人有多危險

〔1〕

〔埃皮魯斯的亞歷山大犯的錯〕

在本書討論對於被祖國驅逐出境的人寄予信任有多危險，依我看並不至於離題，畢竟掌握政權的那些人每天都得要處理這一類的事。我可以從提圖斯·李維的《羅馬史》中舉出一個令人難忘的例子來說明，雖然這和他的旨趣不一樣。亞歷山大大帝揮軍進入亞洲時，他的妹婿也是他的舅舅，即埃皮魯斯的亞歷山大，應被放逐的魯卡納人之請，率軍進入義大利。魯卡納人使他相信在他們的幫助下，他能夠佔領那整個地區。於是，他帶著對於他們的信任與希望進入義大利，卻被他們殺死了，因為他們的同胞承諾他們如果殺了他就讓他們回國。

〔流亡人士不可信任〕

由此可見遭受祖國驅逐的人，他們的信用與承諾是多麼不可靠。說到信用，他們一旦不依靠你也能夠回國，他們就會棄你而去然後跟別人親近，不論他們給過你什麼承諾都是枉然。至於空洞的承諾與希望，他們因為返鄉的意願太強烈了，自然而然相信許多子虛烏有的事，還會加油添醋，在他們相信的事情和他們自稱相信的事情之間為你畫餅充饑，假如你信以為眞，到頭來不只是白忙一場，還會轟轟烈烈自取滅亡。

〔2〕

〈泰米斯托克利斯的殷鑑〉

前面說過亞歷山大的例子，我想再加上雅典人泰米斯托克利斯就夠了。後者被判定爲造反份子，逃往亞洲投奔大流士，在那裡天花亂墜說動大流士征伐希臘。他承諾了一大堆卻一樣也沒有實現，後來服毒自殺，要不是羞愧就是害怕酷刑。泰米斯托克利斯是個非常出色的人，尚且犯下這樣的錯，應該推想德性不如他的人更會一廂情願受到私情的左右而犯下更嚴重的錯。因此君主根據亡命之徒的情報時，應該三思而後行，以免自取其辱或大禍臨頭。

〈下一章的主題〉

又因爲透過城裡的人做內應攻佔城市很少成功，在下一章就這一點加以申論，並加上羅馬人攻城掠地所採取的方式，依我看並不離題。

第32章　羅馬人攻城掠地的種種模式

〔1〕

〈羅馬人一向速戰速決〉

羅馬人戰志高昂，打起仗來總是要用盡一切優勢，不論是軍費或其他相關的事項。就是這樣，他們避免採取圍城戰，因爲他們判斷這種方式花費大而且困難多，征服所得不足以彌補耗損。因其如此，他們認爲其他任何方法都比圍城戰更能有效征服城鎮——此所以那麼長時期的那麼多場戰爭，他們發動的圍城戰屈指可數。

〔攻擊的方式〕

他們奪取城市的方法不外乎強攻或受降。強攻不外乎公然以武力施壓或武力混合欺詐。公然施壓不外乎不破壞城牆的襲擊（他們稱作「環頂攻城」，因爲他們以整個部隊包圍城市，四面八方同步發動攻勢，即使是非常大的城市也通常一戰成功，如斯基皮奧取得西班牙的新迦太基即是）；或是，如果功勢不濟，他們就借助於撞角或其他戰具攻破城牆；或是挖坑道進入城內（他們攻佔維愛人的城市就是用這個方式）；或是，跟守城的一方旗鼓相當時，他們造木塔或沿城牆外緣堆土堤直到與城牆同高。

〔「環頂攻城」〕

抵抗這樣的攻勢，在第一個情況，即四面八方同步進攻，防禦者面臨的危險比較緊急，所能採取的對策也比較不牢靠。他得要在每一個地方都有重兵防守，可是兵力有限，部署不可能處處得心應手或彼此充分支援。就算這不是問題，守軍的士氣也難免參差，只要有個據點失守就整個輸了。因其如此，就像我說過的，這種攻擊模式通常奏效。但是，沒能一戰成功的時候，羅馬軍不會再接再厲，因爲那麼做危險。理由是，軍隊遍佈大片的空間，處處都有防務上的弱點，容易自亂陣腳。所以這種方式只能出其不意偶爾爲之。

〈防禦的方法〉

說到攻破城牆，制勝之道在於築堤，就像當前所採取的。要反制坑道戰，他們將計就計進行反坑道戰，無非是使用武器或其他技巧阻擋敵軍，包括點燃裝滿羽毛的木桶，起火之後擺進坑道，以燻煙和惡臭阻止敵人進入坑道。如果敵軍以木塔進攻，他們就設法用火攻，摧毀木塔。對付土堤戰術，他們就在緊挨土堤的城牆底部挖洞，把推在牆外的土引入牆內；這麼一來，城外堆的土不斷流入城內，土堤堆不高。

〈強攻的變通之道〉

這些強攻的方式無法持久，如果沒能一舉奏效，只好拔營或另外尋求致勝之道。斯基皮奧就是這樣，他進入非洲攻打烏提卡功敗垂成，撤離戰場轉而設法擊敗迦太基的軍隊。如其不然，就是改採圍城戰。他們佔領維愛、卡普阿、迦太基、耶路撒冷等城市，就是使用圍城戰。

〈欺敵之計困難重重〉

說到以密謀配合的武力征服城鎮，在帕里波利斯發生的就是，羅馬人佔領該城是透過跟城內的人訂約。嘗試這一類的攻勢的例子多的是，不只是羅馬這麼做，但是成功的不多。理由在於，每一個微不足道的障礙都足以破壞計畫，而障礙俯拾皆是。密謀很可能在化爲行動之前曝光。容易曝光，部分是由於交涉的對象不忠，部分是由於實踐有其困難，因爲得要跟敵人以及你沒有使用藉口就不被允許交談的人接洽。就算密謀沒有在計畫的階段曝光，後續的行動階段也會冒出成千的困難。你如果比預定的時間早到或晚到，都將前功盡棄；如果意外發出噪音，像卡皮托的鵝那樣，如果有個習以爲常的程序被破壞，任何一個最微不足道的差錯，任何一個最微不足道的失誤，都會使任務毀於一旦。此外還要考慮夜晚的因素，那將使得從事這一項危險工作的人平添更多的恐懼。由於進行類似任務的人大多數對於交涉對象的環境和密商的地點不熟悉，難免會因爲一點點風吹草動而疑神疑鬼，每一次的捕風捉影都可能使他們打退堂鼓。利用夜晚使用密謀，找不到比西庫翁的阿拉圖斯更走運的人了，他在這方面堪當大任的程度不下於他在大白天公開行動時畏畏縮縮。這應該說是他具備隱秘的德性所致，不能歸因於在夜間從事秘密任務比較走運。此所以這種模式實際應用的人多，經得起考驗的少，成功的鳳毛麟角。

〔2〕

〔城市的投降〕

說到以受降奪取城鎮，敵人棄戰無非是自願或被迫。自願棄戰無非是因爲外在的形勢迫使他們投靠你，就像卡普阿投靠羅馬人那樣，不然就是渴望接受上軌道的統治，受到近悅遠來的君主轄下的好政府所吸引，就像羅得人、馬西里人以及其他類似城市把自己交給羅馬人民那樣。至於城市被迫投降，壓力無非是來自長期的圍困，就像前面說的，不然就是遭到接二連三的攻擊、掠奪與騷擾，寄望投降以避禍。

〔野戰得勝的利益大於圍城戰〕

此處提到的這一切模式，羅馬人最喜歡用的是最後那一種。不只四百五十年了，他們以野戰和奇襲致力於削弱鄰邦，又以協約爭取勝過對方一籌的影響力，就像我在其他地方說過的。他們一向仰賴這樣的模式，因爲他們試過其他種種方法，發覺效果無法相提並論。圍城戰耗時又花費大，強攻則困難多而風險大，密謀則成敗難料。以圍城佔領頑強的城市得耗掉好幾年的時間，可是在戰場打敗敵人卻能夠以一天的時間奪取一個王國。

第33章　羅馬人授予部隊指揮官自由裁量權

〈用人與授權〉

要從閱讀李維的《羅馬史》受益，我想羅馬人民與元老院的做事方法都應該加以考慮。值得考慮的事情當中，有一項是他們授予執政官、獨裁官與其他駐外軍隊首長的權限。元老院給予他們充分的授權，除了宣戰與和談之外並沒有爲自己保留其他權力，而是充分信任執政官的判斷和能力。一旦人民和元老院主戰，比方說對拉丁人開戰，他們把其餘的一切責任託付給執政官，他可以自行決定要或不要進行某一場戰役，自行判斷要對這一個或另外一個城鎭展開圍城戰。

〈法畢烏斯之例〉

許多例子可以證實我說的話，特別是他們征伐托斯卡納人的時候。執政官法畢烏斯在蘇翠附近打敗他們，接著打算率軍穿越基米納森林進入托斯卡納，他不但沒有請示元老院，甚至也沒有告知一聲，雖然得要在新的、未知的危險疆域發動另一場戰爭。這也可以從元老院對那件事所作的決定得到證實。他們判斷不要冒險去嘗試那場戰爭才是上策，因此派出兩名信使向法畢烏斯說明不要進軍托斯卡納。他們抵達的時候，他已經越過那地方並且已經得到勝利，因此他們沒有成爲戰爭的絆腳石，反倒搖身一變成爲征略成功的佈達使，也有榮耀與焉。

〔授權的妙用〕

仔細考慮這個作風的人都看得出羅馬人的運用很得體。假如元老院希望某個執政官依照授權循序漸進從事戰爭，那將會使得他少了一分戒愼恐懼的心而且時效大受影響，在他看來縱使贏得勝利也不全是他的功勞，而是要跟元老院分享，因爲他受制於他們的意見。此外，元老院還得要就自己不可能瞭解的事情提出建言，因爲他們雖然都有非常豐富的戰爭歷練，可是畢竟不在現場，有太多特定的狀況無法掌握，那卻是提出良好的建言所不可或缺的。因其如此，他們希望執政官一人作事一人擔，榮譽也應該由他獨享——他們認定榮譽心將會敦促並制約他圓滿達成任務。

〔非議威尼斯和佛羅倫斯〕

我樂於提出這一點心得，因爲我看到當前的共和國缺乏這樣的認知，威尼斯和佛羅倫斯就是現成的例子。這兩個共和國的部隊長、督察員或指揮官要安置一尊大炮，在城裡掌權的人不只是要接受告知，而且還要出主意。這樣的作法値得多少讚美，其他半斤八兩的作法就値得多少讚美，這一切合起來就把義大利帶到了當前所面臨的困局。

第三卷

〔羅馬偉人的榜樣〕

〔本卷根據李維《羅馬史》卷二到卷十所記載的事例，闡明有助於造就羅馬偉業與增進共和福祉的人格典範〕

〔1—5：改革、安定與平亂〕

第1章 教派或政權欲期長存，有必要時時回復初始的狀態

〔1〕

〔新陳代謝免於敗亡〕

世界上所有的事物都有年限，這話錯不了；但是大致上說來，只要沒有糟蹋主體，反倒是有條有理善加維護，要不是一成不變就是即使改變也是爲了保全而不是爲了損毀，都能順利走完老天設定的年限。因爲我說的是集合體，例如共和國和教派，我相信爲了回復肇建時的初始狀態所做的改變才是長保健全的措施。所以，藉由制度的一再更新，甚或經由制度以外的什麼事故達到這裡說的更新，就是確保生存之道。主體沒有更新就無法持久，這個道理比日光還要明顯。

〔2〕

〔羅馬浴火重生之例〕

正如前面所述，更新之道在於引回初始的狀態。一切教派、共和國與王國在肇建之初必定具有善因，才能獲得聲譽與成長的動力。因爲那種善在時間推移的過程中腐敗了，除非發生什麼事情使它回復

原先的狀態，主體必然敗亡。

講到人的身體，醫生說「日積月累，遲早需要治療」。至於共和國，回復初始狀態之舉無非是透過外在的變故或內在的洞察。先說第一種情況，我們已經看到羅馬被高盧人佔領，因此有機會浴火重生，並且藉著重生獲取新生命與新德性，進而恢復因受人忽視而腐朽的宗教和正義習俗。這從李維的歷史可以看得一清二楚，他陳明羅馬人出兵抵抗法軍以及創設具有執政官權力的護民官，根本就沒有舉行宗教儀式。同樣的情形，他們沒有懲罰法畢烏斯的三個兒子「違反國際法」參與對抗法軍的戰鬥，反而任命他們爲護民官。從這些事例可以一葉知秋，他們開始忽視羅穆盧斯和其他智慮周詳的君主所奠定的好制度，只求適度維繫他們自由的生活方式。於是從外頭來了這麼一場打擊，竟使得該城市所有的制度得以改弦更張，並得以向人民顯示除了有必要維繫宗教與正義，也有必要尊重傑出的公民，並且把德性看得比由於他們的作爲而使人覺得有所損失的那些利益更重要。這一點看得出來是完全成功，因爲羅馬一收復，他們隨即恢復古代宗教所有的制度，懲罰「違反國際法」而參與戰鬥的法畢烏斯諸子，接著大大推崇卡米盧斯的德性與善良竟至於盡棄一切嫉妒心——元老院和其餘的人都一樣——讓他一肩承擔共和國所有的重責大任。

因此，就像前面說過的，在任何一個制度之下共同生活的人都有必要經常自我檢討，不論是透過外在的變故或內在的機制。說到內在的機制，那必定是透過法律促使團體裡面的人進行自我檢討，不然就是由於他們當中出現賢達之士，他有德可表的作爲樹立典範，產生像法制那樣的效果。

〔3〕〔藉法律進行更新〕

共和國出現這樣的善果無非是由於某個人的德性或由於某個制度的德性。說到後者，使羅馬共和國回復初始狀態的制度包括平民的護民官、監察官以及其他抗衡人的野心與傲慢的一切法律。這一類的法制得要藉由某個公民的德性使它們起死回生，他以具體的行動奮勇抗拒違法犯紀之輩的勢力。在羅馬被法國人佔領以前，這一類具體的行動當中引人注目的包括有布魯圖諸子之死、十位公民之死[1]以及穀物商麥利烏斯之死；羅馬被佔領之後則有曼利烏斯．卡皮托利努斯之死、曼利烏斯．托夸圖斯之死、帕皮瑞烏斯．庫爾索以具體行動對付他的騎兵隊統領法畢烏斯，以及斯基皮奧兄弟受到控告。這些事情極其醒目，每發生一件就把人們往原先的狀態拉扯；到了發生的頻率越來越低的時候，人們腐敗的空間開始加大，更危險也更目無法紀。

這些法律措施從一個到另一個不超過十年的間隔期，因爲一旦超過這個期限，人們的作風開始改變，又開始犯法。除非發生什麼事情把懲罰帶回人們的記憶，而且讓他們重溫恐懼的滋味，否則很快就有許多素行不良的人聚衆滋事，竟至於處罰他們不可能沒有風險。就這一點而論，從一四三四到一四九四年統御佛羅倫斯政權的那些人總是說，有必要每隔五年就重整一次政權，否則政權難以維繫。所謂重整政權，他們的意思是讓人們重溫麥迪奇家族初掌權時帶來的恐懼與憂慮，因爲當時他們對於違

[1] 譯註：根據李維《羅馬史》3.56-8，兩人在獄中自殺，八人亡命在外。

反其權威的人嚴懲不貸。可是由於那一場整肅的記憶已遭淡忘，他們開始目無法紀，對統治者放言無忌，只有回復初始狀態才能補救。

〔憑個人從事更新〕

這樣把共和國拉回初始的狀態也可以僅僅源自某一個人的德性，無需仰賴任何法律激勵你採取行動，因為只要名望足以服眾而成為好人樂於效法而壞人恥於違背的對象，一人之德也足以風吹草偃。為羅馬提供這樣表率群倫的有霍拉提烏斯·柯可魯斯、穆替烏斯·斯凱沃拉、法布里基烏斯、德基烏斯雙傑、雷古盧斯，以及無法一一列舉名字的其他人，他們一個個在羅馬發揮法律與制度所能發揮有德可表罕見其匹的榜樣。假如前面具寫的這些措施，再加上這些特定的榜樣，在那個城市至少每隔十年就出現一次，結果必然是它永遠不會墮落；可是因為這兩種事都在遞減，墮落因而加倍。雷古盧斯之後再也看不到類似的事例。雖然後來有兩位加圖在羅馬出現，大加圖跟雷古盧斯間隔太久，大小兩位加圖也一樣，因此孤掌難鳴，無法靠個人的影響力形成風氣。尤其是小加圖，他發覺羅馬的墮落病入膏肓，要使同胞改善有如蟻撼大樹。關於共和國，說到這裡就夠了。

〔4〕

〔宗教團體的改革〕

教派也有必要進行類似的更新，從我們的宗教就可以舉出例子。要不是有聖方濟和聖多明我把它拉回初始的狀態，它早就被淘汰了。他們刻苦清貧，仿效耶穌生平，在人們心中重新點燃即將熄滅的信心之火。他們的新制度有如中流砥柱，使得神職領袖和高級教士糜爛的生活不至於把我們的教會帶向毀滅。他們清貧度日，透過告解與講道博得人們的信任，讓信眾明白對惡行說長道短是惡劣的行徑，開導他們服從高級教士就是行善，如果他們行為偏差，自有上帝審判。雖然這樣的教誨使得高級教士有恃無恐，因為他們不怕他們看不到也不相信的懲罰，聖方濟和聖多明我的更新畢竟有力挽狂瀾之功，有效維繫我們的宗教。

〔5〕

〔王國的改革〕

王國也有必要自我更新，並恢復肇建之初的法律。在法蘭西王國可以看到這麼做產生多麼好的效果，其法制之完備比任何一個王國都更井然有序。這些法律與制度是靠大理院[2]維繫的，特別是巴黎的大理院。每逢巴黎大理院採取具體的行動對抗那個王國的君主，不論起訴或譴責，法制就更新一次。該院一直到現在還是維持自主，以強硬立場對付貴族並捍衛法律。可是，如果大理院不能有始有終，如果縱容貴族為非作歹，他們得寸進尺的結果無疑是國家得要經歷大動亂才有可能加以匡正，不然就是王國整個解體。

【2】譯註：大理院是法國大革命以前舊制度下的最高法院。

〔6〕
〔本章的結論與本卷的主題〕

因此可以得出這樣的結論：不論教派、王國或共和國，在同舟共濟的社群中，首要之務莫過於恢復肇建之初的威信，以促成良好的制度和賢達之士帶來這樣的效果，而無需借助於外來的力量。外來的力量有時候雖然是最好的救濟之道，就像在羅馬的情形，卻是危險之至，最好能免則免。爲了讓大家明瞭特定人士的作爲使羅馬臻於偉大並且帶給那個城市許多良好的效果，我打算談一談他們的事蹟，並且說說我個人的感想，就以這個範圍總結第三卷，也就是我評論李維《羅馬史》前十卷的最後一部分。雖然這些國王的偉績足資稱道，不過既然這部歷史記載詳盡，我無須贅述；除非涉及他們的優點，其餘的我就略過不表。我將從布魯圖開始，他是羅馬自由之父。

第2章　適時裝瘋賣傻不失為明智之舉

不曾有人像尤尼烏斯．布魯圖那樣，因裝瘋賣傻而創造豐功偉績，被推崇爲謹愼又明智的表率。雖然提圖斯．李維說明他裝瘋賣傻只提到一個原因，那就是爲了生命比較安全而且家產有保障，然而一旦考慮到他的作風，可信他這麼裝模作樣也是爲了避人耳目，俟機對付國王並且解放祖國。他有這樣的想法，首先可以從他對於阿波羅神諭的解釋看出來。當時他裝模作樣親吻大地，認爲這麼做將會博得衆神贊同他的想法，隨後魯柯瑞替雅[1]去世的時候，他當著她的父親、丈夫以及其他親屬的面前，率先從傷口抽出匕首，要旁觀的人發誓從今以後不容許國王統治羅馬。

所有對君主心懷不滿的人都應該從這個事例得到教訓。首先要衡量自己的武力，如果勢力夠大就可以透露自己的敵對立場，公然向他宣戰，這是他們該採取的方法，因爲風險小又光明正大。但是如果武力不足以公然爲敵，那就應該盡所能跟他套交情。爲了達成這樣的效果，應該不擇手段，只要是判斷有必要，看他歡心就不妨順著他恣情隨興。這樣套交情首先就是保障你的生命安全，讓你享受那個君主的好運氣而不用擔負風險，又使你有機會滿足復仇的心意。

有人說不應該跟君主太親近，以免他們被推翻時連累到你，也不應該太疏遠，以免他們被推翻時你來不及以他們的覆亡爲你的晉身階，這話沒錯。這樣的一條中庸路能夠走到底就是康莊大道，但是因爲我相信那是不可能的，只好採取前面說的那兩個辦法——也就是說，要不是跟他們保持距離就是跟他們綁在一起。如其不然，任誰出人頭地都是危機四伏。光是這樣說還是不夠的：「我什麼都不在乎；我不求名也不求利；我寄望生活安寧與人無爭！」這樣的表白，別人就算聽了也只是當耳邊風。人一旦出人頭地，就算眞的沒有進一步的野心，只求獨善其身也是不可得，因爲沒有人會相信。就算他們想獨善其身，別人也不許他們獨善其身，因此一定要裝瘋賣傻，像布魯圖那樣瘋到底，讚美、說話、看東西、做事情，沒有一樣不違背自己的心願，只求討君主歡心。

【1】譯註：魯柯瑞替雅即莎士比亞長篇故事詩《魯克麗絲受辱記》的女主角，詩中稱Lucrece。

既已談過布魯圖這個人在恢復羅馬自由的過程中表現周詳的智慮，接著就來談談他維護那個自由的嚴厲作風。

第3章　要維護新獲得的自由，必須殺死布魯圖諸子

布魯圖爲羅馬爭取到自由之後，以嚴厲的措施維護新獲得的自由不但有用，而且有必要。看到父親坐在審判席上，不只是判決自己的兒子死刑，而且留在他們伏法的現場[1]，這樣的例子在文獻上難得一見。讀過古代文獻的人都瞭解，政權改變，不論是共和變成專制或是專制變成共和，有必要大張旗鼓懲處敵視新秩序的人。實施專制卻不殺布魯圖，或是創造自由的政體卻不殺布魯圖諸子，兩者同樣維持不了多久。既然我在別個地方已申論過這個主題，這裡只舉出當今發生在我們的祖國一個令人難忘的例子。

我說的是皮埃羅・索德瑞尼，他相信憑自己的耐心與善良就能克服布魯圖諸子恢復舊政府的心願，事實證明他根本欠缺自知之明。他的聰明才智看得出我說的這件事必其必要，雖然機運和打擊他的那些人給了他殲滅他們的機會，可是他下不了決心這麼做。除了相信自己能夠憑耐心與善良消除野心份子的

【1】譯註：尤尼烏斯・布魯圖參與驅逐塔昆家族，接著在羅馬建立第一個共和政體（公元前約五一〇），當上執政官，卻面臨自己的兒子們參加失勢政客的陰謀。

惡性，也能夠以獎賞感化別人對他的敵意，他還經常在朋友面前宣稱，如果要用激烈的手段擊垮政敵，他得要掌握非常的權力，得要破壞保障公民平等的法律，這一來，即使他不會繼續使用這些手段實施專制，卻也足以產生寒蟬效應，使他們在他去世以後也不敢任命終身職的司法行政長官，偏偏那是他認爲值得維持並加以發揚光大的一個制度[2]。

皮埃羅的顧慮既明智又善良，可是善良處在惡勢力高漲的情況下，他千不該萬不該爲了善念而縱容惡行。既然他的作爲與心意得要根據最後的結果來評斷，他應該相信如果他能保住性命，而且機運對他友善，證實他所作所爲乃是爲了祖國的安全，而不是爲了他自己的野心，那麼他大可善加規劃，俾使他的接班人不至於利用他行善的手段爲非作歹。可是他受到成見的誤導，他不曉得惡性不是時間所能馴服，也不是恩惠所能安撫。結果竟至於，因爲不曉得效法布魯圖，他不只是喪失權力，連聲譽也賠掉了。

維護自由的政體有其困難，維護君權也不容易，下一章將會說明。

【2】譯註：佛羅倫斯人在一五〇二年八月把司法行政長官（即執政團主席）的任期從兩個月延長為終身職，將之授與皮埃羅·索德瑞尼，也就是馬基維利的雇主。

第4章 如果被推翻的人留下活命，君主在自己的國內不會有保障

塔昆．普瑞斯庫斯因安庫斯諸子而死，塞爾維烏斯．圖利烏斯因高傲者塔昆而死。這兩件命案顯示，在王國發起政變卻留給退位者一條活路有多麼危險，就算設法收買他也是枉然。塔昆．普瑞斯庫斯受到蒙蔽，因爲他相信自己合法擁有王國，畢竟那是人民授與又得到元老院確認的。他也不相信安庫斯諸子會如此憤慨，竟至於對整個羅馬都感到滿意的事心懷不滿。塞爾維烏斯．圖利烏斯欠缺自知之明，竟然相信自己收買得了塔昆諸子。

所以，每一個君主都可以從塔昆．普瑞斯庫斯之死得到警惕，只要被推翻的人還活著，他的性命永遠沒有保障。塞爾維烏斯．圖利烏斯之死則可以提醒每一個掌權的人，新的利益永遠壓不過舊的傷害，新利益彌補不了過去的傷害時更是如此。毫無疑問，塞爾維烏斯．圖利烏斯幾乎沒有智慮可言，竟然相信塔昆諸子會安分當他的女婿而不計較他們原本是應該當國王的。

權力慾深入人心，不只是可望繼承王位的人如此，其他的人也一樣。就像年紀輕輕的塔昆之妻，也就是塞爾維烏斯的女兒。她狂熱薰心，不顧親情倫常，嗾使丈夫反對她自己的父親，奪走了父親的性命與王國。在她的心目中，當王后遠勝過當國王的女兒。因此，如果說塔昆．普瑞斯庫斯和塞爾維烏斯．圖利烏斯失掉王國是由於不曉得如何防備被他篡奪王位的人以保障自己的安全，那麼高傲者塔昆失掉王國是因爲沒有遵守歷代國王的古制，正如下一章要說明的。

第5章　王位繼承人因何喪失王國

高傲者塔昆殺了塞爾維烏斯．圖利烏斯，後者沒有子嗣，他安安穩穩坐擁王國，不必擔心前車之鑑。雖然這種奪取王國的模式非屬常態而且引人憎惡，可是假如他遵循歷代國王的古制，大家還是可以相忍爲安，不至於勞駕元老院和平民齊來聲討非要他放棄政權不可。因此，他慘遭驅逐不是因爲他的兒子塞克圖斯強暴魯柯瑞替雅，而是因爲他破壞王國的法律並且施行專制統治，正如他剝奪元老院所有的職權，自己一手包攬。一向在會議場合由羅馬元老院認可的事務，他帶回王宮處理，惹來怨聲載道。於是，沒多久之後，他剝奪了羅馬在歷代列王統治下都能享有的自由。與衆元老爲敵還不夠，他還以低賤的事情操勞平民，激怒他們，逼得他們揭竿起義，作風跟他的前任者完全不一樣。他就這樣在羅馬塡塞殘忍與驕傲的事例，也在全體羅馬人的心中醞釀抗暴的精神，只待恰當的時機出現。假如沒有發生魯柯瑞替雅的事故，別的事情也會有同樣一發不可收拾的效果。假如塔昆像其他國王那樣安分守己，那麼就算他的兒子塞克圖斯犯同樣的錯，布魯圖和科拉廷努斯在處置塞克圖斯的罪行時，訴請的對象或許會是塔昆而不是羅馬人民。

君主因此可知，他們開始破壞人們自古以來沿襲的法律、習俗與傳統的那一刻，他們政權的基礎就開始腐蝕了。如果他們在政權被剝奪之後變得比較謹愼，從而瞭解到治國有道可以輕鬆到什麼程度，他們會更加痛心自己的損失，自責之深遠超過別人的譴責。爭取好人的愛心遠比爭取壞人的愛心容易得多，同樣的道理，服從法律遠比試圖支配法律容易得多。他們如果想瞭解維繫政權之道，其實並不難，只要以明君的生平爲鑑，例如科林斯的提莫列翁、西庫翁的阿拉圖斯之類的人物。在他們的生平可以發現統治者與被統治者相安無事又彼此知足，效法之心將油然而生，這種事輕而易舉，理由已如前述。人們受到良好的統治，自然別無所求，不會尋求別的自由，前面提到的那兩個人所統治的人民就是這樣，而他們兩位都是不得已才在有生之年當上君主，雖然一再表明想要告老回歸平民的生活。

由於本章與前面兩章提及民衆對於君主的不滿之情，以及布魯圖諸子背叛祖國的陰謀，還有謀反塔昆·普瑞斯庫斯和塞爾維烏斯·圖利烏斯等事，下一章詳細申論陰謀這個主題在我看來並不離題，因爲這當中有値得君主與民衆注意之處。

〔6：論陰謀〕

第6章 論陰謀

〔1〕

〔引言〕

對於陰謀存而不論在我看來並不妥當，因為這種事對君主和民眾同樣危險；許多君主因此而喪失性命與政權，比公開的戰爭造成的還要多。能夠對君主公然宣戰的咸認是少數，能夠陰謀對付他們的可是人人有可能。在另一方面，由於陰謀的每一個環節都困難重重而且危機四伏，民眾舉事沒有比這更危險或更大膽的了。因其如此，陰謀事件層出不窮，心想事成的屈指可數。為了讓君主對於這樣的危險有所防範，也讓民眾在參與這種事之前三思——其實也是讓他們在命運所安排的治權之下學會生活知足——我打算詳細申論，不忽略這雙方所涉及的任何值得重視的情況。科內利烏斯．塔西陀拈出的可真是金玉良言，他說我們必須尊重過去，並且接受現狀；又說應該盼望好的君主，但是對任何君主都應該安之若素。誠然，任誰反其道而行通常是毀了自己也毀了祖國。

〔2〕

〔以君主為對象的陰謀〕

言歸正傳，首先考慮陰謀的對象，我們將發覺陰謀無非是針對國家或針對君主，這兩者就是我現在打算辨明的，因爲把城市出賣給圍攻的敵人或是類似的陰謀已在前面充分討論過。我們將在這開始的部分討論針對君主而發的陰謀，並且先檢討其原因。

〔主因為君主激起全民的痛恨〕

陰謀對付君主的原因不一而足，最重要的一個是君主引起公憤。我們可以合理推論，君主激起民怨沸騰必定是因爲有人飽受欺凌因而亟欲報仇雪恨。這一股慾望會因爲當事人看到大衆對他懷有普遍的惡感而變本加厲。因此，君主應該避免私怨，至於怎麼避免，因爲我在別個地方討論過了，這裡就不再多說。如果能夠避免這一點，只是得罪人倒也不至於造成四面楚歌的局面。第一個理由是，就算有人自認爲遭受大傷害而非要冒大險加以報復不可，遇到這種人的機會並不多；另一個理由是，就算有這樣的勇氣和權勢，他們看到君主擁有普遍的愛戴也會知所節制。

〔個別受害之例〕

傷害必定離不開財產、性命或榮譽。威脅要殺人比眞的殺人流血更危險；威脅確實非常危險，眞的流血反倒沒有那麼危險。箇中道理不難瞭解：死人不可能想到復仇；還活著的人才會讓你惦記著復仇的事。但是受到威脅又看出自己迫於形勢只能就採取行動或隱忍不發擇一而行的人對君主可就是非常危險，下文將會具體說明。

除了前面說的必然之事，財產和榮譽是比其他令人難堪之事更讓人覺得情何以堪的兩件事，君主務必要防範。君主不可能把一個人徹底搜括，使他連伸冤雪恥的匕首也不可得，也不可能把人作踐到連復仇的決心也涓滴不存。男人可能被剝奪的種種榮譽當中，最嚴重的是涉及家裡的女人，其次是個人的尊嚴受損。許多人拿出兵器對付自己的君主，像波撒尼亞斯對付馬其頓的腓力，都是因此而起。在我們這個時代，居里奧．貝蘭替陰謀背叛錫耶納的專制君主潘多否只有一個原因：潘多否原本答應把一個女兒嫁給他，後來卻變卦，正如我們到時候會交代的。帕齊家族陰謀背叛麥迪奇家族，最主要原因是鳩凡尼．邦若梅的繼承權，麥迪奇一道命令剝奪了帕齊的權利。

〈謀反專制君主〉

使人謀反君主還有個原因，而且是一大主因，就是要解放被篡奪的祖國。布魯圖和卡西烏斯謀反凱撒，數不清有多少人謀反法拉瑞斯和狄奧尼修斯等竊據祖國的暴君，都是這個原因。暴君無從防範這樣的民心向背，除非放棄專制。正因爲不曾有暴君放棄專制，他們幾乎都沒有好下場。所以朱文納有這樣的詩句：

黃泉路上罕見君主無傷口，
專制暴君屍身乾爽也罕見。

〔一人謀反〕

正如我說過的，謀反所涉及的危險無以復加，因爲整個過程險象環生，策劃時如此，執行時如此，執行後也一樣。謀反無非是單獨行動或多人聯手。如果個人單獨行動，那就不能說是陰謀，而是個人殺死君主的決心。這樣的一個人避免了密謀起事三重危險中的第一個危險；既然他的秘密不爲人知，執行之前自無危險可言，也無需擔負謀反計畫傳入君主耳朵的危險。這樣的決心有可能出自任何一種人，不限於大人物或小老百姓，不限於貴族或平民，也不限於君主是不是認識，因爲每一個人都有可能同他交談，有機會交談就有機會放手一搏。前文提過的波撒尼亞斯殺了馬其頓的腓力，就在腓力前往神廟途中，兩邊分別是兒子和女婿，四周還有一千名武裝的人。他出身貴族又是君主認識的人。有個西班牙人，貧窮又卑微，把刀子架在西班牙國王斐迪南的脖子上，雖然傷口沒有致命，卻看得出他有勇氣也有機會下手。有個德爾維希[1]，是土耳其僧侶，對著當今的土耳其之父巴雅傑抽出彎刀[2]；他沒有傷到他，不過他確實有勇氣與機會遂行所願。有勇氣想要這麼做的人，我相信不在少數，因爲這沒什麼危險，也不會受罰，雖然敢於採取行動的是少數。採取行動的那些人當中，能夠逃過死難的寥寥無幾，所以明知死路還要硬闖的人屈指可數。

【1】譯註：德爾維希，dervish，即托缽僧，指伊斯蘭教蘇非派教團的成員。
【2】譯註：指有「土耳其至尊」之稱的謝里姆一世。此處說的謀刺之事發生在一四九二年。

〔3〕

〔弱勢者的陰謀〕

且不談那些個人的意願，來看看多人聯手謀反的事吧。我說史書所見的一切陰謀都是出自大人物或君主身邊的人。其他的人，除非瘋到極點，根本不可能謀反，因爲出身寒微以及和君主不熟悉的人根本就沒有遂行陰謀所必要的希望與機會。首先，出身寒微的人找不到能夠跟他們維持同樣信心的人，因爲沒有人會認同他們鋌而走險的心願。一旦成員增加到二或三人，只要有人告密就全毀了。就算他們慶幸一直沒有人告密，執行時也是困難重重，因爲接近君主並不容易，在執行的階段要想不失敗是比登天還難。身居高位的人容易接近君主，如果連那樣的人都會因下面即將說明的困難而被壓制，那麼缺少這些便利的人勢必增加無數困難。人一想到性命與財產就會明哲保身，知道自己勢單力薄自會三思，就算對君主感到不滿，頂多在心裡咒罵幾句，寧可等待比自己地位高的人出面伸冤。因此，如果有人不自量力做這樣的事，心意雖然可嘉，智慮實不足取。

〔強勢者的陰謀〕

怪不得發動陰謀的人向來都是身居高位，不然就是君主身邊的人。他們發動陰謀的動機，貪圖利益不下於受到傷害，像佩瑞尼烏斯反叛康茂德、普勞提阿努斯反叛塞維魯斯、塞揚努斯反叛提必略都是。這些人一個個從他們的皇帝得到高官、厚祿與尊榮，擁有一人之下而萬人之上的權力，除了版圖樣樣不缺，可他們就是這一點不知足而起了謀反君主之心。這一切陰謀的下場全都匹配忘恩負義的行徑。

類似的情形在近世只有一個成功的例子，就是亞寇剖·德·阿皮安諾謀反比薩的君主甘巴廓愓大人。亞寇剖雖然是由甘巴廓愓大人撫養長大，得到他鼎力扶持，因爲他而獲得名望，卻奪走了他的政權[3]。在我們這個時代，科波拉謀反阿拉貢的斐迪南也屬此類。既已位極人臣，他覺得自己除了王國樣樣不缺，卻因爲不知足而丟了性命[4]。如果說位高權重的人謀反君主可望成功，那應該是因爲謀反的人可以說就是另一個王，有太多得逞的機會。可是使他盲目的權力慾也會使他在遂行陰謀時盲目行動。假如他們知道做壞事時也應該謹慎行事，失敗談何容易。

〈君主應當提防受恩人〉

所以說，君主如果有心防備陰謀，應當提防得到他寵任的人更甚於提防受到他傷害的人，因爲就算這兩種人的動機同樣強烈，可是後者缺少機會，前者則機會多的是。權力慾和復仇慾半斤八兩，因此，君主提拔親信，授予權力務必預留空間，好讓他的慾望有個緩衝地帶，否則很難避免上面說的那些事情發生。不過還是言歸正傳吧。

【3】譯註：亞寇剖於一三九二年刺殺甘巴廓愓。

【4】譯註：科波拉於一四八七年被斐迪南處死。

〈4〉

〈陰謀三險〉

既然陰謀者必定是位高權重而容易接近君主的人，有必要斟酌他們密謀反叛的結果如何，看看他們成功或失敗的原因何在。正如前面說過的，陰謀行動的危險有三個階段：行動之前，行動時，行動之後。很難平安渡過這些階段，因此成功的事例很少。

〈準備階段的危險〉

先來討論行動前的危險，這個階段的重要性不言而喻。我認爲策劃陰謀的人要做到事機不外洩，得要非常謹愼而且運氣很好。洩密無非是因爲有人告密或啓人疑竇。告密之舉源於知情的人誠信有虧或不夠謹愼。誠信有虧的情形並不少見，因爲你不可能隨便讓別人知道這件事，除非是你相信願意爲你犧牲性命或是對君主不滿的人。信得過的人或許找得出一兩個，可是牽涉到更多人的時候，不可能每一個人都讓你信得過。其次，就算危險和對於懲罰的恐懼沒有把他們嚇跑，他們也得要對你有非凡的愛戴。再其次，說到別人對你的愛戴，人在這方面最容易受到蒙蔽，你也無從確定你自己的判斷是否可靠，除非經過考驗。可是要考驗別人對你的愛戴，這是非常危險的。即使你認爲通過考驗了，可是在某個危險的情境對你盡忠並不保證面臨更大的危險時依然對你盡忠。再說，你如果以爲可以根據那個人對君主的不滿衡量他對你的忠誠，那就大錯特錯了，因爲你一旦對那個心懷不滿的人推心置腹，你正中他的下懷，要在這樣的情況下維繫他對你的忠誠其實非常困難，除非他對君主的積怨夠深，或是你對他的影響力夠大。

〔5〕

〔事機之敗洩〕

因其如此，陰謀事件多的是在初始的階段就被揭發接著被壓制，也因此許多共謀的人長期守密被視爲奇蹟，就像以前皮叟謀反尼祿以及在我們這個時代帕齊家族謀反麥迪奇家族的羅倫佐和朱利安諾·德兩兄弟。知道這件事的人超過五十個，居然在起事之前都沒有走漏風聲。至於不夠謹慎而走漏風聲的，那是因爲陰謀事件的主事者不夠謹慎，被奴隸或是其他不相干的人聽到，就像布魯圖諸子所發生的情況，他們在跟塔昆的使臣密謀時，奴隸聽到之後去檢舉；不然就是輕率告訴你所鍾愛的女人或小孩，或是其他同樣不可靠的人，就像丁努絲那樣，她參加菲洛塔斯謀反亞歷山大大帝之事，把陰謀說給他喜歡的男人尼科馬庫斯聽，尼科馬庫斯立刻告訴他的哥哥凱巴里努斯，凱巴里努斯則告訴國王。

〔因啓人疑竇而洩密〕

至於因啓人疑竇而洩密，皮叟謀反尼祿就是個例子。謀反者之一斯凱維努斯在打算刺殺尼祿的前一天寫了遺囑，然後交代他的獲釋奴隸磨利一把老舊生鏽的匕首，釋放所有的家奴並且給他們錢，還準備包紮傷口用的繃帶。根據這些蛛絲馬跡，米里庫斯知道有這麼一件事，因此向尼祿密告。斯凱維努斯被捕，同時被補的納塔里斯在前一天被人看到和他偷偷摸摸交談許久，他們兩人對於密商之事說法不一致，對質之下被迫招認實情，陰謀就這樣眞相大白，參加的無人倖免一死。

〈6〉

〈守密得要有勇氣〉

一旦知情人士的數目超過三個或四個，要想防範惡意、粗心或輕率以保護自己免於這些導致陰謀洩密的原因，那是緣木求魚。只要他們當中被捕的超過一個人，紙就包不住火了，因爲兩個人的說詞不可能完全一樣。如果他們當中只有一個人被捕，而他又夠堅強，那麼他是有可能堅決不透露共犯；可是共謀的人得要同樣堅強才能嚴守口風或立場而不至於暴露形跡，否則已被逮捕的和未被逮捕的任何一方都有可能因堅持不下去而揭發整個陰謀。提圖斯．李維引述反叛敘拉古國王耶羅尼睦斯的陰謀事件，共犯之一的泰奧多若斯有大德可表，被捕之後堅不吐露共犯，反倒指控國王的朋友。在另一方面，那些共犯全都相信泰奧多若斯的德性，竟然沒有人離開敘拉古或表露恐懼的跡象。

〈預防之道在於即時行動〉

策劃陰謀事件在化爲行動之前得要經歷前面說的種種危險。要想全身而退，有三個對策。第一個，也是最保險的對策，其實是唯一比較好的一個，是不要讓共犯有時間告發你，等到臨下手才讓他們知道，千萬不能事先透露。做得到這一點的人肯定在策劃階段不會有安全上的顧慮，同時也差不多可以避免其他的危險；這種人眞的都能達到目的，智慮周詳的人將會視其爲可行之道。我想舉出兩個事例就夠了。

〈7〉

涅列馬圖斯無法忍受埃皮魯斯的專制君主亞里斯托替睦斯，在家中聚集許多親友，敦促他們解放祖國，當中有的說需要時間考慮並安排後事。於是涅列馬圖斯要他的僕人把門上鎖，對著他召集前來的人說：「你們要嘛發誓現在就動手，要不然我把你們當犯人押到亞里斯托替睦斯面前。」這句話起了作用，他們全體發誓，片刻也沒耽擱，圓滿執行涅列馬圖斯的命令。有一個馬古斯[5]竄奪波斯人的王國，該王國的一個大人物奧塔內斯知道其中有詐，揭發實情；他召集那個政權的其他六位豪傑共同會商，說他要為王國復仇，要推翻那個馬古斯的暴政。有人問起義的時間，奧塔內斯召集的六豪傑之一大流士站出來，說：「要嘛現在動手，不然我就去檢舉。」就這樣，大家一條心，不留時間讓人有反悔的機會，他們圓滿執行既定的計畫。跟這兩個例子類似的有埃托利亞人刺殺斯巴達專制君主納比斯所採取的方式。他們派遣名叫亞歷薩梅努斯的公民帶著騎兵三十人和步兵兩百人，以馳援作掩飾；內情只告知亞歷薩梅努斯一個人，其餘的人則以流刑要脅，強制聽命於他。他前往斯巴達，一直到最後的一刻始終守口如瓶，就這樣殺了他，圓滿達成使命。這些人靠這些方法避免了策劃陰謀時如影隨形的危險，任誰效法他們也一定避免得了。

〔8〕

〔皮叟謀反尼祿〕

為了說明每一個人都可以像他們那樣，我想舉皮叟為例，就是前面引述過的例子。皮叟位居要津、

【5】譯註：馬古斯是波斯帝國祭司階級（Magus）的成員。

名聲響亮而且與尼祿過從甚密，深得他的信任。尼祿常去他的庭園跟他一起進餐。皮叟有機會結交有勇氣、有豪情也有意向執行此一任務的人，這對大人物是輕而易舉。皮叟趁尼祿在他的庭園時，把計畫說給自己的朋友聽，用適當的話激勵他們去做他們沒有時間拒絕而且想要不成功都不可能的事情。因此，如果把陰謀事件都拿來檢討，將會發覺不能用同一個方式完成的少之又少。但是一般人由於對世事的瞭解非常有限，常犯大錯。尋常事尚且如此，非比尋常的事更不在話下，就像實現陰謀這種事。

〈避免留下證據〉

所以除非必要而且動手在即，這事千萬不能告訴別人；如果你眞的想說，只說給一個人聽就好，而且那個人必須是你長期交往或是跟你有同樣的理由。找這樣的一個人比找更多這樣的人要容易得多，而且危險也少了許多。再說，就算他蒙蔽了你，你還可以有自衛的對策，如果共謀的人數很多就不可能亡羊補牢了。我聽過智慮周詳的人說，只有對單獨的個體你才可以無話不說，因爲只要你不至於留下字據，一個人的否認和另外一個人的斷言是等值的。

爲了自衛應該避免留下字據像避開暗礁。普勞提阿努斯想要置羅馬皇帝塞維魯斯和他的兒子安東尼努斯於死地，他把這事交給護民官薩圖尼努斯，後者因爲想檢舉而沒有從命，又怕兩人對質時對方比自己更能取信於人，於是要求他親手寫字條確證指令。普勞提阿努斯因野心而盲目，照他的話寫了字條，接下來就是他遭到護民官的檢舉而被定罪。要不是那張字條和其他的證據，普勞提阿努斯矢口否認或許會佔上風。所以說，沒有字據或其他證據可以把你定罪時，就算有人檢舉也還有補救之道，人就是應該這樣自保。

〔9〕

在皮叟陰謀案中有個女人名叫埃琵卡瑞絲，曾經是尼祿的情婦。依她的判斷，爭取到尼祿留作侍衛的一個三層划槳戰船的船長加入共謀將大有助益。後來那個船長背信，向尼祿告發，埃琵卡瑞絲矢口否認，竟使得尼祿不明所以，並沒有對她治罪。因此，只告訴單獨一個人有雙重危險：一個是，他罪證確鑿檢舉你；另一個是，他由於形跡可疑而遭逮捕，被定罪後不耐酷刑而供出你的名字。不過這兩個危險都有救濟之道，比方說可以用對方挾怨報復加以否認，也可以指陳對方因受脅迫而誣告。因此，謹愼之道在於緊守口風，行事務必根據前面舉出的例子；如果非說不可，不要超過一個人，這樣風險雖然較大，但比起讓很多人知道還是小得多。

〔10〕

〔先下手為強〕

跟前面說的情況類似的是，形勢逼你對君主做出你認爲君主會對你做的事，形勢緊急竟至於除了想到自己的安全，你根本沒有多餘的時間。這樣的形勢幾乎總是能夠達成預期的目標。我想舉兩個事例來證明就夠了。羅馬皇帝康茂德任命列圖斯和埃列土斯爲御林軍統領，把他們當作至交密友；他又把馬姬雅納爲主要的嬪妃或情婦。這三個人有時候指責他待人不厚道，使皇位蒙羞，他決定要除掉他們。他打算動手的前一夜列出馬姬雅、列圖斯、埃列土斯以及另外一些人的名單，把名單擺在床鋪的枕頭下。

他去洗澡的時候，他鍾愛的一個男孩在臥室和床上玩耍，無意中發現那名單。這男孩拿在手上走出去，遇見馬姬雅，後者搶過來，一看就明白內容，立刻派人去找列圖斯和埃列士斯。他們三人都瞭解處境危急，決定先下手為強。他們劍及履及，在第二天晚上殺了康茂德。

〔11〕

羅馬皇帝安東尼努斯．卡拉卡拉跟他的軍隊在美索不達米亞，指定馬可瑞努斯當他的長官[6]，後者文質彬彬，不像個軍人。事情總是這樣，昏君知道自己不會有好下場，老擔心有人會對他做出他罪有應得的事，於是安東尼努斯寫信到羅馬給他的朋友馬特尼阿努斯，要他去問問占星術士是否有人覬覦皇位，務必讓他知道結果。馬特尼阿努斯回信說馬可瑞努斯就是覬覦皇位的人。這封信傳抵皇帝之前先由馬可瑞努斯經手，因此他瞭解形勢危急，要不是在羅馬再度來函之前殺死他，就是自己等死，於是指派百夫長馬提阿利斯去殺他。馬可瑞努斯信得過馬提阿利斯，因馬提阿利斯的手足幾天前才被安東尼努斯殺死。事情進行得非常順利。

由此可知迫於形勢劍及履及所產生的效果幾乎等同於我在前面所說伊庇魯的涅列馬圖斯所採取的動作。同時還可以明白我在本章開頭說的，比起傷害屬下，威嚇屬下帶給君主的傷害更大，更會引發實質的陰謀事件。君主為了自保應該避免威嚇。要嘛安撫，要嘛提防[7]，切忌把他們逼上你死我活的絕路。

【6】譯註：長官，prefect，古羅馬地方行政長官（praetor）指定的助手。

【7】譯註：見《君主論》第三章。馬基維利的自保之道，通常是以暴力剷除對方的加害能力。

〔12〕

〔執行陰謀時的危險〕

至於執行陰謀時所面臨的危險，起因無非是改變計畫，或執行的人欠缺勇氣，不然就是執行的人因爲不夠謹慎而出了差錯，或應該趕盡殺絕卻留下活口而功虧一簣。說到擾亂或阻礙行動，最嚴重的是措手不及竟至於得要瞬間改變計畫，因而打亂了原先安排的步驟。如果問這樣的改變在什麼場合帶來混亂，可以說戰爭以及我們現在說的陰謀事件都會。在這一類的行動中，最要緊的莫過於堅決執行分配到的任務。如果某個方式或某個步驟盤算了許多天，然後突然間變更，要想避免牽一髮而動全身又不至於全盤皆輸是不可能的，所以最好是依照既定的程序，即使這麼做有不便之處，總勝過爲了壓制一端而扯出千頭萬緒。這是針對沒有時間重擬計畫的情況說的，因爲有時間就能夠依自己的方法安排。

〔13〕

〔帕齊謀反麥迪奇因計畫變更而失敗〕

帕齊謀反麥迪奇家族的羅倫佐和朱利安諾．德兩兄弟的事廣爲人知。原訂的計畫是帕齊邀請樞機主教聖焦爾焦舉行早餐會，在早餐時殺死他們兩兄弟，誰下手、誰佔領市政大廈以及誰上街頭號召人民響應自由全都安排好了。無巧不成書，帕齊家族、麥迪奇家族和樞機主教齊聚佛羅倫斯大教堂舉行重要的儀式時，消息傳來說當天早上朱利安諾不在那裡跟他們共同用餐。於是共謀的人緊急會議，決定把原本計畫在麥迪奇家做的事改到教堂。這一來整個計畫亂掉了，因爲蒙泰塞科不想牽扯命案，推說他不想在教堂下手。於是每一個步驟的人手都得要重新安排，結果倉促舉事破綻百出，在執行的階段被制服了。

〔14〕〔因怯場而失敗〕

執行陰謀時臨場退縮無非是由於敬畏打算暗殺的對象，或是由於執行者本身懦弱。君主的排場是那麼的莊嚴，令人肅然起敬，執行者很容易因而意志動搖或畏縮不前。馬略被明圖奈人逮捕之後，一個奴隸奉命去殺他，後者看到他又想起他的名字就嚇壞了，根本提不起勇氣下手。暗殺的任務如果交給運氣壞得抬不起頭的囚犯，那麼一身自由的君主配上堂皇的儀表、華麗的服飾和簇擁的扈從該佔有多大的優勢！這樣的排場就算嚇不倒你，一句親切的問候也足以軟化你謀刺的決心。

有人密謀反叛色雷斯王席塔凱斯，敲定了行動的日子，齊聚敲定的地點。君主就在那地方，可是沒有一個人敢動他一根汗毛，就這樣大家散伙了仍然什麼事也沒發生，也不曉得什麼事礙著了他們，大家交相指責。他們多次錯失這樣的良機，到最後陰謀被揭發，他們以弒君未遂犯受到制裁[8]。費拉拉公爵阿方索的兩個手足共謀反叛他，利用他的司祭兼樂長[9]賈內斯作線民。他在他們的請求下多次把公爵帶到他們面前，方便他們動手殺他。儘管如此，從來就沒人敢下手，後來事機敗洩，他們因爲圖謀不軌又欠缺智慮而受到制裁。這樣三心兩意必定是由於君主的儀表使他們不知所措，不然就是君主的仁慈使他

【8】譯註：席塔凱斯在位期間為公元前四四〇到四二一年，不過此處所述的陰謀事件找不出根據。
【9】譯註：樂長，教堂中聖歌的領唱者。

們自形慚穢，除此之外不可能有別的理由。在這一類的行動，窒礙或失誤是隨著智慮不周或勇氣不足而發生的；這兩者使你動彈不得，一旦因此而心慌意亂，你的言行不免失常。

〔15〕

〔刺客心慌事必敗〕

這樣動彈不得又心慌意亂，提圖斯·李維闡述之精闢莫過於描寫埃托利亞人亞歷薩梅努斯有意刺殺納比斯，就是我們提過的那個斯巴達專制君主。到了動手的時間，他已向他的人手透露具體事項，這時候，提圖斯·李維是這麼說的：「他本人一鼓作氣，想到這件大事卻心慌意亂」（35.35）。在這樣的情況，任誰要想不心慌意亂都是不可能的，即使勇氣夠也習慣了死亡和殺人的場面[10]。所以說應該選擇在這方面有經驗的人，而且絕不信任其他的人，不論他被認爲有多麼勇敢。茲事體大，沒有經驗的人無法確保成功。一旦心慌意亂，凶器可能掉落地上，或使人說出產生相同後果的事。康茂德的姊妹魯姬臘交代昆提阿努斯殺康茂德。他在圓形競技場的入口守候康茂德，持裸匕首逼近他，喊道：「元老院送給你的！」這一喊，他還沒下手就被逮捕了。安東尼奧·達·沃爾泰拉大人，就像前面說過的，被推派刺殺羅倫佐·德·麥迪奇，在逼近他的時候說「叛徒」——這話成了羅倫佐的救命符，也斷送了那樁陰謀。

【10】譯註：莎士比亞在《馬克白》劇中描寫馬克白弒君前後的心理反應，簡直就是為馬基維利觀察所得下註解。

〈對付兩個君主的陰謀案〉

基於前述的理由，陰謀對付一個統治者難能做到天衣無縫。陰謀對付兩個統治者則不只是不容易，幾乎可以說是必敗無疑。同一個時間在不同的地點進行類似的行動，這幾乎是不可能的；如果不希望一案破壞另一案，千萬不要同時進行。所以，如果說謀反一個君主是魯莽又危險，謀反兩個則根本就是異想天開。如果不是基於對歷史學家的尊重，我絕不相信會有耶羅狄安所說關於普勞提阿努斯的事，也就是說他託付百夫長薩圖尼努斯獨力殺死塞維魯斯和安東尼魯斯——他們住在不同的地方。這樣的說法太不合理了，因此這個權威以外的說法我統統不相信。

〔16〕

有幾個年輕的雅典人共謀反叛雅典的專制君主狄奧科列斯和希皮雅斯。他們殺死了狄奧科列斯，倖免於難的希皮雅斯後來為他報了仇。基翁和列奧尼達斯這兩個海拉克利亞人，都是柏拉圖的弟子，共謀行刺克里阿庫斯和薩替魯斯這兩個僭主；他們殺死了克里阿庫斯，倖免於難的薩替魯斯後來為他報了仇。我們多次引述的帕齊家族只殺死麥迪奇兄弟中的朱利安諾。所以說，應該避免像這一類對付多個統治者的陰謀，因為對於自己、祖國或任何人都沒有好處。實情是，大難不死的反而會比以前更殘酷，就像佛羅倫斯、雅典和海拉克利亞所看到的情形，我在前面都提過了。

誠然，佩洛皮達斯為了解放祖國底比斯而進行的陰謀事件集所有的困難之大成，因為他行刺的對象不是兩個僭主，而是多達十個，卻圓滿達成目標。他不只是不受信任，要想接近僭主是難上加難，而且他還是個叛亂份子。儘管如此，他還是有辦法來到底比斯，殺死衆僭主，解放祖國。不過他所做的這一切無不得到衆僭主的參謀卡容的協助，因此他才方便行動。應該不至於有人拿他當榜樣，因爲那是不可能的任務，會成功是奇蹟，怪不得自古以來稱頌這件事的作家異口同聲說是稀罕而且幾乎是孤例。

〔密謀者疑神疑鬼而敗事〕

這一類的行動可能在執行的過程中因疑神疑鬼或無從預見的事故而難以爲繼。布魯圖一伙打算刺殺凱撒的當天早上，無巧不成書，凱撒和共謀之一的格奈烏斯．波皮利烏斯．列納圖斯有個長談；其他人看他們談那麼久，以爲現在說的這個波皮利烏斯已把陰謀透露給凱撒。他們正打算就在那個地方殺凱撒，而不是原先計畫的等到他進入元老院；如果還沒談完，他們當時就動手了，後來因爲看到凱撒沒有什麼不尋常的動作，這下子他們總算心中的石頭落了地。這樣的疑神疑鬼是該加以考慮，不能掉以輕心；因爲不易避免，所以更要這樣。任誰良心有污點都容易以爲別人在說他，聽到風馬牛不相及的一句話就挫了你的銳氣，使你以爲是衝著你說的。這一來，你要不是落跑因而暴露陰謀，就是倉促行事而打亂計畫。這在有許多人知道陰謀內情的時候更容易發生。

〔17〕

〔突發狀況也可能洩露陰謀〕

至於意外事故，因爲是預料不到的，除非舉實例說明，否則無法使人心生警惕引以爲鑑。錫耶納的居里奧．貝蘭替，就是我們在前面提到的同一個人，對於潘多否忿恨不平，因爲後者原先答應把女兒許配給他卻變卦，決定殺他，並且選定如下所述的這個時間。潘多否向來幾乎天天去探視一個殘障親戚，都會途經居里奧的住家。於是，看準了這一點，他交代殺手在屋內守候，利用潘多否路過時動手殺他；他們帶著凶器在出入口埋伏，另外安排一個人在窗口，以便潘多否走近出入口時他可以打手勢通知。說來湊巧，就在潘多否走過來而那個人打了信號的時候，他遇見一個朋友，停了下來；隨行的人當中有幾個繼續往前走，看到也聽到凶器的聲響，識破埋伏，於是潘多否逃過一劫，居里奧和他伙伴不得不逃離錫耶納。這個不速之客意外防止刺殺行動，也使得居里奧功虧一簣。由於這樣的意外非常罕見，不可能有什麼對策。即便如此，還是有必要全面檢討可能的情況及其對策。

〔18〕

〔行刺之後的危險〕

現在尚待斟酌的就只有行刺之後的危險。危險只有一個，那就是倖免於難的活口可能為被謀刺的君主復仇，例如可望登基的兄弟、兒子或親信。可能遂行復仇的人之所以能夠大難不死，無非是由於你的疏失或由於前面說過的原因，正如蘭帕拿諾和他的共謀殺死米蘭公爵時所遭遇的情況。這公爵有一個兒子和兩個弟弟還活著，他們即時為他復仇。誠然，這些案子中的陰謀者可以推說他們無從應變，可是由於他們自己的疏失而留下活口的時候，他們可就沒有藉口可以推諉了。弗利有幾個公民謀害他們的領主吉洛拉莫伯爵，還擄走他的妻子和孩子，孩子仍小。他們覺得如果沒有成為要塞的主人，他們的性命不可能有保障，可是守城的人不願意屈從。伯爵夫人馬丹娜．卡悌瑞娜答應陰謀者，如果他們讓她進城去，她有辦法把要塞交到他們手中，他們可以留下她的孩子當人質。基於這樣的承諾，他們讓她進城去。她一進到城內，隨即站上城牆，爲丈夫之死大聲譴責他們，並且威脅說不報此仇誓不罷休。爲了顯示她不在乎她的孩子，她展露下體給他們看，說她還能夠生下更多的孩子。就這樣，黔驢技窮又知錯太遲，他們因智慮不周而受到制裁，放逐終生。

〔衆怒難犯〕

不過，隨行刺而來的所有危險當中，最嚴重又最可怕的莫過於你所謀害的君主得到人民的愛戴。陰謀者碰上這樣的事束手無策，因爲他們面臨衆怒不可能保障自己的安全。凱撒就是個例子，他博得羅馬人民的愛戴，因此他們爲他平冤；涉案的陰謀人士全遭驅逐，這導致他們在不同的時間與不同的地點一一走上死路。

〔19〕

〔反叛共和國的陰謀〕

比起反叛君主，反叛祖國的陰謀人士所涉及的危險比較小。後者涉及的危險在策劃的階段比較小；在執行的階段是不相上下；執行之後則沒有任何危險可言。在策劃時沒有太多的危險，因爲公民能夠在心思與計畫都不爲人知的情況下設法奪權。除非半途而廢，他圓滿達成目標是不會有問題的；如果迫於法律半途而廢，他可以等待時機另尋他圖。需知這裡說的是在出現腐敗跡象的共和國，因爲不腐敗的共和國根本沒有惡人作惡的空間，公民也就不會有這些念頭。因此公民可以有許多方式與許多途徑追求公國的大位而不用擔心遭殃，因為共和國的行動比君主緩慢，猜疑沒那麼重，因此比較沒有戒心，同時也因為它們比較尊重傑出的公民，因此後者比較敢於唱反調。

薩盧斯特記載喀提林的陰謀案，讀過人都知道陰謀揭發以後，喀提林不只是留在羅馬，而且還出席元老院會議，對元老院和執政官說話非常不客氣。那個城市尊重自己的公民竟然到這樣的地步。甚至在他離開羅馬而且已經跟他的軍隊接頭時，連圖盧斯等人仍然不會被逮捕，除非他們持有罪證確鑿的親筆信函。迦太基極為傑出的公民漢諾覬覦專制政權，下令利用他女兒的婚禮毒死元老院全體議員，然後自立為君主。事機敗洩之後，元老院的綢繆之計只不過是立法限制婚宴費用的額度，他們尊重他的地位竟然到這樣的地步。

〈反叛共和國的陰謀在執行時的危險〉

誠然，執行反叛祖國的陰謀所涉及的困難比較多，危險也比較大，因為要有足夠的軍力謀反如此龐大的人力乃是可遇不可求。不是每個人都像凱撒、阿嘉托克利斯或柯列奧梅涅斯之輩那樣統率一支軍隊，因此能夠憑武力一舉奪取祖國。對他們那樣的人來說，奪權的途徑是順暢又安穩，可是其他的人沒有那麼多的武力可以支配，勢必要倚賴欺詐與計謀，不然就是仰賴外國的武力。

說到欺詐與計謀，雅典人皮西搓托斯征服梅格瑞亞人並且因此博得民心之後，一天早晨負傷外出，說是貴族出於嫉妒而刺傷了他，要求人民讓他擁有武裝人員當侍衛。這一授權，他輕而易舉就羽翼大豐，成了雅典的專制君主。潘多否．佩楚齊跟其他的流亡人士回到錫耶納，奉命掌管公共廣場的警衛，那是別人避之唯恐不及的差事。然而，等到成熟的時候，這些武裝人員使得他聲名大噪，沒多久他就成了該城市的君主。其他許多人採取不同的策略和方式，只等時機成熟而無需負擔風險就奪權成功了。

憑自己的武力或國外的軍隊陰謀政變的那些人，他們的結局隨運氣而有不同。喀提林就是這樣翻不了身，這在前面提過了。我們在前面提過的漢諾，他因爲下毒失敗，武裝自己的黨羽數以千計，結果他們跟他統統被殺。底比斯有幾個領袖群倫的公民爲了專制，召來斯巴達軍隊協助，果然在該城實施專政統治。全面檢討反叛祖國的陰謀之後，可以發現要不是成功就是在執行時失敗，找不到在策劃階段被撲滅的例子，就算找得到也是少之又少。事成之後，除了君主公國制本身所隱含的危險，別無其他危險，因爲人一旦成爲專制君主，自然就擺脫不了隨專制俱來的一般危險。對於這種危險，除了前面討論過的辦法，別無對策可尋。

〔20〕

〔下毒暗殺〕

說到陰謀，我想到的就是這些。如果說我所推敲的事例都是使用武器而不是使用毒藥，那是因爲道理相通。下毒確實是比較危險，比較不確定，因爲不是每一個人都有機會下毒，只好假手有機會下手的人，就是這個不可或缺的程序爲你帶來危險。其次，毒藥的劑量可能不足以致命，理由不只一端，就像謀害康茂德的那些人所發現的，因爲他吐出了他們下的毒，而他們爲了確保他的死亡不得不勒他的脖子。

〈對付陰謀的策略運用〉

這麼說來，君主面臨的危險莫過於陰謀，因爲一旦有人陰謀對付他們，他們不是死於非命就是因此蒙羞。如果陰謀得逞，他們就死定了；如果陰謀被揭發，而他們殺死了共謀者，那麼大家會認爲那是君主杜撰的，爲了發洩他的貪慾和兇殘而不惜以他所殺害的那些人的鮮血和財產爲代價。可是，我仍然希望對可能遭遇陰謀的君主或共和國提出警告，好讓他們有所警惕。發現陰謀事件時，在採取反擊的行動之前，務必追查清楚事件的本質，妥善衡量共謀者和自己各自的處境以求知己知彼。如果發現陰謀份子人多勢衆，在調集足夠的兵力加以壓制之前千萬不能打草驚蛇，否則打草驚蛇徒然害到自己。所以理當竭盡所能不動聲色，因爲陰謀份子一旦發現事機敗露，迫於形勢必定劍及履及。舉例來說，羅馬人留下兩個軍團的兵力協防卡普阿人抵禦薩謨奈人，就像我們在前文說過的，這兩個軍團的首腦共謀制服卡普阿人。事情傳抵羅馬，他們委任新執政官魯提利烏斯去處理這件事。爲了安撫陰謀份子，他宣佈元老院已重新確認卡普阿軍團的地位。那些士兵信以爲眞，他們覺得時間綽綽有餘，沒必要急於採取行動。他們按兵不動，直到他們察覺出執政官在離間他們，心中起疑而決定付諸行動，終於事機敗洩。

不論從當事的哪一方來看都不會有比前面所說更好的例子，因爲從中可見人們在相信自己有時間的時候是如何慢呑呑，在形勢相逼時又是如何急就章。所以說君主或共和國爲自己著想而希望延緩陰謀行動的時機，最巧妙的方式莫過於使出手腕提供機會給陰謀份子，讓他們覺得來日方長，卻在等待中讓君主或共和國有足夠的時間懲治他們。如果不這麼做，那無異於加速自己的敗亡，就像雅典公爵和古列莫·德·帕齊那樣。這公爵成爲佛羅倫斯的專制君主，得知有人陰謀反叛他，不經調查就逮捕一名共謀，其他共謀只好立即起義，竟然成功奪取政權。古列莫於一五〇一出任基亞納谷地指揮官，得知在阿瑞佐有擁護維帖利的陰謀，要從佛羅倫斯人的控制下奪取阿瑞佐，他立即前往那個城市，既沒有考慮到陰謀份子的實力，自己也沒有武力，根據主教兒子的建議逮捕一個陰謀份子。他抓人之後，其餘的同謀立刻揭竿而起，從佛羅倫斯人的控制下奪取該鎮，古列莫本人則從指揮官淪爲階下囚。不過，在陰謀集團的勢力不成氣候的情況下，是應該毅然決然即時撲滅。

〔陰謀二忌〕

有兩種截然不同的方式，千萬效法不得。一個是前面提到的那個雅典公爵所採取的，他處死向他檢舉陰謀事件的那個人，一廂情願以爲這是示惠於佛羅倫斯公民。另外一個是敘拉古的狄翁所採取的：爲了探測他所懷疑的人士的心意，他同意他的心腹卡里普斯佯裝謀反。這兩者都沒有好下場：一個是使告密者心灰意冷，同時使謀反的人勇氣倍增；另一個是自己找死，甚至可以說是自己充當陰謀事件的首謀，因爲卡里普斯能夠堂而皇之謀反狄翁，一舉奪取他的政權和性命。

〔7—9：適應環境之必要〕

第7章　從自由變奴役或是從奴役變自由，何以有的滴血不流，有的血流遍地

或許有人會懷疑，在從自由的生活轉爲專制以及反其道而行的許多改變當中，爲什麼有的血流遍地，有的滴血不流；就如同從史書上所瞭解到的，在類似的變革當中，有時候無數的人爲之喪命，有時候卻連個受傷的人也沒有，就像羅馬從王制轉爲執政官制，只有塔昆一家人遭受驅逐，其他的人全都毫髮無損。關鍵在於政權的更替是否因暴力而起：如果是因暴力而起，死傷無數在所難免，失敗的一方日後必定復仇，隨報復而來的則是流血與死亡。但是，政府如果是集體民意所催生，並且得到人民的授權，那麼日後人民把那個政府推翻時，並沒有理由去迫害首領以外的任何人。塔昆被驅逐以後的羅馬政府就是這樣，和佛羅倫斯的麥迪奇政權相同，後者在一四九四被推翻時，除了他們自已，並沒有任何人受害。這樣的改變不會帶來危險。可是復仇心切的人帶來的改變可就是眞的非常危險，即使只是閱讀都令人觸目驚心。因爲這樣的事例充斥史書，不勞我贅述。

第8章 改變共和體制必須考慮其主體[1]

〔1〕

〔司普瑞烏斯·卡西烏斯嘗試收買羅馬的自由〕

前面說過，壞公民在尚未腐敗的共和國做不了大壞事。這個看法，除了當時陳述過的理由，由於司普瑞烏斯·卡西烏斯和曼利烏斯·卡皮托利努斯的事例而益爲可信。這個司普瑞烏斯野心勃勃，想要在羅馬攫取非法的權勢，爲了收攬民心而給予平民許多利益，比如把羅馬人從赫爾尼基人取得的土地分給平民。他的這個野心被元老給揭發，他的動機備受質疑，因此當他告訴人民說他打算把公家從西西里進口的穀物變賣所得分給他們的時候，他們全體拒絕，因爲在他們看來司普瑞烏斯想要付給他們的是自由的價格。但是，假如人民腐敗，他們不會拒絕前面說的那一筆錢，這一來他們原已關閉的通往專制之路將會洞開。

〔曼利烏斯·卡皮托利努斯的倒行逆施〕

羅馬執政官曼利烏斯·卡皮托利努斯的例子更有可觀，因爲從他可以看出不論具備多少身、心兩方面的德性，不論爲祖國立下多少建樹，一旦面臨醜陋的統治慾，全都化作烏有。他變成那個樣子乃是肇因於他嫉妒卡米盧斯所獲得的種種榮譽。他喪心病狂，完全不顧慮這個城市的生活方式，也不深究它的

[1] 譯註：主體，相對於形態的實體內涵。

主體仍不適合接受惡劣的體制，就在羅馬掀起動亂，攻擊元老院也攻擊祖國的法律。這事件顯示羅馬在制度方面的完善及其實體[2]的善良，因爲他的案子沒有一個貴族支持，雖然他們捍衛自身立場的態度一向非常堅決；他的親戚也沒有人以具體的行動支持他。按往例，有人受到控告，他們總習慣不梳裝、穿黑衣、面帶愁容，好爲被告爭取同情，偏偏對於曼利烏斯沒人這麼做。平民的護民官一向擁護看來對人民有利的一方，越是跟貴族針鋒相對的事，他們越是鼎力支持，卻在這個案子跟貴族齊心協力，爲的是化解全民的禍殃。羅馬人民巴望實際的利益，也喜歡跟貴族作對，可是他們雖然曾經多方面擁護曼利烏斯，卻在護民官控告他並且把他的案子交給人民審判的時候，不但沒有人爲他辯護，反而毫不留情判他死刑。

〈羅馬人捍衛自由無階級之分〉

所以說，提圖斯．李維在《羅馬史》闡明那個共和國不分階級一體同善，我不相信還有更恰當的事例。雖然曼利烏斯的功德大有可表，於公於私爲羅馬做了許多値得表揚的事蹟，卻沒有一個羅馬公民爲他辯護。他們全都熱愛祖國勝過一切，他一手造成眼前的險象使得以往的功績相形失色，竟至於他們非得置他於死地才能爭回自由。提圖斯．李維說：「下場如此的一個人，他如果不是出生在自由的城市將使人永誌不忘」（李維6.20）。這事有兩點値得重視：一個是，在腐敗的城市尋求榮耀，方式必定有別

【2】譯註：實體，可能同時指涉政權的體制以及該「主體」所賴以構成的人民。

於在實施法治的城市；另一個跟前面說的大同小異，人立身處世應當考慮時代的變遷，與時調整自我，在大事上尤其應該這樣。

〔2〕

〔逆勢者亡〕

有些人由於錯誤的選擇或本性的好惡而無法順應時勢，他們生活不快樂是司空見慣，他們的行為則導致惡果。能夠順應時勢的人則恰恰相反。毫無疑問，從前面引述這位歷史學家的話可以推出這樣的結論：假如曼利烏斯出生在馬略和蘇拉那個實體已經腐敗的時代，使他得以落實個人的野心，那麼他有可能獲致像馬略、蘇拉以及後續圖謀建立專制的其他人同樣的成果。同理可知，假如蘇拉和馬略出生在曼利烏斯那個時代，他們也會在起事之初就被粉碎。

人確實能夠憑自己的作風和惡毒的手段腐化整個城市，可是個體的生命不可能長壽到腐化人們之後，當事人還能從中得利。就算他壽命夠長而有這樣的可能性，人們處事的方式也不可能使他如願，因為民眾的耐心有限，無法長期維持熱情。其次，他們對於切身的事，尤其是對於熱切巴望的事，總是欠缺自知之明，不是沒有耐心就是流於不自量力，竟至於逆勢而行，結果下場悽慘。

〔唯獨腐敗的時代會揚棄自由〕

因此，要想在共和國奪取絕對的權力並破壞其自由，必須找得到被時勢給敗壞了的實體，那是日積月累代復一代才可能出現的亂象——那樣的情況必然會發生，除非就像前面解釋過的，有好榜樣一再灌注活力，或是藉法律革新把共和國拉回初始的狀態。此所以曼利烏斯如果出生在腐敗的城市將會名垂青史。由此可見，想在共和國成就一番事業的公民，不論心儀的是自由還是專制，都應該考量現有的主體，並據以判斷採取行動所可能遭遇的困難。想要使奴性根深柢固的人民獲得自由是困難重重又險象環生，程度不下於想要奴役嚮往自由的民族。

如前所述，既然所作所爲應該考量時代的特性並以之爲行動的依據，下一章就來申論這一點。

第9章　盼望好運常相隨的人務必因時制宜

〔1〕

〔因時制宜為善道〕

我常想，人的機運是好是壞取決於做事的方法能不能順應時代。有的人做事衝動，有的人臨深履薄。由於這兩種模式同樣超越常軌，無法遵守正道，雙雙犯錯。倒是因時制宜的人較少犯錯而且鴻運大展，就像我說過的，這種人總能因勢利導。

〔法畢烏斯適時適性〕

大家都知道法畢烏斯．馬克西姆斯用兵謹慎，和豪放剛毅的羅馬作風大相逕庭，好運氣卻使得他的作風跟時勢搭配得天衣無縫。年輕氣盛而鋒芒畢露的漢尼拔進入義大利並且兩度擊敗羅馬人之後，羅馬共和國的精兵良將喪失殆盡，舉國上下一陣驚恐，這時候的那個共和國最走運莫過於有個部隊長以深思熟慮又小心翼翼的軍事行動把敵軍牽制在海濱。這是法畢烏斯因時制宜的傑作，他就是因此揚名立萬。看得出法畢烏斯這麼做是天性使然，不是選擇所致，因爲當斯基皮奧說出他打算揮軍橫掃非洲一舉結束戰事時，法畢烏斯竭力反對，畢竟江山易移而本性難改，他根本不可能革除一貫的模式與作風；這一來，假如事情由他作主，漢尼拔很可能會一直留在義大利，因爲他這個人並不明白時勢已變而他的戰法得要因時制宜。假如法畢烏斯是羅馬王，他可能輕易輸掉那場戰爭，因爲他不曉得如何隨時勢的改變而改變用兵之道。可巧他出生在一個公民衆多而性情各異的共和國。就如同有個法畢烏斯，他在需要延滯戰事的時機發揮所長，後來有個斯基皮奧適時適性贏得勝仗。

〔2〕

〔何以共和國比較長治久安〕

由此可見共和國的國運比較昌隆，好運氣也持續比較久，因爲它透過國內公民的多樣化比君主更能自我調整以因應時勢的變遷。習慣某種行爲模式的人改不了習性，就像前面說過的；時勢一旦有了變化，跟他的作風不再搭調，他就沒戲唱了。

〔3〕

〔時勢造英雄之例〕

前文引述過的皮埃羅·索德瑞尼，做事不論大小一向有仁心也有耐心。他行事的模式跟時勢搭配合宜的時候，他自己功成名就而祖國跟著繁榮；可是後來時勢生變，必須放棄耐心與仁心，他不知所措，所以他自己失勢而祖國遭殃。教皇尤里烏斯二世在擔任主教期間動作又急又猛，因爲動蕩的時勢正適合他的作風，他的神職目標無一落空。但是，假如時勢改變而需要不同的策略，他必定失敗，因爲他不曉得要改弦易轍。

〔故步自封與因時制宜〕

兩個原因使得我們故步自封：一個是，我們無法違逆天性；另一個是，人一旦採用某個方法成功了，要使他相信採用不同的方法能把事情做好是不可能的。此所以運氣不會一成不變眷顧某一個人，因爲時勢已變而人的作風一成不變。同樣的道理，城邦滅亡也是因爲共和國的制度沒有因時制宜，正如我們已經詳細討論過的，可是共和國反應遲緩是因爲應變更爲困難，因爲驅策整個共和國採取行動需要時間，畢竟單靠個人的力量不足以改變它的作風。

〔4〕

〔下一章的主題〕

既然提到法畢烏斯．馬克西姆斯把漢尼拔的大軍牽制在海濱，在下一章論述指揮官如果決心不計代價迎戰敵人，他的軍事行動是否會因此受阻，我想是順理成章。

〔10—15：戰略、戰術、戰技與訓練方面的雜感〕

第10章 指揮官在敵軍逼戰時不能避戰

〔1〕

〔古代戰例的價值〕

李維《羅馬史》7:12：「獨裁官格奈烏斯・蘇皮提烏斯對高盧人作戰時採取拖延戰術，因爲敵人的天時與地利日漸流失，他不想在這時候測試自己的運氣。」

對全部或大多數的人一再犯同樣的錯誤提出警告，我認爲不是壞事。因此，雖然我已在前文一再說明當今重大的行動並不吻合古代的作法，如今再一次重申在我看來並不囉唆。說到偏離古風，特別值得提出來的是軍事行動，在這方面如今所遵循的沒有一樣是古人所推崇的。這是因爲共和國和君主都把這個責任託給別人，爲了避險而退出軍事行動。即使有時候看到這個時代的國王親征，我們不會因此就相信他有更值得讚美的地方。就算眞的出征，那也是爲了擺排場，除此別無值得表揚的理由。他們有時候會視察部隊，自己保留總司令的頭銜，雖然犯的錯比共和國犯的錯來得少，特別是和義大利的共和國比起來，後者對於戰爭一無所知，打起仗來得要仰賴別人，卻裝出君主的派頭硬要作決定，一作決定偏偏錯誤層出不窮。雖然我在別個地方已經談過這些錯誤，其中最嚴重的一個我可不想在這時候裝聾作啞。

〈拒戰的危險〉

這些懶散的君主或柔弱的共和國派出他們的將領時，總認爲他們所交付最明智的軍令是責成他不打仗——最重要的確實是避免開打。在他們看來，他們是效法法畢烏斯．馬克西姆斯謹愼的作風，後者採用拖延戰術而保住了羅馬人的政權。他們不瞭解他們所交付的軍令根本沒用，不然就是有害。理當接受這個結論：一旦敵人不顧一切決心逼戰，留在戰場上的將領不能避戰。前面說的那道軍令，意思其實是說「作戰要配合敵人的節拍起舞，不要管你自己的目標」。因爲如果想要留在戰場上卻不想開打，得要跟敵人保持至少五十英里的距離，然後嚴密監視以便在他朝你前進時有時間保持安全距離，除此之外別無穩當的對策。另一個策略是緊閉城門，可是這和前一個策略一樣後遺症嚴重。第一種情形無異於把自己的領土留作敵人的俎上肉；能堪重任的君主寧可上戰場測試運氣也不願意因拖延戰爭而大大爲害臣民。第二個策略明顯是不中用，因爲帶著部隊退守城內的結果必定是引來圍城戰，不用多久就是糧食短缺被迫投降。所以說以這兩種方法避戰都有嚴重的後遺症。法畢烏斯．馬克西姆斯採用的模式是固守要塞，這一招行得通得要有軍隊的武德足以嚇阻敵人，使敵人不敢逞強。沒有人能夠說法畢烏斯逃避戰鬥，實情是他在等待有利的時機。如果漢尼拔發動攻勢，法畢烏斯將會迎戰，可是漢尼拔不敢在遷就法畢烏斯的情況下開打。所以漢尼拔和法畢烏斯同樣怯戰；可是他們兩人當中如果有人不顧一切決心逼戰，另外那個人只能有三種對策：前面提過的兩種，不然就是撤退。

〔2〕

〔馬其頓的腓力之例〕

我說的錯不了，這可以從成千的事例看明白，特別是羅馬人對抗馬其頓的腓力五世，也就是佩修斯的父親。腓力遭遇羅馬人襲擊，決心不戰；爲了不戰，他起先想要遵循法畢烏斯·馬克西姆斯在義大利的作法。他把軍隊擺在山頂，防禦工事非常妥善，因此斷定羅馬人不敢對他開戰。可是他們去到那個地方，對他開戰，把他趕下山；他沒有能力抵抗，帶著大部分的部隊落荒而逃。他沒有全軍覆沒是託了地形崎嶇的福，羅馬人因此無法緊追不捨。就這樣，腓力沒有打仗的意願，在羅馬部隊近處紮營，畫地自限結果被迫落荒而逃。他從這個經驗得知，沒有意願奮力一搏時，光留在山頂上是不夠的，又因爲他不想被困在城鎮裡頭，他決定採取另一個方式，就是跟羅馬營地保留數以英里計的距離。因此，如果羅馬人在甲地，他們就前往乙地；於是，他們總在羅馬人後腳離去的時候踏進前腳。他後來終於瞭解到這樣拖延戰爭，他的處境每下愈況，他的臣民被他而不是被敵人壓得喘不過氣，他決定迎戰測試運氣，因此跟羅馬人著著實實打了一仗。

〔境遇決定戰爭的智慧〕

所以說，如果擁有法畢烏斯或格奈烏斯·蘇皮提烏斯的優勢，拒戰對你有利。也就是說，如果有一支驍勇善戰的軍隊使敵人不敢進犯你的要塞，而且敵人還沒有在你的領土建立根據地因而補給短缺，在這樣的情況下採取拖延戰術管用。提圖斯·李維說出了箇中原由，如本章開頭所引，「敵人的天時與地利日漸流失，他不想在這時候測試自己的運氣」。可是在別的情況，你無論如何不可能避不作戰又不會招致恥辱與危險，因爲像腓力那樣轉進根本就是潰敗，更丟臉的是你無法證明自己比他更英勇。如果說他走運找到一條生路，沒有類似地利之便的人不可能像他那樣走運。

沒有人會說漢尼拔不是大軍事家。他在非洲跟斯基皮奧抗衡時，如果他看出拖延戰術的利基他就會這麼做；或許他也會像法畢烏斯在義大利那樣，因爲他畢竟是個優秀的將領，也有優秀的軍隊。但是既然他沒有那麼做，一定是有充分的理由。已經糾集一支軍隊的君主，明白自己因爲欠缺經費和盟友而不可能長期維持這一支軍隊，如果不在軍隊潰散之前試試自己的運氣，那他一定是瘋了，因爲等待下去必敗無疑，試試看則還有可能成功。

〔3〕

〔榮譽的因素〕

這裡還要鄭重考慮的一件事是，即使打敗仗也應當盡力做到雖敗猶榮，而且比起其他弊端使你一敗塗地，被武力征服畢竟比較體面。連漢尼拔也不得不這樣斟酌。在另一方面，假設漢尼拔採用拖延戰術，那麼斯基皮奧即使沒有足夠的勇氣採取攻堅行動，也不會容許漢尼拔安穩悠閒留在當地像在義大利那樣，因爲斯基皮奧在非洲已經征服西法可斯又佔領那麼多的城鎮。此一時而彼一時，漢尼拔奮戰法畢烏斯的情況不可同日而語，高盧人奮戰蘇皮提烏斯也一樣。

〔4〕

〔入侵者不可能避戰〕

出兵進犯外國的人更不可能避戰。一旦進入敵人的領土，敵人抵抗他就非開戰不可。如果是圍城戰，那更是非戰不可，就像我們這個時代勃艮第的查理公爵所遭遇的。他圍攻瑞士一個叫做莫拉的城鎮，受到瑞士軍的襲擊，打了敗仗。法軍圍攻諾瓦拉，也同樣被瑞士軍打敗。

第11章 即使實力較弱，以寡擊衆只要撐過第一擊就勝利在望

〔1〕

〔羅馬如何對付濫權的護民官〕

在羅馬這個城市，平民護民官掌握不小的權力，而且有其必要，就如同我們多次討論過的，因爲如果不是這樣就無法防範貴族的野心，而他們的野心如果沒有加以防範，將會在腐化自己以前老早就先把共和國腐化了。儘管如此，正如別個地方說過的，由於凡事都隱含引發新變故的惡因，確有必要提供新制度預爲防範。因此，當護民官濫權跋扈而威脅到貴族和整個羅馬的時候，假如阿皮烏斯．克勞狄烏斯沒有提議如何防制護民官的野心，將會滋生有害於羅馬自由的種種弊端。阿皮烏斯．克勞狄烏斯提議的防範之道就是在護民官想要推動違背元老院意志的決議時，從護民官當中尋找膽小、容易收買或愛好公

益的人，誘使他跟其餘的護民官唱反調。這個方法對於護民官超乎尋常的權力充分發揮調節的作用，經常協助羅馬渡過難關。

〔一個團結的政權能打敗結盟的強敵〕

這使我想到許多強勢的人聯合起來對付某一個人，雖然聯合的一方勢力比較大，孤單的一方根本無法相提並論，卻總能讓人寄予厚望，雖然它的實力比較弱而多數的一方實力比較強。且不談以一敵眾的事例（這一類例子不勝枚舉），司空見慣的是只要用一點技巧就能夠分化多數的一方並且削弱強大的團體。我不想從古代舉例，因爲太多了，倒是發生在我們這個時代的事例合我所用。

〔2〕

〔單一政權擊敗多數的事例〕

一四八三年，整個義大利[1]聯合共謀對付威尼斯人，結果輸得一塌糊塗。在戰場上潰不成軍之後，他們收買統治米蘭的魯多維科先生。這一收買，他們達成了協議，不只是取回淪陷的城鎮，而且還佔有費拉拉政權一部分的疆域。可見戰爭失利的一方卻在和平時獲勝。就在幾年前，整個世界共謀對付法國，可是戰爭還沒結束，西班牙背叛同盟國，跟法國達成協議，其他的同盟國迫於無奈，沒多久也達成協議。

【1】譯註：「整個義大利」，一如本段稍後的「整個世界」，是典型的馬機基維利筆法。

〔讓步必須趁早〕

所以毫無疑問，看到聯合多數對單一政權發動戰爭，只要落單者的武德足以抵擋第一擊並靜觀其變等待時機，總是可以斷言那落單的一方佔上風。可是，如果無法抵擋第一擊，危險將會紛至沓來。威尼斯人在一五〇八年的遭遇即是一例，如果他們有辦法牽制法軍，又有時間從敵方爭取到同盟的成員，他們就逃過一劫了。可是他們的軍隊不足以牽制敵人，因此沒有時間離間對方，就這樣失敗了。可是我們知道教皇一奪回領土就跟他們恢復友誼，西班牙也一樣；如果有能力的話，這兩個君主都非常樂意維護威尼斯對於倫巴底的主權以抵抗法國，以防止法國在義大利坐大。威尼斯人本來可以棄卒保帥。假如他們在開戰之前即時那麼做——這樣就不至於看來好像是迫於形勢——那將會是非常明智的策略；可是開戰之後才這麼做，那就只配挨罵，即使罵也是白罵。可是在開戰之前，威尼斯城內只有少數的公民看出危險，拿得出對策的更少，提出建言的則一個也沒有。

〔本章的結論〕

不過，言歸正傳，我的結論是：就像羅馬的元老院有對策防制護民官的野心以保障祖國的安全，任何一個受到多頭勢力聯手攻擊的君主，只要曉得如何謹慎運用適當的手段分化他們，就會有出路。

第12章　智慮周詳的部隊長應該為士兵營造背水一戰的形勢，消除敵人那樣的形勢

〔1〕

〔形勢比人強〕

我在別個地方談過形勢對於人類行動的妙用及其帶來的榮耀。就像有些道德哲學家寫的，人的雙手和舌頭——使人顯得高貴的工具當中最高貴的兩個——要不是形勢所逼將不會十全十美，也不會促成人類那麼高的成就。由於古代的軍事首長瞭解這種形勢的德性及其堅定戰鬥士氣的作用，他們會想方設法讓士兵覺得被形勢所逼；在另一方面，他們會千方百計讓敵人覺得並非如此。因其如此，他們經常對敵人開放他們可能已經封閉的路，並且對自己的士兵切斷他們可能已經打通的路。所以，要使城市的防禦滴水不漏，或是使一支軍隊在戰場上奮戰不懈，最重要的是設法把這樣的形勢灌注到戰鬥人員的胸膛。因此，智慮周詳的部隊長必須佔領某個城市時，應該探查並斟酌是什麼樣的形勢迫使城內的居民從事自衛，據以衡量佔領的難易。假如發覺是形勢迫使他們誓死防衛，他應該斷定不容易佔領；如其不然，他應該斷定容易佔領。

〔怨恨平添軍事佔領的困難度〕

因其如此，初次被佔領比叛變之後被佔領的城鎮較難應付，理由是他們因爲不曾冒犯佔領軍，不擔心受罰，所以一開始容易屈服；可是叛變之後，他們既已觸怒佔領軍因而擔心受到懲罰，要加以佔領自然比較困難。像這樣的頑強心態也來自毗鄰的君主或共和國彼此間自然產生的仇恨，那是對於他們的

政權懷有支配慾和嫉妒心造成的，特別是在共和國之間，就像在托斯卡納發生的情形。像這樣的競逐爭鋒也使得軍事佔領平添困難，向來如此，往後也一樣。因此，細察佛羅倫斯城和威尼斯城各自的鄰邦之後，任誰都不會像許多人那樣驚訝佛羅倫斯花用的戰費比威尼斯多，佔領的卻比較少。這無非是由於威尼斯人不像佛羅倫斯那樣緊鄰頑強自衛的村鎮，因爲所有毗連威尼斯的城市都已習慣生活在君主統治之下，不自由慣了，而服侍慣了的人通常不怎麼在乎換新主人——其實他們通常是求之不得。所以，雖然威尼斯比佛羅倫斯有更多強勢的鄰邦，但是因爲那些村鎮沒那麼頑強，所以征服的速度比後者快，而佛羅倫斯的周圍卻全都是自由的城市。

〔2〕

〔美好的承諾容易蒙蔽大衆〕

因此，言歸正傳，部隊長攻擊某個城市時，應當盡量破除防禦者非戰不可的形勢及其頑強的戰志。如果他們害怕懲罰，承諾既往不咎；如果他們擔心喪失自由，讓他們明白公衆的利益不受影響，會受影響的只是城裡少數的野心份子。許多實例可以證明這個辦法使佔領的軍事行動更順利。像這樣的門面話雖然容易被智慮周詳的人識破，不過用來蒙騙貪圖眼前的和平卻對於大承諾底下可能暗藏的陷阱視若無睹的人們綽綽有餘。無數的城市因此而陷於奴役，就像不久之前在佛羅倫斯發生的[1]。克拉蘇和他的軍

【1】譯註：顯然是指一五一二年麥迪奇家族返回佛羅倫斯。

隊也有同樣的遭遇：他雖然看出安息人的承諾是空口白話，知道那只是要瓦解他們非自衛不可的形勢，卻沒能維繫他們頑強的戰志，因爲敵人的和平提議使他們盲目，這只要讀他的生平就一目瞭然。

〈非打不可的戰爭〉

所以我要指出，薩謨奈人在少數野心家唆使下破壞和平協議，入侵繼而劫掠羅馬盟邦的土地，隨後卻派出大使到羅馬要求和平，提議歸還劫掠所得，並且以戰犯的名義交出引起動亂和搶劫的肇事者，羅馬人一一回絕。他們協議失敗回到薩謨奈之後，當時擔任薩謨奈軍事首長的克勞狄烏斯．彭替烏斯發表一篇引人矚目的演說，指出羅馬人一心一意要求戰，雖然薩謨奈人自己渴望和平，形勢卻迫使他們非持續這場戰爭不可。他說：「對於非戰不可的人來說，戰爭是正義；對於拿出武器才有希望的人來說，武器是聖物」（李維9.1）。以這樣的形勢爲基礎，他在戰士心中激起了勝利在望的信心。

〈形勢在羅馬的戰爭中勢不可擋〉

爲了一勞永逸結束這個議題，我覺得應該引述最值得注目的那些羅馬事例。蓋烏斯．曼尼利烏斯領軍對抗維愛人，由於維愛軍有一部分突破曼尼利烏斯的防線，曼尼利烏斯率一支分遣隊馳援，據守營區所有的出口。維愛人眼看自己遭到圍困，逃生無門因此背水一戰，殺死了曼尼利烏斯。要不是有個護民官智慮周詳，爲他們開了個出口，羅馬軍說不定會全軍覆沒。由此可見，形勢迫使維愛人非戰不可時，他們的戰鬥力非常猛烈；可是一看到門路洞開，他們想到的是奔逃，而不是奮戰。

〔3〕

沃爾西人和埃魁人帶著他們的軍隊侵入羅馬邊界，執政官奉命去抵抗。戰鬥方酣之時，沃爾西軍隊的指揮官維替烏斯·梅西烏斯突然發覺兩翼受敵，一邊有羅馬部隊，另一邊是羅馬軍的營區。眼看要不是揮刀殺出一條生路就只好坐以待斃，他對著戰士說：「跟我走；城牆和壕溝都無法跟你們抗衡，而是武裝的部隊抗衡武裝的部隊；武德不相上下，你們的形勢卻更勝一籌——形勢才是最可靠又最精良的武器」（李維4.28）。就是這樣，提圖斯·李維把這個形勢稱作「最可靠又最精良的武器」。

卡米盧斯是羅馬所有的部隊長當中智慮最周詳的。他帶領部隊侵入維愛人的城內，爲的是要化解敵人非自衛不可的形勢，以方便佔領該城。他下令不許傷害手無寸鐵的人，故意讓維愛人聽到，結果敵人的武器一一落地，那個城市幾乎滴血不流就被佔領了。後來有許多部隊長如法炮製。

第13章　良將弱兵與弱將良兵，何者比較可靠

〔1〕

〔將領與士兵互不可缺〕

科瑞奧拉努斯被羅馬放逐之後，投奔沃爾西，在當地糾集一支軍隊展開復仇，爲了對抗自己的同胞而向羅馬進發。他後來陣前撤兵不是由於羅馬人的兵力，而是基於對母親的孝順。在這節骨眼，提圖

斯．李維說由此可知，羅馬共和的茁壯主要得力於將領的德性，士兵猶在其次，這是考慮到沃爾西人在以往曾經被別人征服，只有在科瑞奧拉努斯成爲他們的指揮官之後才征服別人。雖然李維持這樣的看法，我們卻在他的史書中多次看到士兵在沒有將領的情況下發揮令人驚訝的戰力，而且在他們的執政官陣亡之後比陣亡之前表現更爲勇猛，就像羅馬人在斯基皮奧兄弟的指揮下發生於西班牙的事。這兩位將領陣亡時，羅馬軍憑其武德不只是能夠解救自己，而且還能夠征服敵人，並且爲羅馬共和國守住那片領土。所以整體而論，我們可以找出只憑士兵的武德戰勝的許多實例，也可以找出只憑將領的武德戰勝的許多實例，因此可以推斷這兩者互不可缺。

〔2〕

〔有將無兵和有兵無將〕

首先來斟酌，精兵弱將與強將弱兵，哪一種情況比較可怕。依照凱撒在這方面的看法，這兩者無一可取。他正進入西班牙對付阿弗拉尼烏斯和佩崔烏斯，後者有非常優秀的軍隊，可是他說他並不重視他們，「因爲他面對的是沒有領袖的軍隊」，接著指出這兩名將領的弱點。相反的情形是，進入色薩利對付龐培時，他說：「我面對的是沒有軍隊的將領」（Suetonius, *Julius Caesar* 34）。

〔3〕

〔將領帶兵與軍隊受訓有如教學相長〕

還可以斟酌另一件事：優秀的將領造就優秀的軍隊和優秀的軍隊造就優秀的將領，哪一個比較容易？這問題在我看來是不辯自明，因爲許多優秀的人容易找到或調教一個人使他變優秀，一個人要造就許多人可就不容易。盧庫盧斯奉命去對付米特瑞達泰的時候，完全沒有實戰的經驗，可是那一支優秀的軍隊，其中多的是非常優秀的隊長，很快就使他成爲優秀的將領。羅馬人由於人丁不足，武裝了非常多的奴隸，交給葛拉庫斯訓練，他在短時間內造就出一支優秀的軍隊。正如我們在別個地方說過的，皮洛皮得斯和埃帕米儂達斯解救祖國底比斯免於斯巴達人的奴役之後，把底比斯的農夫訓練成非常優秀的軍人，不只是有能力抵抗斯巴達的軍事行動，而且還將之打敗。所以這事扯平了，戰士和將領平分秋色，因爲一方優秀就能夠成就另一方。

話雖這麼說，優秀的軍隊沒有優秀的指揮官可能變得蠻橫而危險，就像馬其頓的軍隊在亞歷山大去世之後那樣，又如同羅馬內戰的退伍軍人。所以我相信，比起一支傲慢的軍隊搭配胡亂推選的部隊長，有時間訓練他的人員又有辦法加以武裝的將領可靠多了。但是，如果在克敵致勝之外還能夠訓練軍隊，使他們在跟他併肩作戰之前先成爲優秀的軍人，像這樣的將領值得加倍的榮耀與讚美，因爲他們顯示罕見的雙重德性。這樣的任務如果交付給許多人，很難讓人放心。

第14章　戰鬥中出現新奇的策略與奇怪的聲音所可能產生的效果

〔1〕

在戰鬥中因爲前所未有的景象或聲響而扭轉戰局，這方面的事例很多，羅馬人跟沃爾西作戰時所發生的例子最有代表性。話說昆提烏斯看到他的軍隊兩翼之一屈服了，開始高聲叫喊說它應該挺立，因爲軍隊的另一翼得勝了；這一叫喊，他的人馬士氣大振，敵人則聞之喪膽，他就這樣贏了。聲音如果在紀律嚴謹的軍隊產生大效果，那麼在紀律渙散的軍隊產生的效果可就是無以復加了，因爲一呼百應就像秋風掃落葉。

〔在佩魯賈發生的例子〕

我想舉個我們這個時代知名的事例。佩魯賈這個城市在幾年前分裂成奧狄和巴利奧尼兩個黨派。後者當政，前者被放逐。奧狄派在朋友的幫助下糾集一支軍隊，進駐佩魯賈附近的村子，裡應外合，利用夜晚進入城內，神不知鬼不覺佔據公共廣場。因爲城內所有的街口都以鐵鍊封鎖，奧狄黨軍在前面安排一個人用大鐵鎚破壞鐵鍊的鎖，好讓騎兵順利通過。只剩下封鎖廣場的那一個尙待破壞的時候，備戰的喊聲已經響起，負責破壞鎖頭的那個人受到後頭人群的推擠，因此無法舉起手臂用力敲擊。爲了方便辦事，他大聲叫「後退！」——於是，說「退！」的聲音一排一排往後傳，殿後的開始逃，其餘的有樣學樣，結果一慌而不可收拾，他們自己亂了陣腳。奧狄黨的計畫就這樣功敗垂成，只因爲如此微不足道的一樁事故。

〔2〕

〔軍隊與群衆之別〕

這裡要強調的是，紀律在軍中是不可或缺的，維持井然有序的戰鬥陣式猶在其次，更重要的是避免微小的事故擾亂你的軍心。烏合之衆在戰爭的場合無用武之地，原因無非是每一個噪音、每一個聲響、每一個騷動都會使他們慌亂奔逃。所有優秀的將領傳達軍令應當規定接令的人選和傳達的程序，責成他的士兵不聽信其他的傳話管道。這一部分沒有確實遵守的時候，引起大亂是司空見慣。

〔3〕

〔擾亂敵陣以出奇致勝之例〕

至於新奇的策略，每一個將領都應當在短兵相接的時候設法出奇致勝，因爲帶給你勝利的種種事故當中，這一項效果最好。要證實這一點，可以舉羅馬獨裁官蓋烏斯·蘇皮提烏斯爲例。即將跟法國人開戰時，他把武器發給軍中的搶匪無賴之徒，讓他們騎上騾子和別的載貨動物，裝備和軍旗一應俱全，看來就像是騎兵部隊；他把他們埋伏在插有軍旗的山丘後方，命令他們依信號行動，在戰鬥最激烈的時候現身給敵人看。這一切全都按計畫進行，帶給法軍一陣恐慌而吃了敗仗。

所以說優秀的將領應當做兩件事：一件是，以新奇的策略驚嚇敵人；另外一件是，要未雨綢繆，一旦敵人採用這樣的招數，要揭發他們的技倆，使他們白忙。亞述女王塞米拉米絲就是這樣被印度國王打敗。她看到印度國王有相當數目的大象，想要顯示自己也有許多大象可以嚇唬他們，就用水牛和乳牛的皮縫成大象的形狀，套在駱駝身上，用牠們打前鋒。可是這技倆被印度國王識破，他將計就計，不只是破解她的計畫，還讓她自食苦果。獨裁官馬莫庫斯對抗菲迪奈人時，後者爲了驚嚇羅馬軍，在戰鬥最激烈時指示一批士兵把火炬綁在矛尖，然後衝出菲迪奈的城門，爲的是讓羅馬人看到前所未見的景象而自亂陣腳。

〈出奇招也可能自食苦果〉

值得注意的是，這一類招數足使人信以爲眞的時候，展現出來確實有利，因爲技高膽大則容易藏拙；可是不足以使人信以爲眞的時候，最好是不要獻醜，如果非獻醜不可，務必保持距離以免太快被對方識破，就像蓋烏斯·蘇皮提烏斯安排的騎騾人那樣。近距離很快就曝露弱點而危害到自己，不會有好處的，塞米拉米絲的象隊和菲迪奈人的火焰就是這樣。起初雖然有一些騷擾敵方軍隊的作用，可是這個獨裁官站出來開始對他們喊話，說他們不應該逃避蜜蜂般的煙火而使自己蒙羞，而是應該調回頭迎戰，「既然你們的仁慈撲滅不了菲迪奈人的火焰，就讓他們玩火自焚吧！」於是菲迪奈人破功，仗也打輸了（李維4.33）。

第15章 軍隊應該只有一個首腦，多頭指揮有弊無利

〔1〕

菲迪奈人叛變並且殺死羅馬派往菲迪奈殖民的人，羅馬人爲了應付這個變局而創設擁有執政官權力的四個護民官職位。他們留一位護民官守衛羅馬，指派其餘三人去對抗菲迪奈人和維愛人。這三位護民官因爲意見不一致，無法齊心，回來時雖然全身而退卻灰頭土臉。灰頭土臉是他們自己造成的，全身而退則該歸功於士兵的德性。看到這樣的亂象，羅馬人因此主張設置獨裁官，爲的是統一事權，讓一個人出面收拾亂象。

由此可知，多頭指揮在軍中或面臨外患的村鎮發揮不了什麼作用。提圖斯·李維不可能有說得比這句話更明白的：「擁有執政官權力的三個護民官充分證實多頭指揮的戰爭多麼沒效率，因爲各個堅持己見，彼此不相容，只爲敵人騰出可乘之機」（4.33）。雖然這個例子足以證明多頭指揮在戰爭中自亂陣腳，爲了更深入闡明這個道理，我想再從古今歷史各引一例。

〔2〕

〔佛羅倫斯的例子〕

一五〇〇年，法王路易十二再度佔領米蘭之後，派遣他的部隊到比薩，爲的是使它重回佛羅倫斯人

的懷抱[1]。鳩凡巴替斯塔．瑞多菲和魯卡．阿比齊被派往該地擔任特使。因爲鳩凡巴替斯塔年高望重，魯卡把大大小小的政務全留給他處理；他雖然沒有以跟他作對表露自己的抱負，卻是以保持沉默表露這一點，大大小小的事一概漫不經心又信口批評，結果是他對於軍事行動毫無幫助，既沒有做事也沒有獻策，彷彿無足輕重。可是，鳩凡巴替斯塔有事返回佛羅倫斯，這時候就看得出完全不是那麼一回事：魯卡單獨留下來，處處表現他精力充沛、任事勤奮又謀略有爲——這一切在有人共事時全無蹤影。

〈結論〉

爲了確認這一點，我想再引述提圖斯．李維說的話。他提到羅馬人派遣昆提烏斯和他的同事阿格里帕去對抗埃魁人，阿格里帕希望整個軍務都由昆提烏斯處理，這時候，他說：「令出一人，這是處理大事最穩健的作法」（3.70）。這跟我們當今的共和國和君主的派任作法恰恰相反，一趟任務不只一個人，首長也不只一個，爲的是強化功能，其實混淆職權超乎常情。要想知道我們這個時代義大利和法國的軍隊爲什麼一塌糊塗，不難發現這裡說的就是主因。肯定可以下這樣的結論：主持征伐行動，智慮普通的一個人勝過非常傑出而職權相等的兩個人。

【1】譯註：馬基維利本人以佛羅倫斯共和國秘書的身分陪同特使團前往比薩。

〔16—18：行政職位〕

第16章　患難時代需要真正的德性；承平時代得勢的不是賢達，而是富貴門第

〔1〕

〔以尼基阿斯為例〕

不世出的人才在承平時期的共和國不受重視，向來如此，以後也不會例外。在承平時代，他們隨德性[1]而來的名望會激起許多公民的嫉妒，不是想要跟他們並駕齊驅，而是要超越他們。關於這一點，希臘歷史學家修西狄底斯有精闢的見解。他陳明雅典的共和體制在伯羅奔尼撒戰爭臻於高峰，抑制了斯巴達人的傲氣又幾乎主宰希臘全境，聲望如日中天，因此計畫奪取西西里。這個企圖在雅典備受爭議。沃西拜底斯和其他幾個有意擔任遠征軍指揮官的公民極力促成其事，不顧共和體制的利益而只想到個人榮譽的那些人也一樣。可是雅典城內最富盛名的尼基阿斯極力反對。他呼籲人民信任他，所提出最主要的理由是這樣的：他主張戰爭不該打，這對他並沒有好處，因為他知道在和平時有無數的公民想要趕在

【1】譯註：前此數章提到「德性」（*virtù*），係軍事領域指武德或勇氣，此處在文職領域指才能。

他的前面，可是一旦開戰，他確知沒有一個公民能超越他或跟他並駕齊驅（《伯羅奔尼撒戰爭實錄》6.8-24）。

〔2〕

〔共和國在承平時忽視人才〕

由此可見，共和國有承平時期不重視人才的弊病。這使得被忽視的那些人才在兩方面深感憤慨：一個是，看自己得不到恰當的職位；另一個是，看到比他們不適任的庸才成爲他們的伙伴或上司。共和國的這個弊病有嚴重的後遺症，因爲那些公民把自己受到不當的忽視歸咎於承平時代無憂無患，心有不甘，會竭力打破現狀，掀起動亂因而爲害公衆的利益。我思考的結果，發覺有兩個可行的對策：一個是讓公民維持貧窮，一勞永逸消除腐化的誘因；另一個是備戰，讓戰爭打不停，因此永遠需要傑出的公民，就像羅馬人早期的情形。由於軍隊常年在外，城內永遠有位置留給有德性的人，也不可能把能勝任的人趕下台然後把那個職位轉給不能勝任的人。即使有時候羅馬共和國由於錯誤或爲了嘗試而眞的這麼做，隨之而來的亂象與危險很快就會使它回歸正道。可是其餘的共和國不像羅馬那麼上軌道，而且只有迫於形勢才發動戰爭，不但不可能防範這裡說的弊病，反而會重蹈覆轍，等到被忽視卻有德性的公民興起報復心，建立聲望又吸引追隨者的時候，亂象總是接踵而來。羅馬一度免疫，可是就像前文說過的，在征服迦太基與敘利亞國王安條克而不再害怕戰爭之後，它覺得可以把軍隊放心交給任何一個人，只要那個人得到人民的擁護，根本不在乎德性。我們看到庖魯斯．埃米利烏斯多次和執政官的職位失之交臂，非要到第三次馬其頓戰爭爆發他才被任命爲執政官，那是因爲局勢非常危急，整個城市才一致同意託付給他。

〔3〕
〔安東尼奧．賈科米尼的遺恨〕

在我們的城市佛羅倫斯，一四九四年之後戰爭接二連三，佛羅倫斯的公民全都表現差勁，碰巧出現一個人展現軍事統御之道，他就是安東尼奧．賈科米尼。逢有危急的戰爭要打，其他公民的抱負都化爲烏有，因此在選擇指揮官和軍隊首長時，他根本沒有競爭的對手；可是，只要戰況明朗而且名位可觀，他就有許多競爭的對手，竟至於得要選擇三名指揮官去圍攻比薩時，他榜上無名。雖然一時看不出沒有選派安東尼奧．賈科米尼上陣對佛羅倫斯共和國有什麼壞處，可是這不難推知，因爲比薩人已經沒有能力進行保衛戰，斷糧在即，假如安東尼奧在場，必定壓得他們喘不過氣而向佛羅倫斯人拱手納降。但是由於圍城部隊的首領既不懂得封鎖之道，也不懂得攻堅行動，結果竟然演變成佛羅倫斯這個城市得要花錢購買原本可以憑武力取得的東西。可以想見這種事必定使得安東尼奧滿腔憤慨，非得要耐心加上善良才克制得了他心中那一股怨氣，否則難保不會來個玉石俱焚[2]。下一章將說明共和國應當愼防那樣的事。

【2】賈科米尼於一五〇六年對比薩的軍事行動失利後辭卸指揮官的職務；這裡說的三名指揮官於一五〇八到九在任；比薩於一五〇九年六月投降。馬基維利以參贊的身分與聞這些事件。

第17章　切忌任命受過冤屈的人擔任要職

共和國務必三思，不把重要的行政工作託付給受過大冤屈的人。

克勞狄烏斯．尼祿[1]在跟漢尼拔對陣時擅離職守，只帶一部分軍隊前往濱臨亞得里亞海的安寇納邊境去會合另一位執政官，爲的是趕在哈斯竹巴跟漢尼拔會合之前，半途攔截哈斯竹巴。他在西班牙曾經遭遇哈斯竹巴，把他困在一個地方，迫使哈斯竹巴要不是作困獸之鬥就是因斷糧而坐以待斃。可是哈斯竹巴以和議做幌子，耍一招漂亮的調虎離山計，化解自己成爲手下敗將的危機。消息傳回羅馬，在元老院內部和人民之間激起一陣撻伐，每一個人說到他無不是咬牙切齒，引爲奇恥大辱。後來他出任執政官，奉命去對付漢尼拔，採取了前面所說的策略，因爲風險非常大，整個羅馬疑懼重重而且群情激憤，這情形持續到他擊敗哈斯竹巴的消息傳回來。隨後克勞狄烏斯被問到何以採取那樣危險的策略，竟然在形勢談不上緊急的情況下幾乎是拿羅馬的自由去下賭注。他回答說，他這麼做是因爲他知道假如他成功了，他能夠恢復自己在西班牙喪失的榮譽；假如沒成功而他的策略適得其反，他知道他能夠對忘恩負義使他蒙受冤情的這個城市及其公民報一箭之仇。

在羅馬尚未腐化的那個時代，一個羅馬公民能夠記恨到這樣的程度，由此當知在條件無從相提並論的另一個城市，情形只有過之而無不及。由於在共和國發生的這一類弊害沒有可靠的對策，不可能建立

【1】譯註：於公元前二〇七年任執政官，不是指同名的羅馬皇帝。

永遠屹立的共和國，因為有成千無法預料的途徑把它引向覆亡。

第18章 將領最可稱道的是對敵人的策略有先見之明

〔1〕

〈對敵情後知後覺的下場〉

底比斯人埃帕米儂達斯有一句至理言名：將領最需要而且最管用的莫過於看出對手的策略與計謀[1]。由於這方面的情報難以獲得，能夠恰當評估敵情的人益發值得表揚。有時候探查敵人的行動甚至比瞭解敵人的計畫要來得困難，而且當前新近的事也不見得就比遙遠的事容易瞭解。舉例來說，經常發生戰鬥持續到夜晚，贏的一方以為自己輸了，輸的一方卻認為自己贏了，這樣的誤判使人作出對自己不利的決定。布魯圖和卡西烏斯就是因為這樣的錯誤而吃了敗仗：布魯圖那一翼打贏了，卡西烏斯自己打輸了就以為整支軍隊被擊垮了，因這個錯誤而對自己的安全感到絕望，自殺以終。在我們的時代，法王法蘭西斯與瑞士在倫巴底的聖塞西利亞打的那一仗，入夜之後，陣式仍然完整的那一部分瑞士軍以為他們贏了，根本不曉得友軍吃了敗仗又傷亡慘重。這個錯誤使得他們大意失荊州，打算等待早晨再度交

---

[1] 譯註：普魯塔克在*Sayings of Kings and Commanders* 187D 述及此事，不過說這話的人是Chabrias，而不是埃帕米儂達斯。

鋒，可是局面已經大為不利；他們還使得教皇和西班牙的軍隊重蹈覆轍，差點兒因這樣的錯誤而全軍覆沒，因為他們誤信捷報而揮軍渡過波河，如果再往前推進一些，勢必會被獲勝的法軍俘虜。

〔2〕

〈勝利歸於搶先掌握敵情的人〉

類似的錯誤也發生在羅馬和埃魁人的軍營。執政官森普羅尼烏斯率軍禦敵，戰鬥持續到黃昏，雙方運氣起起伏伏。入夜了，兩支軍隊各有敗績，兩方都沒有回營；實情是，他們各自撤退到附近自認為比較安全的山丘。羅馬軍分成兩股：一股由執政官帶隊，另一股交給百夫長田帕尼烏斯，羅馬軍那一天沒有全面潰敗就是後者的功勞。到了早晨，這位羅馬執政官對於敵情沒有進一步的瞭解，帶著部隊往羅馬的方向撤退；埃魁人的軍隊也是一樣，因為雙方都以為敵人得勝，因此各自退兵，留下軍營任人劫掠。田帕尼烏斯率領其餘的羅馬軍撤退，碰巧從幾個埃魁傷兵得知他們的部隊長已經棄營離去。因此，他根據這個消息，回到羅馬軍營整頓一番，然後洗劫埃魁人的營區，凱旋回到羅馬[2]。看得出這一場勝利的關鍵只在於最先明瞭敵人潰敗的眞相。這裡應當注意的是，兩軍交戰時，雙方都有可能陷入同樣的混亂，因而受到同樣的形勢之苦，這時誰先明瞭對方的形勢，勝利就歸他所有。

---

[2] 譯註：李維4.37-41：但是李維說的是沃爾西人，而不是埃魁人。

〔3〕

〔佛羅倫斯之例〕

我想就這一點舉個本地而且現代的事例。一四九八年，佛羅倫斯部署重兵包圍比薩，帶給那個城市莫大的壓力。比薩接受威尼斯人的保護，後者看不出解圍之道，決定從另一個方向襲擊佛羅倫斯的領土，藉以轉移戰事。於是，威尼斯人組一支實力堅強的軍隊，經由拉莫納谷地進軍，奪取名爲馬拉底的村子，對坐落在山丘的卡斯惕柳尼城堡展開圍城戰。佛羅倫斯人聽到這個消息，決定在不減少圍攻比薩之兵力的情況下救援馬拉底；他們招募新的步兵，組織新的騎兵，指派他們往那個方向進發。他們的首腦是皮翁比諾的主公亞寇剖四世·德·阿皮安諾和瑞奴齊歐·達·馬希安諾伯爵。就這樣，這些部隊被帶到馬拉底的山丘上，敵人從卡斯惕柳尼的四周散開，全都到村子去了。這兩支軍隊對峙幾天之後，雙方同樣深受糧食和其他必需品短缺之苦。彼此都不敢發動攻勢，也都不曉得對方的敗象，不約而同在一個傍晚決定在早上轉移陣地往後方撤退，威尼斯人朝柏基給拉和法恩扎的方向，佛羅倫斯人朝卡薩里亞和睦給婁的方向。就這樣，清早到來，兩個營區各自開始把行李後送，碰巧有個婦人離開馬拉底村往佛羅倫斯營區，因爲又老又窮而平安無事，想要探望她在那個營區的親戚[3]。佛羅倫斯的部隊長從她得知威尼斯人正在拔營，這消息使他們大爲壯膽，臨時改變計畫。他們尾隨敵軍，彷彿是在驅趕他們，同時

【3】譯註：見Guicciardini, *History of Italy* 4.3-4，不過當中並沒有述及馬基維利此處特別強調的事故。

寫信傳回佛羅倫斯說他們逐退敵人，贏了這場戰爭。這樣無中生有的勝利只是因爲比敵人搶先一步得知對方在撤兵——這個情報如果被對方先得到，也會產生不利於我們的效果。

〔19—23：行政措施〕

第19章 管制群眾是否懷柔比懲罰更有必要

〔1〕

〔領導統御有不同的風格〕

羅馬共和國由於貴族與平民之間的敵意而動蕩不安；然而，面臨戰爭時，他們派出昆提烏斯和阿皮烏斯．克勞狄烏斯指揮軍隊。因爲阿皮烏斯帶兵殘暴又嚴厲，他的手下並不服從他，差一點大敗仗。昆提烏斯卻是和藹又仁慈，他的士兵個個心服口服，所以凱旋而歸。這麼看來，統御群眾的方法是仁道優於傲氣，是慈悲優於殘暴。然而，科內利烏斯．塔西陀的見解得到許多作家的共鳴，他下過相反的結論，說：「統治群眾，懲罰比懷柔更有價值[1]。」

〔懷柔適用於共和國公民而嚴刑適用於屬民〕

折中這兩種見解，我的看法是這樣的。你要嘛統治向來跟你爲伍的人，要嘛統治向來臣服於你的

【1】譯註：此處所引不見於塔西陀的著作：參見塔西陀的*Annals* 3.55.5。

人。如果統治你的伙伴，你不可能完全仰賴懲罰，不能像科內利烏斯·塔西陀說的那樣鐵面無私。羅馬城內由於平民和貴族平等，在一定的期限擔任領袖的人不能用殘暴和嚴厲的手段。因此可以看到，比起受人畏懼的那些將領，受到愛戴的將領比較有成就，前者除非是像曼利烏斯·托夸圖斯那樣具備過人的德性。但是，如果是指揮屬民，也就是科內利烏斯推論時所指涉的對象，任誰都應當採取懲罰而不是懷柔，爲的是避免他們變得傲慢，也避免他們因爲看你隨和就把你踩在腳底下。不過，這也應當有節制，爲的是避免招怨，因爲惹怨上身的君主從來沒有好下場。要避免惹怨上身，千萬不要染指臣民的財物。如果不是貪圖財物，沒有哪個君主喜歡殺人流血，除非是形勢所逼，而這種形勢並不常見。可是一旦攙雜劫財的動機，流血事件勢所難免，就像我在別的論著對這件事詳細討論過的。因此，昆提烏斯比阿皮烏斯值得讚揚，而科內利烏斯的判斷，如果考慮其條件限制而不是應用在阿皮烏斯的情況，則是值得稱許。

〔2〕〔下一章的主題〕因爲我們談到懲罰和懷柔，我想舉例說明以仁道對待法利希人比使用武力更有效，這在我看來不算是流於蔓蕪。

第20章 以仁道對待法利希人比任何羅馬武力更有效果

〔卡米盧斯〕

卡米盧斯率軍包圍法利希人的城市時，有個老師——他教的是那個城市最尊貴的孩子——想要討好卡米盧斯和羅馬人民，以運動為藉口帶學生出城，把他們全體帶到卡米盧斯的營前獻出來，說這個城會因為他們而拱手納降。卡米盧斯不只是沒有接受那一份禮物，還剝掉那個老師的衣服，反綁他的雙手，發給每個孩子一根鞭子，要他們一路鞭打把他趕回城去。城裡的人聽到這件事，對於卡米盧斯的仁道與正直深感窩心，自衛的意願大減，決定把城市交給他。

這裡要斟酌的是，根據這個實例，充滿善意的仁道行為有時候比兇殘暴力的行為更能發揮難以言喻的成效，而且軍備、戰具以及其他人力都佔不了的地區和攻不破的城市，可能因仁道、慈悲、善心與氣度兼具的行為而不攻自破。

〔法布里基烏斯、斯基皮奧與居魯士〕

除此之外，史書上還有許多事例。我們讀到羅馬的武器無法把皮洛士趕出義大利，法布里基烏斯的寬宏氣度卻使他自動撤兵：法布里基烏斯讓皮洛士知道他的一個家奴向羅馬人提議毒死他。我們也讀到斯基皮奧．阿非坎努斯佔領西班牙的新迦太基，因此贏得的口碑比不上他把年輕貌美的妻子原璧交還她的丈夫，這個名聞遐邇的舉動為他贏得整個西班牙的敬愛。我們還看到在這方面，人民多麼盼望大人物有所表現，歷史學家、為君主立傳的作家以及為世人制定禮法[1]的那些人多麼讚揚。這些人當中，芝諾芬尤其費心闡釋仁慈與善良帶給居魯士多少的榮譽、多少的勝利、多少的美名，在他身上找不出驕傲、殘暴、貪色或任何玷污人生的惡習。

可是，我們看到漢尼拔戰功顯赫而名滿天下，所作所為卻跟以上說的背道而馳，我認為有必要在下一章談談箇中原委。

第21章 漢尼拔不同的作風何以在義大利產生如同斯基皮奧在西班牙獲致的效果

〔1〕

看到某些將領秉持相反的作風，獲致的效果卻和前面說的那種方式沒有兩樣，我想也許有人會大感驚訝。這麼看來，勝利並不是取決於前面說的事由；那種方式看來既無法增強你的實力，也無法帶給你運氣，因為相反的作法也能獲得榮耀和名望。為了在前一章提到的兩個人這個前提上說明我的看法，我重申一次：我們看到斯基皮奧進入西班牙，憑他的仁道與慈悲立即使那個地區對他友善，並且贏得當地人民的讚賞與欽佩，相反的是，我們看到漢尼拔進入義大利，作風背道而馳，總離不開殘忍、暴力、

【1】譯註：禮法指行為規範，卡斯帺柳尼（Castiglione, 1478-1529）於一五二八在威尼斯出版的《朝臣書》（*Il Cortegiano*）即屬此類。

搶劫以及各式各樣的背信，卻產生如同斯基皮奧在西班牙所獲致的成效，因爲義大利的城市全體向他倒戈，人民有志一同追隨他[1]。

〔2〕

〔畏懼比愛更有效〕

思索箇中原委，看得出有幾個理由。第一個是，人總是喜新厭舊，大體說來不論境遇好壞同樣喜歡新奇。正如同別個地方說過的，而且說得沒錯，人處在順境就厭倦，處在逆境就苦惱。因其如此，每個人都對在一個地區帶頭造成新風潮的人敞開大門：如果他是外地人，他們追著他跑；如果他是在地人，他們圍在他四周，聲援他而且擁護他，因此他不論做什麼事都會大有進展。除此之外，人們主要受到兩股力量的驅策，不是愛戴就是畏懼；所以說，任誰受到愛戴就可以發號施令，使人畏懼也一樣。確實，在大多數的情況下，使人畏懼的比受人愛戴有更多的追隨者，也更使人服從。

〔3〕

〔訣竅在於功德過人〕

因此，將領選擇哪一條路根本無關緊要，重要的是有功德可表而且他的功德廣爲人知。如果有大功

【1】譯註：馬基維利這裡說的漢尼拔當然是羅馬人觀點所見到的漢尼拔，而且我們也不該忽視馬基維利一貫誇張的筆法和以偏概全的措詞。關於漢尼拔和斯基皮奧的比較，參見《君主論》第17章。

德，像漢尼拔與斯基皮奧那樣，那就足以抵銷一切的過錯而備受愛戴或深受畏懼。易於造成君主覆亡的弊端主要有兩個：因貪求太多而失去人們的愛戴，從此受人鄙視，不論他偏離正道的程度是多麼微小；另一個是，因貪求太多而不再受人畏懼，因此招來憎恨，不論他超越常軌的程度是多麼微小。人不可能毫釐不差走中庸之道，因爲我們的本性不容許，但是有必要藉超乎尋常的德性中和超越常軌的行爲，就像漢尼拔與斯基皮奧的作爲。然而，可以看到他們兩位名揚天下的同時，也雙雙由於各自的作風而受害。

〔4〕

〔講究仁道的斯基皮奧被迫恩威並濟〕

前面已交代過他們怎麼名揚天下。至於受害，在斯基皮奧是他的士兵在西班牙背叛他，同伙的還有他的幾個朋友，起因沒別的，只是因爲他們不怕他。人就是不安分，不管通往野心的門對他們開縫多麼小，一看到有縫隙就當下忘了當初因爲領袖的仁道而對他興起的愛戴之情，就像剛說的那些士兵和朋友。所以，爲了矯正這個弊端，斯基皮奧被迫使用他向來避免的殘暴之道。

〔殘忍的漢尼拔也有功德可表〕

至於漢尼拔，沒有具體的事例證明他受害於自己的殘忍與失信，但是有理由假定那不勒斯和其他許多持續忠於羅馬人的城鎮一直心懷畏懼。無庸置疑的是，無情的行徑使得他在羅馬人的心目中比那個共和國所曾遭遇的任何敵人都來得更可恨，竟至於皮洛士率軍駐紮在義大利時，他們把打算毒死他的人告訴他知道，反觀漢尼拔，即使他的部隊丟盔棄甲逃之夭夭，他們還是不能原諒他，非要置他於死地不可。漢尼拔的處境如此不利都是因爲他自己無情、失信又殘暴的行徑而起。

可是，與之成對比的是，漢尼拔卻因此得到一大利基，這是所有的史家都欣賞的：他的軍隊雖然由不同的國家和種族組成，卻不曾發生內訌，士兵之間與將士之間都一樣。沒有別的原因，就是因爲大家都怕他，畏懼攙雜他的功德所帶來的名望，竟至於他的士兵安分又團結。

〔榮耀只繫於成效〕

因此，我得出結論：只要有高超的功德調劑這兩種作風，將領採取哪種方法並不是頂重要的，因爲就像前面說過的，如果沒有超乎尋常的功德加以矯正，這兩種作風都有缺失與危險。漢尼拔和斯基皮奧作風不同，一個令人讚賞而另一個令人憎惡，卻產生同樣的效果。既然如此，對於也是以同樣值得讚美的不同方式獲致同等榮耀的兩個羅馬公民略而不論，在我看來並不妥當。

第22章 曼利烏斯・托夸圖斯的嚴厲和瓦列瑞烏斯・科維努斯的和藹各自獲得同等的榮耀

〔1〕

〔殊途同歸的兩個羅馬將領〕

有兩個傑出的將領在羅馬同時出現，就是曼利烏斯・托夸圖斯和瓦列瑞烏斯・科維努斯。他們同時住在羅馬，具備相似的德性，得到相似的勝利和榮耀，跟敵人打交道也展現相似的德性而各有斬獲；可是在領導統御和帶兵之道，他們的作風大不相同。曼利烏斯對士兵要求嚴格無所不用其極，勞動或懲罰不間斷；瓦列瑞烏斯則事事講究仁道，處處流露親切之情。只就一事而論，這兩人當中有一個是爲了要求士兵服從不惜殺自己的兒子，另一個卻是不曾爲難任何人。儘管作風如此不同，他們各自結出同樣的果實，禦敵有成，祖國和個人同蒙其利。不曾有士兵臨陣退卻、叛變或表現出任何形式的抗命，雖然曼利烏斯的命令嚴厲到舉凡超乎常規的命令都被稱作「曼利烏斯的命令」（李維8.7）。

〔何以曼利烏斯治軍嚴謹〕

這裡要檢討的是，首先，何以曼利烏斯採取如此嚴格的作風；其次，何以瓦列瑞烏斯可以採取如此仁道的作風；再其次，什麼因素使得差異這麼大的作風產生同樣的效果；最後，哪一個比較適合效法而且比較實用。仔細斟酌提圖斯・李維對於曼利烏斯的記述，任誰都看得出他非常強悍，對父親和祖國忠孝兩全，對長官非常恭敬。這些事可以從他殺死那個法國人之死[1]看出，可以從他爲了保護父親而反抗護民官[2]看出，也可以從他跟那個法國人決鬥之前對執政官說的一句話看出——他是這麼說的：「沒有你的命令，我絕不跟敵人交手，雖然我穩操勝算[3]。」像這樣的人一旦出任指揮官的職位，當然盼望每一個人都跟他一樣；個性強悍則發號施令跟著強悍，那樣的人下命令就是會貫徹到底。下達嚴厲的命令必定要求下面的人嚴格遵守，這是鐵律，否則就是自欺欺人。

〈強勢的作風得要有實力為後盾〉

這裡要注意的是，如果要別人服從，有必要知道如何發號施令；知道如何發號施令的人就是會比較自己和屬下在個性上的異同，發覺彼此相稱才下命令，不相稱就作罷。

〔2〕

所以，智慮周詳的人喜歡說，以暴力掌控共和國，施加暴力的一方和承受暴力的一方必定要合乎比例原則。比例相當則可以相信暴力可以持久使用，可是一旦承受暴力的一方比施加暴力的一方強大，不

【1】譯註：公元前三六一年，曼利烏斯得到執政官的允許，單挑高盧的巨無霸，擊斃對方後奪其頸環，因此得到「托奎特斯」（Torquatus，拉丁文小寫為「佩戴頸環者」之意）的稱號（李維7.10）。

【2】譯註：曼利烏斯的父親在公元前三六二年被指控在擔任獨裁官任內行為殘暴，甚至連自己的兒子也趕出家門，這同一個兒子以死亡威脅護民官撤回控訴（李維7. 5）。

【3】譯註：根據李維7.10，下命令的不是執政官，而是獨裁官Titus Quintius Poenus。

難推斷暴力朝不保夕。

〔3〕

〈軍紀嚴明的指揮官〉

不過，言歸正傳，我說要對強者發號施令必須本身就是強者；而且，具有這樣的實力發號施令的人不可能在要求貫徹命令時虎頭蛇尾。但是，任誰沒有這樣堅毅的精神都應當嚴防自己下達超乎常情的命令，倒是可以把自己的仁慈用在合乎常情的命令，因爲合乎常情的懲罰並不是出自領袖的意思，而是出自法律和紀律的要求。

這麼說來，應當相信曼利烏斯是迫不得已藉超乎常情的命令採取如此嚴格的作風，那是他的天性使然。這些命令在共和國派得上用場，因爲它們把共和國的紀律帶回初始的狀態，使古代的德性恢復活力。正如前面說過的，共和國如果有幸經常有以身作則的人更新法律，不只是阻止它衝向窮途末路，甚至還把它拉回來，那麼它有可能國運永祚。曼利烏斯就是那樣的人，他以嚴格的命令維繫羅馬的軍紀，起初是天性使然，隨後是他的人格特質要求命令非貫徹到底不可。

〈和藹可親的指揮官〉

在另一方面，瓦列瑞烏斯行事一向講究仁道，只要遵守羅馬軍中普遍遵守的規矩就夠了。那些規矩是好規矩，因此足以維繫他的榮譽。遵守軍紀常規並不難，因此沒必要勞駕瓦列瑞烏斯懲罰違規者，也許是因爲沒有人違規，就算有人違規，他們也會跟我們說過的情形一樣，把懲罰歸因於紀律，而不至於怪罪領袖殘暴。此所以瓦列瑞烏斯能夠盡情展現他的仁道，贏得士兵的擁護而且使得他們心悅誠服。

〔效法前賢得要有本事〕

這兩者就是因爲博得相同程度的服從，殊途同歸產生同樣的效果。想要效法他們的人可能畫虎不成反類犬，招來輕視與怨恨，就像我在前面提到漢尼拔和斯基皮奧的情形。要避免那樣的下場必須擁有超尋常的功德，除此沒有別的方法。

〔4〕

剩下來要斟酌的是，這兩種領導統御的方式，哪一個比較値得推薦。我相信這事大有可爭辯的餘地，因爲兩種方式都有人讚美。話雖這麼說，論及統御之道的人對於瓦列瑞烏斯的支持超過曼利烏斯；而我前面引述過的芝諾芬舉了居魯士的許多仁道事例，非常吻合提圖斯·李維對於瓦列瑞烏斯的說法。他擔任執政官對抗薩謨奈人的時候，在開戰前對士兵發表演說，仍然展現他一貫的仁道作風；演說結束後，提圖斯·李維說了這樣的話：「沒有更親切對待士兵的領導人了，因爲他和最低階的士兵在一起也是心甘情願共同承擔所有的義務。還有，在戰技訓練場上，階級相同的人在比賽速度和體力時，他總是誠心誠意下場比賽，任誰向他挑戰都不會吃到閉門羹，他自己不論輸贏都神色自若。做起事來，他總是寬宏大度；說起話來，他重視別人的感受不下於重視自己的尊嚴。最受人稱道的是，他執行職權絲毫沒有官架子」（李維7.33）。

說到曼利烏斯，提圖斯·李維也是滿懷敬意，表明他大義滅親，爲了維護軍紀不惜以兒子的性命爲代價，因此促成羅馬民族擊敗拉丁人。他如往常先描述所有的陣式，指出羅馬人在那樣的情況下面臨的一切危險以及爭取勝利所必須克服的困難，一路讚美到那一場勝利之後，得出這樣的結論：羅馬人只憑曼利烏斯的德性贏得勝利。比較雙方兵力之餘，他宣稱擁有曼利烏斯擔任執政官的一方將獲得勝利。

因此，斟酌歷代史家們對這事的見解，難以判斷這兩種領導統御的優劣。

〔治軍嚴厲比較能保障政權〕

然而，爲免這問題懸而未決，我要表明自己的看法。對於生活在共和國法律之下的公民而言，我相信曼利烏斯的作法比較值得讚美而且危險比較少，因爲他的方式完全著眼於公衆的利益，絲毫沒有個人的野心。對每一個人都一絲不苟而且只喜愛對公衆有利的事，沒有人能夠憑這樣的模式形成黨派，因爲任誰這麼做都不是爲自己爭取特定的朋友，也就是我們在前面所稱的黨派。所以說，在共和國不可能有更實用或更令人盼望的領導作風了，因爲這其中只有公共利益的考量，不可能有個人的權力慾在作祟。相反的是瓦列瑞烏斯的作法，雖然對公衆產生同樣的效果，可是以善意爭取軍心難免招引重重的疑慮，長此以往恐怕會危及公衆的自由。

〔5〕

〔治軍溫和有利於君主卻不利於公民〕

瓦列瑞烏斯沒有造成前文說的惡果，那是因爲羅馬的情操還沒有墮落，他擔任執政官也不長久，而且斷斷續續。如果像芝諾芬那樣以君主的利益爲主要的考量，我們會全面倒向瓦列瑞烏斯而棄絕曼利烏斯，因爲君主理當尋求士兵和百姓的服從與敬愛。服從使得他們遵守法紀，也使他自己成爲有德可表的人，敬愛則使他獲得和藹、仁道、慈悲以及瓦列瑞烏斯——還有芝諾芬所說的居魯士——所具備的其他特質。君主受到百姓的擁戴和軍隊的效忠，這符合政府的利益；可是一介公民而以軍隊爲其黨羽，這和他的身分格格不入，因爲公民必須生活在法律的規範之下，並且服從司法行政官。

〔6〕

〔本章的結論與下一章的主題〕

從威尼斯共和國的古代文獻可以讀到，威尼斯的槳帆船隊伍回到威尼斯時，船員和人民發生齟齬，結果造成武裝暴動，官方的武力、公民的威望或司法行政官的權威都無從制止。幸虧有個紳士即時出面，他在一年前擔任那些船員的指揮官，他們基於對他的敬愛而離開械鬥的現場。那樣的服從性引發元老院的疑慮，之後沒多久威尼斯爲了保障自己的安全而將他下獄或處死【4】。

所以，我的結論是，瓦列瑞烏斯的作法對君主有益，對公民卻有害，祖國和自己同樣受害；對祖國有害是因爲那樣的作風無異於爲專制鋪路，對自己有害是因爲那樣的作風導致城市爲了保障安全而採取不利於他個人的行動。反過來說，我主張曼利烏斯的作風對君主有害，對公民卻有益，對於祖國尤其如此；它也很少帶來傷害，除非德性樹大招風使得鐵面無私引發的憎恨雪上加霜，正如下一章引卡米盧斯

【1】譯註：此一事件無從證實，很可能是馬基維利移花接木致使後人難徵其詳的一個顯例。

的事例所要說明的。

第23章　卡米盧斯為何被羅馬驅逐

我們在前面已經得出結論，像瓦列瑞烏斯那樣的仁道統御傷害祖國也傷害自己，像曼利烏斯那樣鐵面無私的作法則是成全祖國而有時候傷害自己。這一點從卡米盧斯的事例得到完全的證實，他的作風像曼利烏斯而不像瓦列瑞烏斯。

提圖斯・李維述及卡米盧斯，說「士兵對他的德性又是憎恨又是敬佩」（5.26）。他令人敬佩的地方在於他無微不至的關懷、周詳的智慮、偉大的情操、潔身自愛以及治軍嚴明；他引人憎恨的在於懲罰過嚴而獎勵不夠大方。提圖斯・李維總結這些引人憎恨的原因如下：第一個是，他把從維愛人搜括而來的物品變賣所得的款項充公，而不是當作戰利品加以朋分；另一個是，在凱旋聲中，他的凱旋戰車是由四匹白馬拉的，他們說那是由於他的驕傲，自己爲太陽神；第三，他立誓要把從維愛人得到的戰利品撥出十分之一獻給阿波羅，爲了還願只好強取士兵已經得手的東西。

以上所述一目瞭然，可以看到君主爲什麼招人民記恨，其中最主要的一個原因是剝奪他們的利益。這事非比等閒，因爲人一旦被剝奪對自己有實際利益的東西，他會耿耿於懷，芝麻小事都會提醒忘不了的往事；又因爲那樣的小事無日無之，所以你會念念不忘[1]。另一個原因是趾高氣揚，沒有比這更招人民憎恨的事了，特別是對於自由民而言。雖然趾高氣揚不至於爲害大衆的利益，可是鋪張的排場就是惹人痛恨。君主應當提防氣焰就像是在閃避暗礁，因爲無利可圖的招恨之舉怎麼說都是魯莽，難有智慮可言。

【1】譯註：人稱代名詞由「他」變成「你」，原文如此。

〔24—30：內部的安穩〕

第24章　指揮官的任期延長使羅馬淪為奴役

仔細斟酌羅馬共和國的作風即可明白，有兩件事導致那個共和國分崩離析：一個是農民法引發的爭議，另一個是指揮官的任期延長。這些事如果從一開始就深入理解，並且對症下藥的話，自由的生活方式將會持續更久，或許也會更安定。至於延長指揮官的任期，雖然看不到在羅馬引發什麼動亂，其實看得出來公民經由那樣的決定所取得的權勢對於該城市的傷害有多深。假如司法行政官職的任期被延長的其他公民都像魯基烏斯・昆提烏斯那樣明智又善良，就不會陷入這樣危急。他的善良是個醒目的榜樣，理由如下所述。

在平民和元老院已經達成協議的時候，平民判斷護民官有能力抵抗貴族的野心，於是把他們的任期延長了一年，元老院則為了抗衡平民以免顯得自己屈居下風，希望延長魯基烏斯・昆提烏斯的執政官任期。他斷然拒絕，說為人應該設法消除壞榜樣，不要添增惡例，還敦促選舉新的執政官。如果所有的羅馬公民都具備那樣的善良與智慮，就不會有延長司法行政官任期這樣的提議，因此也就不會有後來導致共和體制崩潰的延長軍事指揮官任期這樣的一個舉動。

第一個任期延長的指揮官是朴柏里烏斯．菲洛。他率兵駐紮在帕里波利斯的時候，執政官任期即將屆滿，元老院覺得他勝利在望，沒有指派繼任的人選，而是任命他擔任總督，他就這樣成爲第一個總督。雖然元老院的動機是爲了公衆的利益，那件事後來卻使羅馬淪爲奴役。隨著羅馬派駐外地的軍隊越往遠處推進，像這樣的延任越來越有必要，他們也越來越習慣。結果產生兩個流弊：一個是，具備指揮官實務經驗的人數減少了，因此名望侷限在少數人身上；另一個是，一旦由某個公民長期擔任軍隊的指揮官，他會收攬軍心作爲自己的黨羽，到時候軍隊會忘記元老院而只認得他是他們的領袖。因其如此，蘇拉和馬略能夠找到士兵追隨他們違抗公益；因其如此，凱撒能夠把祖國當作囊中物。假如羅馬人不曾延長司法行政官和指揮官的任期，假如他們不是在那麼短的時間發展成那樣的強權，又假如他們的征略大業進展緩慢一些，他們淪爲奴役[1]的時間會更晚一些。

第25章　論金金納圖斯以及許多羅馬公民安貧知足

前文已說明，讓公民保持貧窮最適用於治理自由的生活方式。雖然在羅馬看不出來是哪個制度產生這個效果，尤其是因爲農民法遭遇那麼大的阻力，然而從經驗可知，羅馬建城之後四百年一直處於非常

【1】譯註：借用馬基維利的措詞，「淪為奴役」是指羅馬人喪失「自由的生活方式」，具體而言就是帝制取代共和制。

貧窮的狀態。我也無法相信還有什麼更優良的制度能產生這個效果，除了貧窮不會阻礙進身之階或爭取榮譽的門徑，以及不論出身只看功德。這樣的生活方式使人比較不會鑽營財富，我舉個例子來說明。

執政官米努基烏斯跟他的軍隊受到埃魁人圍攻而不得脫身，羅馬一片驚慌，唯恐軍隊被消滅；於是他們任命一名獨裁官，這是他們在危急之秋的終極對策。他們推舉魯基烏斯．昆提烏斯．金金納圖斯[1]，他當時在自己的小農場，親手勞作。這事得到提圖斯．李維無比崇高的讚揚，他說：「對於環顧世間只認得財富，以及認為除了錢財滾流之處別無榮譽和功德的那些人，這件事值得細心傾聽」（李維3.26）。金金納圖斯正在他那不超過四犁畝範圍的農場耕作，元老院的代表從羅馬來向他傳達他獲選出任獨裁官一職，告訴他羅馬共和國所面臨的危急。他穿上托加袍，抵達羅馬，集合了一支軍隊，前去解救米努基烏斯。他擊敗並且劫掠敵人之後，不想讓被圍困的軍隊分享戰利品，說了這樣的話：「我不希望你們分享幾乎把你們當戰利品的那些人的戰利品」（李維3.29）。接著他撤除米努基烏斯的執政官職，把他貶為副將，對他說：「就留在這個職位，直到你學會怎麼當執政官[2]。」他任命魯基烏斯．塔昆尼烏斯為他的騎兵隊長，後者原本因為貧窮而只能擔任步兵。

由此可見羅馬人視貧窮為榮譽，而且對於像金金納圖斯那樣善良又有才能的人來說，四犁畝的土地

[1] 譯註：即前一章所提到的魯基烏斯．昆提烏斯。

[2] 譯註：馬基維利以義大利文引李維3.29，其實在李維的拉丁原文，金金納圖斯是這麼說的：「在開始擁有執政官的志氣之前，你就以副將的身分率領這軍團。」

就足夠維生。在馬庫斯·雷古盧斯的時代，位居要津的公民仍然保持貧窮本色；他在非洲帶兵的時候，要求元老院准他回家照顧農莊，因爲他的工人疏於整理。由此可見非常値得注意的兩件事。一個是，貧窮，以及他們安於貧窮這件事實，還有從戰爭得到榮譽對於那些公民來說就夠了，有用的東西則全部充公。假如有過發戰爭財的念頭，他根本就不會爲田地荒蕪的事情操心。另一個値得注意的是那些公民光明磊落的胸懷，一旦負起軍隊的重責大任，他們所發揮高尙的情操讓每一個君主相形失色。他們不把國王或共和國看在眼裡，十足展現無慾則剛的形象。隨後解甲還鄉回復平民身分，他們變得樸素、謙虛、對自己有限的資產小心翼翼、服從地方長官、尊敬長輩，簡直是脫胎換骨令人難以置信。

這種安貧樂道的節操甚至持續到庖魯斯·埃米利烏斯，這差不多就是那個共和國最後的幸福時代了，也就是一介公民憑自己的功業使羅馬富足而不改個人守貧之志。在那個時代，貧窮仍然備受推崇，竟至於庖魯斯爲了表揚在戰爭中表現出色的人，把一個銀杯給了他的一個女婿，那居然是他家裡的第一個銀杯。

貧窮產生的善果遠非財富所能相提並論。貧窮爲城市、地區和教派帶來榮譽，財富帶來的卻是毀滅，要不是經常有人討論這個題材的話，我眞想大書特書一番。

第26章　女人如何禍國殃民

〔1〕

〔阿爾代亞的事例〕

在阿爾代亞城，貴族與平民之間爆發動亂，起因是一場婚禮。有個富家女要結婚，卻有貴族與平民各一人向她求婚。她沒有父親，她的監護人想把她嫁給平民，她的母親卻中意貴族。事情鬧大了，竟至於發生械鬥，貴族與平民帶著武器各擁一方。平民落敗之後離城而去，派人前往沃爾西求援，貴族則派人前往羅馬。沃爾西人先馳得點，在阿爾代亞附近紮營。羅馬人隨後趕到，採取反包圍，把沃爾西人困在該城和羅馬部隊之間。沃爾西的部隊動彈不得，熬不過饑餓而無條件投降。羅馬人進入阿爾代亞，殺死滋事的首腦，穩定了該城的秩序。

〔2〕

〔舉例證實亞里斯多德的看法〕

這一段文本有幾件事值得注意。首先，我們看到女人是許多動亂與禍殃的原因，爲治理城市的人帶來大害，使得他們分崩離析。就像我們在李維的《羅馬史》所看到的，魯柯瑞替雅被欺負過頭，斷送了塔昆家族的政權。接著，維吉妮雅被欺負，十人執政團因此被剝奪職權。亞里斯多德所列舉專制君主覆亡的首因就是爲了女人而傷害別人，不論是強暴她們、侵犯她們或破壞她們的婚姻，就像我在〈論陰謀〉那一章詳細陳述過的。

所以我說專制君主和共和國統治者可別在這方面掉以輕心，倒是應該斟酌這樣的事故可能引發的禍殃，並且即早尋求對策，以免重蹈阿爾代亞人的覆轍，禍國又殃民。任由敵意在公民當中蔓延的結果就是內亂造成分裂，爲了尋求統一只好向外求援，這卻是淪爲奴役的前兆。

〔3〕

〔下一章的主題〕

不妨轉向另一件值得注意的事，就是分裂的城市如何恢復統一。請見下章。

第27章　分裂的城市如何恢復統一；何以控制城市必須把城市控制在分裂狀態這個看法錯誤

〔1〕

〔動亂的首腦必須處死〕

羅馬執政官調停阿爾代亞人的紛爭，從這個事例可以注意到整合分裂的城市有什麼可行之道。說穿了就是處死動亂的首腦，此外別無對策。具體的做法不外三種：像羅馬執政官那樣把他們處死，或是把他們驅逐出境，不然就是強迫他們和平共存，不許冒犯對方。這三種模式當中，最後這一種害處最大，效果最不確定，最不管用。理由是，既已流了大量的血，或其他類似的傷害，強迫達成的和平是不可能持久的，因爲他們天天都碰面，在這樣的情況下禁止他們傷害對方是很困難的，因爲他們在言詞上你來我往每天都可能發生爭執。

〔2〕

〔皮斯托亞之例〕

就這一點而論，不可能有比皮斯托亞城更好的例子。該城在十五年前分裂成潘奇派和坎茄派，到現在還是一樣，不過當時是械鬥火拼，現在已經放下武器[1]。他們之間經歷許多的爭執，血也流了，房子也毀了，彼此劫掠財物，發洩敵意無所不用其極。佛羅倫斯人要擺平這件事，總是使用前面說的第三種模式，隨後總是引發更大的動亂。就這樣筋疲力竭，他們改用第二個模式，隔離黨派的首腦，有一部分下獄，其餘的分別限制在不同的流放地，以便維持協議，到今天仍然維持同樣的狀況。但是毫無疑問，第一個模式最穩當。然而，由於那樣的作法，權力與氣魄缺一不可，軟弱的共和國不曉得如何進行，而且那種大刀闊斧的作風跟他們的氣勢格格不入，只好勉爲其難採取第二種對策。

〔現代人因無知又沒有擔當而不識殷鑑〕

這就是我在第一卷前言所說，我們這個時代的君主面臨重大的判斷時所犯的錯誤，他們理當聽聽古

【1】譯註：皮斯托亞是佛羅倫斯的屬地，黨派火拼之事發生在一五〇〇年八月到一五〇二年四月之間。潘奇派跟當時流亡在外的麥迪奇家族結盟，坎茄派則支持佛羅倫斯的共和體制。馬基維利在一五〇一年數度以佛羅倫斯特使的身分前往皮斯托亞。

人面對類似的情境如何下決斷。可是現在的人由於教育不足與知識匱乏而沒有擔當，這使得他們認定古代的決斷有一部分不近人情，也有一部分行不通。他們有自己的看法，卻根本違背實情，就像沒多久以前我們城裡那些聰明的人常掛在嘴上的，說什麼掌控皮斯托亞需要透過黨派，掌控比薩則需要透過軍事要塞。他們不明白這兩樣東西根本沒用。

〔3〕

〔城市分裂遺害無窮〕

我想略過要塞，因爲我們在前面已經長篇討論過了。我現在想申論的是，使你要統治的城市保持分裂並沒有用處。首先，你不可能長期維繫雙方兩黨對你的友誼，不論你是以君主還是以共和國統治他們。在分裂的局面中有所偏袒是人之常情，總會有這個比那個更討人歡心的情況。因此，只要城裡有個黨派對你心生不滿，那麼在隨後的第一場戰爭你就會失去那個城市，因爲在內外同時受敵的情況下是不可能守住城市的。如果統治的是共和國，那麼要使你的公民腐化又使你的城市分裂，最好的辦法就是統治一個分裂的城市，因爲各派都要尋求支持的力量，都會使用種種腐敗的手段結黨營私。因此會孳生兩大弊端：一個是，由於你沒有能力好好治理他們，你不可能使他們對你的友善，因爲政府更迭不已，每換一個政府，他們就得重新適應一次；另一個是，黨派之分必然使共和國陷於分裂。畢翁多談到佛羅倫斯人和皮斯托亞人，說：「佛羅倫斯人想要使皮斯托亞恢復團結，徒然造成自己的分裂」（Flavio Biondo, *Historiae decades tres*, 2.9）。因此不難想見這樣的分裂會帶來什麼後遺症。

〈4〉

〈無能才會分裂城市以遂行統治〉

一五〇二年，阿瑞佐淪陷而整個泰維雷谷地和基亞納谷地都從我們的控制下被維帖利兄弟和瓦倫提諾公爵佔領，這時候來了一位德·蘭特先生，法國國王派他來爲佛羅倫斯人收復所有失守的城鎮。蘭特發覺每到一個城鎮，前來會見他的人都自稱是馬佐科黨人；他對於這樣的分裂意識深深不以爲然，說在法國假如有某個國王的屬下說自己是國王的黨人，他一定會受到懲罰，因爲那樣的字眼擺明了在那個城鎮有人對國王不友善，而國王盼望的是所有的城鎮都對他友善，都團結一致而沒有黨派之分[2]。結黨營私這一類偏離正道的作法和看法都是源自統治者的懦弱；他們發覺自己無法憑武力和德性掌控政權，轉而求助於這樣的旁門走道，在承平時期有時候是有一些作用，可是一旦時局艱困，根本沒用。

第28章　務必留心公民的作為，因為善行義舉往往隱藏專制的種子

〈以不當的手法爭取人望〉

羅馬城饑荒爲患，開放公家的糧倉仍不濟事，這時候有個叫做麥利烏斯的大富豪，有意提供他私人

[2] 譯註：不見於其他文獻，馬基維利可能是陪同這位「德·蘭特先生」（即Antoine de Langres）時聽他親口說的。

的穀物賑濟平民。他因此爭取到大批擁護他的民衆，竟至於元老院認爲他的樂善好施可能孳生弊端，爲了在他勢力坐大之前即時壓制，增設一名獨裁官處理此事，然後把他處死。這裡値得注意的是，看似善行義舉的作爲，理法上無從指責，卻往往演變成尾大不掉的局面，如果沒有即時糾正會遺禍共和國。

〔個人的野心應該用於成全共和國〕

這件事値得全面檢討。共和國如果沒有聲望卓著的公民就不可能屹立，也無論如何不可能治理上軌道。在另一方面，公民個人的聲望卻也是共和國出現專制的原由。要規範這件事，得要設法讓公民因人望而來的名望有助於而不是有害於城市及其自由。所以應當檢討他們博取名望的模式，這其實不外兩種：要不是公開走前門，就是徇私走後門。走前門的模式是指一個人提供可取的建言，致力於促進公益，因此得到名望。像這樣的榮譽之路應當開放給公民，並且對於他們的建言與作爲要樹立獎賞的制度，好讓他們得到榮譽和滿足。如果經由這些途徑得到的名望光明磊落，那就不會有危險；但是，如果走的是前面說的另外一條路，也就是走後門，那可就非常危險而且後患無窮。走後門是針對這一位或那一位私人個體給予好處——借他錢，把女兒嫁給他，爲他關說包庇，或爲他做類似的私人恩惠，使別人成爲黨羽，使他們所追隨的那個人壯膽而敢於敗壞社會大衆進而破壞法律。

〔獎善懲惡的羅馬制度〕

因此，制度建全的共和國應當像前面說的，對有意走前門尋求人望的那些人門戶洞開，對存心走後門尋求人氣的那些人則門戶緊閉，就像羅馬人那樣。爲了獎賞戮力從公的人，羅馬制定了頒給公民種種殊榮的制度；爲了懲處形形色色走後門以壯大自己的行徑，制定了罰則。可是這樣還不夠，因爲民眾看到金玉其外的東西就盲目，所以羅馬又創設了獨裁官，賦給他王權把那些犯規的人拉回來，就像懲罰麥利烏斯那樣。任由這一類事情逍遙法外可能導致共和國滅亡，因爲一旦開了惡例，要引回正道就難了。

第29章 人民的罪過因君主而起

君主不應該抱怨受他統治的民眾所犯的罪行，因爲那樣的罪行無非是源自他的疏忽，不然就是他自己也犯了類似的過錯。任誰細察我們這個時代四處搶劫和犯下類似罪行的那些人，就會明白他們只是複製統治者的行徑，都是一丘之貉。在教皇亞歷山大六世剷除羅馬涅山頭林立的眾領主之前，當地就是無以復加的罪惡人生一淵藪，因爲在那個地方看得到每一個微不足道的理由都能造成慘不忍睹的屠殺和搶劫。那都是君主本身邪惡所致，不是像他們常說的由於人們天性邪惡。那些君主沒有財富可言，卻盼望像有錢人那樣過好日子，只好千方百計大肆搶劫。他們一貫的可恥行徑當中，有一項是立法禁止某個行爲，然後自己率先找理由不遵守，上行下效也不懲處，總是拖到積習蔓延成風。於是他們搬出罰則，倒不是基於對法律的尊重，而是貪圖罰金作爲斂財之道。弊病因此層出不窮，最嚴重的是人們變貧困而且走頭無路，貧困的人則極力向比他們弱勢的人搜括。

〔統治者應該以身作則〕

因此可知，前面說的一切惡因都在君主身上。提圖斯．李維可以證明我說的是實情。他述及羅馬副將攜帶從維愛人得到的戰利品前往德爾菲的阿波羅廟，在西西里被黎帕里的海盜抓到，被押進城。他們的君主惕馬席透斯雖然是土生土長的黎帕里人，卻自視爲羅馬人，在得知禮物的性質、目的地與奉獻對象之後，向大家說明奪取這樣的禮物是多麼失禮。於是，徵得集體同意，他讓這副將帶著他們所有的東西離開。我們的歷史學家是這麼寫的：「群眾總是追隨領袖，他們接受了惕馬席透斯開導的宗教情操」。（李維5.28）羅倫佐．德．麥迪奇認同這個判斷，說：

主公所爲，眾人相隨；
眾望所歸，主公是謂。（*La rappresentazione di San Giovanni e Paulo* 2.100）

第30章 存心憑個人影響力造福共和國的公民有必要先消除嫉妒；敵人當前該如何展開城邦的防務

〔1〕

〔德性足以服眾則不至於激發嫉妒〕

托斯卡納全境動員打算進犯羅馬，拉丁人和赫爾尼基人也加入戰局，他們在以前是羅馬人民的朋友，如今卻站在沃爾西人那一邊，而後者是羅馬的宿敵。羅馬元老院得知這樣的消息，判斷戰爭必定慘烈。由於卡米盧斯是擁有執政官權力的護民官，他認爲如果共事的其餘護民官願意把最高指揮權讓給他，他們就可以不設獨裁官。相關的護民官自願這麼做，提圖斯·李維寫道：「他們不認爲授給他權力有損於自己的尊嚴」（李維6.6）。

獲得服從的承諾之後，卡米盧斯下令徵召三支軍隊。他自己率領第一軍去攻打托斯卡納人，指定昆圖斯·塞爾維烏斯統率第二軍，希望他留在羅馬近郊遏止拉丁人和赫爾尼基人進犯的意圖，同時安排魯基烏斯·昆提烏斯掌管第三軍負責城市的安全，保衛城門和元老院。此外，他還責成同事之一的霍拉提烏斯供應軍備、穀物以及戰爭期間的其他軍需品。他指定也是執政官同事的科內利烏斯主持元老院和公共會議，以便針對每天必須配合執行的事項提供意見。就這樣，那段期間的護民官爲了祖國的安全既指揮也服從。

〔置之死地而後生可以化解嫉妒〕

從這一段文本可以注意到賢達人士藉自己的品性與德性成功化解別人對他的嫉妒時，可以有些什麼作爲、能發揮多大的用處、又能夠爲國家帶來多大的好處。常見嫉妒使人勞而無功，因爲它使人無從掌握處理重大事情時必須具備的權力。

有兩個方法可以化解嫉妒。一個是發生重大事故，人人感到自身難保，因此放棄個人的野心，情願服從於他相信有能力幫他脫困的人。卡米盧斯的遭遇就是這樣，他多次證實自己是傑出的人才，三度擔任獨裁官，在那個職位上所作所爲都是爲了公衆的利益，而不是爲私人的利益。他人格崇高又聲望卓著，成爲他的下屬不至於使人引以爲羞，所以提圖斯·李維說出前文引述的那句話。

〔改革者有時需以暴力化解嫉妒〕

另一個消除嫉妒的方法是，名望與權勢跟你互相頡頏的競爭對手死亡，不論是由於暴力或自然的因素。他們如果看到你的名望比他們高，他們不可能隱忍不發。那樣的人如果在腐敗的城市長大，教育不可能帶來什麼好的影響，那麼任何事故都不可能改變他們。爲了落實自己的願望和滿足剛愎的心態，他們看到祖國覆亡會沾沾自喜。要克服這種嫉妒，除了當事人自己死亡之外沒有別的對策。一旦機運對於有德可表的人如此友善，竟至於讓那些心懷嫉妒的人自然死亡，那麼他可望平步青雲榮耀加身，在沒有阻礙又不得罪別人的情況下展現他的功德。如果沒有這樣的好運，那就只好設法鏟除不顧祖國安危的嫉妒者，而且一定要有破釜沈舟的決心。用腦筋讀過《聖經》的人都知道，摩西爲了落實他的法律和推動他的政令，被迫殺死無數的人，那些人只是出於嫉妒就反對他的計畫（《舊約．出埃及記》32.25-28）。

〈當代佛羅倫斯毀於嫉妒的事例〉

薩沃納羅拉修士深切明瞭爲形勢所逼的處境，佛羅倫斯的司法行政長官皮埃羅．索德瑞尼也一樣。這一位修士克服不了別人的嫉妒，因爲他沒有足夠的權力，也因爲追隨他的人對他不夠瞭解。事情懸而未決不能怪到他頭上。他的講道內容滿篇都在控訴「世間的聰明人」，他就是這樣稱呼嫉妒者以及反對他改革的那些人，對他們口誅筆伐不遺餘力。至於我說的司法行政長官，他相信只要有時間和好運，善心加上施惠就能化除嫉妒。他還年輕，他的作風又爲他新增那麼多支持的力量，他相信自己能夠克服不論多少出於嫉妒而反對他的人，不會帶來任何謠言、暴力與動亂。他不曉得時間不等人，善意不足以成事，運氣無常，而且惡性不會因爲得到好處就收斂。所以，這兩個人同樣一敗塗地，因爲他們不曉得如何或沒有能力征服嫉妒。

〈2〉

〈有制度才能自衛〉

另一個要點是卡米盧斯爲了羅馬裡裡外外的安全所擬定的制度。說眞的，像李維這樣優秀的歷史學家，把某些事件記錄得鉅細靡遺，以便後世學習面臨類似的變局知道如何自保，可謂其來有自。在這一段文本應當注意到，毫無章法的防禦措施最危險也最無效。卡米盧斯徵召第三支軍隊，把它留在羅馬擔任防務就表明了這一點。以前和現在同樣有許多人判斷這一部分是多此一舉，因爲羅馬人原本好戰，又隨時備戰，因此根本就不需要徵召他們入伍，而是在需要時把他們武裝起來就夠了。可是像卡米盧斯那樣明理的人做出不一樣的判斷；他向來不允許群衆拿武器，除非他們接受軍事訓練與規範。所以，根據這個事例，奉命負責城市防務的人應當像在防暗礁那樣避免提供武器給烏合之衆，而是應當先挑選然後徵召他希望加以武裝的那些人，而他們必須完全聽命於他，不論集合或移防的地點在哪裡。沒有被徵召的那些人則奉命留在各自的家裡擔任防務。受到攻擊的城市只要遵守這一套制度就不難自保，自作主張不效法卡米盧斯的就無法自保。

〔31—35：鎮定、暴動、信心、選舉與獻策〕

第31章　強大的共和國與傑出的人不論機運如何總保持同樣的節操與尊嚴

〔1〕

〔統治者的人格與機運〕

我們的歷史學家讓卡米盧斯說出許多令人過目難忘的話，包括傑出人士該有的表現，其中一項是這麼說的：「獨裁官的職位沒有使我神采飛揚，放逐也沒有使我灰心喪志」（李維6.7）。從這話可以看到偉人不論機運如何，總保持本色；就算機運生變使他們起起伏伏，他們依然不變，而是一貫保有堅定的志氣，並且天衣無縫表露在日常舉止，一望可知機運的勢力奈何不了他們。

弱者的自處之道大不相同。他們一有好機運就心生虛榮而醉態百出，把一切成果歸因於他們一向陌生的德性。結果是，他們周遭的人一個個受不了，心生厭惡，離他而去。命運驟變就是在那樣的節骨眼。一旦面臨那樣的情況，他們立刻窘態畢露，變得縮頭縮尾又卑躬屈膝。稟性如此的君主身處逆境時寧可逃避也不喜歡自衛，因為他們不會把握好機運，不懂未雨綢繆的道理。

〔2〕

〔羅馬人超越機運〕

前面所說在個人身上看得到德性與惡習，也可以在共和國看到，羅馬人和威尼斯人就是現成的例子。

先說羅馬人，他們不曾因爲壞機運而卑躬屈膝，也不曾因爲好機運而驕矜自滿，這從他們在坎尼打敗仗之後和對安條克贏得勝利之後可以明白看出來。他們沒有因爲這場敗仗而氣餒，雖然那是慘敗而且是連三敗。他們持續派出增援的部隊；他們沒有意願付贖金換回戰俘，這違背他們的作法；他們沒有派人前往漢尼拔或迦太基求和。他們不來這一套卑躬屈膝的事，卻是一心一意求戰，因人員不足而動員老人和奴隸。迦太基的漢諾得知這樣的事，就像前文說過的，對迦太基的元老院提出警告，說羅馬人在坎尼打敗仗根本無關緊要。由此可見艱難的處境並沒有使他們驚慌失策或低聲下氣。在另一方面，戰果輝煌的時刻也沒有使他們驕矜自滿。安條克派代表求見斯基皮奧，想在打敗仗之前達成協議。斯基皮奧開出條件，要對方先撤退到敘利亞境內，其餘的就交由羅馬人民決斷。安條克回絕休戰之議，開戰接著輸仗，派全權代表向斯基皮奧表明接受勝利者開列的一切條件。斯基皮奧並沒有另提新約，而是重申他在打勝仗之前所列的條件，只加上這一句話：「羅馬人即使被征服也不會萎靡不振，即使征服別人也不習慣驕矜自滿」（李維37.34-45）。

〔3〕

〔威尼斯人受制於機運〕

威尼斯的表現恰恰相反。身處好機運，他們以爲成果來自他們根本不具備的德性，驕矜自滿竟至於稱呼法國國王爲聖馬可之子；他們目中無教會；他們說什麼也不要被限制在義大利；他們異想天開要打造像羅馬的君主制。隨後，好運放棄了他們，在維拉被法國國王打了個小敗仗，就這樣喪失全部的領土，不盡然是因爲發生叛變，主要是由於灰心喪志而把大部分領土割讓給教皇和西班牙國王。他們竟然懦弱到派大使去覲見西班牙國王，說願意當他們的屬國，還寫信給教皇，通篇低聲下氣，爲的是博取同情。只不過打一場小敗仗，他們就這樣惶惶不可終日達四天之久；說是小敗仗，因爲他們的軍隊打完仗正收兵時，大約有半數又捲入戰鬥卻吃了敗仗，於是有個部隊長帶著不止二萬五千名士兵逃到維羅納，有步兵也有騎兵。在那樣的情況下，假如威尼斯及其制度有德性可言的話，他們輕易就能夠重整部隊並且重新面對機運，這一來說不定能夠反敗爲勝，不然也可以雖敗猶榮，甚或有個體面的和議。可是他們沒有節操，那是他們的制度使然，根本不利於戰爭方面的事，一受打擊就喪失志氣與領土。任誰採取像他們那樣的制度都會有同樣的下場。機運好就驕矜自滿，不好就卑躬屈膝，說穿了是由於個人的性格和接受的養成教育。如果那方面既瑣碎又空洞，你就是會像那樣子；如其不然，你就會有不一樣的性情，因此對世事瞭解越深入，就越不會因境遇的好壞而悲喜無常。我在這裡示例舉隅，說某一個人就是在說同一個共和國的許多人，因爲有什麼樣的制度就塑造出什麼樣的個體。

〔4〕〔軍事組訓的重要〕

我在別個場合說過，精兵良將是政權的基礎，如果欠缺那樣的基礎，良好的法律或任何其他的好東西都無從談起。如今重申這個觀點，在我看來並不是多此一舉。閱讀提圖斯·李維的這一部史書，處處可見這其中的必然性：軍隊不訓練就不可能精良，不是由自己國民組成的軍隊就難以訓練。國家不可能長年戰爭，戰爭不可能長年不斷，所以一定要利用承平時期訓練軍隊，可是由於經費的問題，你只能對自己的國民實施軍事訓練。

前面說過卡米盧斯率領他的軍隊抵抗托斯卡納人，他的士兵見識到敵軍的規模，一個個嚇壞了，因爲在他們看來雙方太過於懸殊，他們不可能擋得住對方的攻勢。瀰漫營區的這個心態傳到卡米盧斯耳中，他公開露面，巡視營區，跟士兵交談，化解他們的疑慮。最後，他並沒有對兵力部署另作指示，只說：「每個人都依照先前學到的和習慣的，把自己份內的事做好」（李維6.7）。細加斟酌卡米盧斯的作法，以及他爲了鼓舞他們抗敵的士氣而說的話，任誰都會注意到只有對不分平時與戰都有組織又有訓練的軍隊，他才能這樣說話又這樣做事。將領不可能信任沒受過訓練的士兵，也不可能相信那樣的士兵能有什麼好的表現。沒有經過訓練的士兵，即使交給另一個漢尼拔指揮，他也會被他們給拖垮。戰爭進行當中，將領不可能無所不在。除非他事先做了全面的指示，把他的意志貫注到每一個人身上，每一個指示與動作都確實執行，否則他必然走上敗亡一途。

因此，如果像羅馬那樣有武裝又有制度，而且每天讓它的公民於私於公都有機會試驗他們的德性和運氣的勢力，這樣的一個城邦，不論時局如何，將會節操長存，而且維持一貫的尊嚴。但是，如果沒有武裝，仰賴的只是機運的光顧而不是自己的德性，城邦只好隨機運起伏，表現出來的自然就是前面所舉威尼斯人的模樣。

第32章　阻撓和平的方法

基凱伊和維利翠這兩個羅馬的殖民地發生叛亂，冀望得到拉丁人的羽翼保護，想不到拉丁人吃了敗仗，希望隨之破滅，許多公民建議派代表前往羅馬向元老院求情。這個策略受到叛亂案的肇事者橫加阻撓，他們擔心一切懲罰都會落在自己的頭上。爲了徹底打消和平之議，他們鼓動民衆武裝進犯羅馬邊境。

誠然，想要使一個民族或一位君主徹底打消和議的念頭，最穩當又最有效的方法是針對和議的對象犯下嚴重的罪行。這一來，知道自己做錯事而罪有應得的一方對於懲罰的恐懼會使他永遠對和平談判敬謝不敏。羅馬人對迦太基人發動的第一次戰爭結束時，在西西里和薩丁尼亞爲迦太基人作戰的士兵在和平達成時回到非洲。在那兒，他們對薪水感到不滿，拿起武器轉而對付迦太基人。他們以馬投和斯噴迪烏斯爲首，佔領許多歸順迦太基人的村鎮，大肆搶劫。迦太基人非到最後關頭不輕易開戰，因此指派他們的公民哈斯竹巴爲使節，認爲他在叛軍面前享有一定的權威，因爲他曾經擔任他們的部隊長。他抵達時，斯噴迪烏斯和馬投想要迫使全體士兵斷絕跟迦太基人談和的希望，進而把他們推向戰爭，於是說服他們最好是把他殺死，連同附近所有被他們俘虜的迦太基公民也一起殺。於是，他們不只是殺死那些俘虜，還在殺害之前先施加種種酷刑，又在這樁罪行加上一道通令，以後被俘的迦太基人全都用這個模式處死。執行那個決定使得軍隊對付迦太基人更殘酷也更頑強。

第33章 想打勝仗有必要激發軍隊對自己和對指揮官的信心

〔1〕

〔因信致勝〕

如果希望軍隊打勝仗，有必要建立其非贏不可的信心。建立信心的辦法如下：裝備精良，軍紀嚴明，成員彼此熟識。除非士兵都是土生土長的同胞，否則這樣的信心和紀律無從出現。同樣重要的是，指揮官必須憑其涵養贏得尊重，使他們信任他的智慮；如果他們知道他治軍嚴明、無微不至又豪情萬丈，他又能好好維繫官階的威儀與聲譽，他們會永遠寄予信任。如果他賞罰分明，不會要他們做徒勞無益的事，如果他言出必行，能夠說明白輕易可以致勝的辦法，並且隱藏或淡化那些他洞察所及的潛在危險，他將永遠保有這樣的信任。這些事情做到了，就是軍隊建立信心以及因信致勝的大源頭。

〈羅馬的軍隊藉宗教建立信心〉

羅馬人一向藉宗教激發軍隊的信心，因而有憑觀兆卜和兆象[1]挑選執政官、徵兵、出征與開戰這樣的事。謹慎的將領不會忽略這一類的事就貿然採取軍事行動，因為他斷定假如士兵沒有事先知道眾神站在他這一邊，他很可能兩三下就打敗仗。如果有哪個執政官或其他的指揮官違背兆象投入戰鬥，他們會像處罰克勞狄烏斯・普爾喀那樣處罰他。

雖然這方面的事廣見於羅馬史書，最確切的證明莫過於李維藉阿皮烏斯・克勞狄烏斯之口所說的話。他向人民抱怨護民官傲慢無禮，說兆象以及與宗教相關的其他事宜都因他們而腐敗，就在這時候，他說：「現在他們不把宗教信仰當一回事。他們會說就算雞不吃東西，就算牠們慢吞吞走出籠子，就算鳥叫出聲音，這又怎麼樣？這都是小事，可是我們的祖先就是因為沒有瞧不起這些小事才使得這個共和國震古鑠今[2]」。維繫士兵的團結與信心的力量就在這些小事上頭，那一股力量則是每一場勝利的主因。

〈武德必不可少〉

然而，這類事情得要有武德才能相得益彰，否則沒什麼價值。普瑞內斯提人派出他們的軍隊抵抗羅馬人，在阿利阿河畔紮營，就是羅馬人曾被法國人打敗的地方。他們選擇那地點是一石兩鳥，希望經由

【1】譯註：觀兆卜和兆象，見本書第一卷第十四章。

【2】譯註：引自李維6.41，措詞與原文稍有不同，而且李維筆下的說話者是阿皮烏斯・普爾喀。

歷史記憶建立士兵的信心，同時打擊羅馬人的信心。基於前文具論的理由，這個策略行得通，然而結果顯示眞正的德性無懼於小變故。我們這位歷史學家藉獨裁官之口點出精闢的見解，是後者對他的騎兵隊長說的：「你看到了吧，他們仰賴機運，在阿利阿河據守一方，你不妨信賴軍紀和士氣，攔腰攻擊他們的陣式[3]。」

眞正的武德、嚴明的紀律、捷報頻傳所奠定的安全感，凡此種種不是無關緊要的小事所能抵銷，也不是虛張聲勢的場面所能驚嚇。這可以從曼利烏斯兩兄弟擔任執政官對抗沃爾西人的時候看出來。這兩兄弟冒冒失失派出部分人馬出去劫掠戰利品，結果出營的和留守的雙雙被圍困，後來使他們脫困的並不是執政官的智慮，而是士兵本身的武德。對於這件事，提圖斯·李維說出這樣的話：「即使沒有領袖，士兵沉穩的德性也足以自保」（李維6.30）。

〈2〉

〈巧弄玄虛〉

我不想忽略法畢烏斯爲了建立軍隊的信心所使用的方法。他第一次領軍進入托斯卡納的時候，判斷初抵陌生的地區討伐陌生的敵人，信心必不可缺。於是，他在戰鬥前向部隊精神講話，先提到他們可以相信勝利在望的許多理由，接著說如果不是考慮到洩漏天機會帶來危險，他還可以告訴他們其他確信可

【3】譯註：引自李維6.29，馬基維利省掉了獨裁官的一句話：「他們也沒有從永生的神得到更確切的保障或更大的幫助。」

以獲勝的有利因素。這個方式用得很有技巧，值得效法。

第34章　什麼樣的名聲、傳聞或意見促使人民擁護特定公民；他們任命官職是否比君主明理

〔1〕

〔以孝心博得人望〕

前文說過提圖斯・曼利烏斯——他後來改名為托夸圖斯——救了他父親魯基烏斯・曼利烏斯，使他面臨平民護民官馬庫斯・彭波尼烏斯的指控能全身而退。提圖斯・曼利烏斯解救的方法雖然過於劇烈而且超乎常情，他對父親的孝心卻博得一致的口碑，他本人不只是沒有受到譴責，而且在選舉軍事護民官時得到第二高票。為了說明這樣的結果，試為斟酌共和國的人民在從事職務分配時據以評斷人品的方式，以便檢討本章標題所暗示人民比君主更善於分派職務[1]是否站得住腳，我想應該有實用的價值。

【1】譯註：見第一卷47.3和58兩章。

〔2〕

〔爭取口碑三途徑〕

我的看法是，人民在分派官職時，如果沒辦法經由工作表現認識一個人，只好根據他的名聲以及大衆的口碑，不然就是根據別人對他的意見。前一種情況是虎父無犬子的觀念深入人心，既然父親是城裡舉足輕重的要人，大家都相信子肖其父是理所當然，除非確證事有不然；後一種情況是由於當事人自己的表現。最重要的是結交作風正派、舉止端正而且人人稱道的明理人。從交友狀況特能看出人品：一個人如果結交正直的朋友，他自然値得贏取美名，因爲物以類聚。有時候口碑來自使人刮目相看的作爲，即使是私事也可能帶來榮譽。這三者都從一開始就帶給人好名聲，最可效的方法則莫過於最後一種情形。第一種情形，就是得自親戚和父親，太不可靠了，人們不會輕易接受，而且難以持久，因爲當事人的德性未必經得起考驗。第二種情形，就是靠自己的作爲打開知名度，比第一種情形好，可是遠遜於第三種，因爲在別人看得到你的表現之前，你的名聲只不過是別人的意見，那很容易化作泡影。可是第三種情形，因爲是以事實和你的表現爲基礎，一開頭就帶給你盛名，竟至於你想要破壞自己的名聲也得要大費周章。所以說，出生在共和國的人應當採取這個方法，奮力以非凡的作爲使自己出人頭地。在羅馬許多人趁年輕做那樣的事，要不是爲公益提出法律案，就是揭發有權有勢的公民違法犯紀的事，不然就是做出前所未見的大事讓別人津津樂道。

〈提圖斯．曼利烏斯之例〉

這些事情不只是在博取名聲之初有其必要，它們對於名聲的維繫與提高也是不可或缺。要做到這一點就得要像提圖斯．曼利烏斯那樣終其一生不斷推陳出新。他以非比尋常的手段與德性護衛自己的父親，透過實際的行爲博得初步的名聲。幾年後他單挑那個法國人，把他殺死，還奪走他的金頸環，爲自己贏得「托夸圖斯」這個名號。這還不夠，因爲後來，到了中年的時候，他促使自己的兒子被處死，因爲這兒子未經允准就跟敵人打了起來，雖然他打敗對方。在當時帶給他盛名的這三件事使他世世代代揚名立萬超過任何功績與勝仗，雖然他的功績與勝仗不輸給任何一個羅馬同胞。箇中原因在於，跟曼利烏斯一樣有那些勝利的人太多了，可是說到這些特定的行爲，跟他一樣的人很少，甚至沒有。

〔3〕

〈君主當效法大斯基皮奧〉

對大斯基皮奧來說，他全部的功績所帶來的榮耀還比不上他年輕時在提契諾河畔解救他的父親，以及坎尼大敗之後，他豪情萬丈抽出劍，迫使許多羅馬青年違背初衷，立誓絕不放棄義大利。這兩個動作是他建立名聲之始，爲他在西班牙和非洲的豐功偉業鋪設坦途。後來在西班牙，他把女兒送還她的父親，又把妻子送還她的丈夫，別人對他的看法又錦上添花。對於想要爭取名望以便在共和國博得榮譽的那些公民來說，前述的作風有其必要，對於君主在自己國內維繫名聲也同樣必要，因爲博取別人敬重的最佳途徑是以合乎公益而難得一見的言行樹立難得一見的榜樣，藉以顯示當事人的寬宏大量、樂善好施或公正無私，好讓臣民流傳口碑。

〔4〕

〔人民比君主善於選賢與能〕

不過，回到本章開頭的論點，我認爲人民在分派官職的時候，如果是以上面寫的三個理由爲依據，這樣的基礎合情合理。隨著一個人的許多善行義舉使他更爲人所知，那麼基礎益形穩當，因爲在那樣的情況下他們幾乎不會受到蒙蔽。我說的只是最初授與的那些職位，也就是在他們憑持續的證據打開知名度之前，或是他們捨此就彼做出大相逕庭的行爲之前[2]，此時不論就錯誤的判斷或腐敗的動機而論，人民犯的錯都比君主來得少。但是，人民有可能被名聲、輿論與行爲所蒙蔽，因而高估他們實際的能力。君主不會發生這樣的事，因爲他所諮詢的對象會告訴他實情並提出警告。所以，爲了讓民眾也能夠集思廣益，創立共和國的傑出人士已未雨綢繆，在任命城邦較高的官職時，鑑於此一職位交給不適任的人會帶來危險，假如民意傾向於任命可能不適任的人選，便把官職向全體公民開放，讓候選人有機會在公民大會上曝露個人的缺失，這一來人民對候選人有深一層的認識，自然能做出更好的判斷。

法畢烏斯．馬克西姆斯的演說證實羅馬就是這麼辦的。第二次布匿克戰爭期間，在選任執政官時，擁護的勢力轉向奧塔基利烏斯，他就是這麼做。法畢烏斯判斷他不適合在那樣的關鍵時候擔任執政官，

【2】譯註：十人團委員之一的Appius Claudius就是性格驟變的顯例，見1.40.2, 41, 42。

發言反對，指陳他不適任的理由。因此，在選舉官員時，民衆根據他們所能知道最可靠的資訊從事判斷。由此可見，如果人民能夠像君主那樣聽到別人的見解，他們犯的錯比君主來得少。因此，想要爭取人民擁護的公民應當憑自己的行爲引起注目，就像提圖斯·曼利烏斯那樣。

第35章 帶頭提議有什麼危險；議案越不尋常則危險越大

〔1〕

〔進勸君主的危險〕

帶頭推動牽涉到許多人的變革有多危險，既要處理與主導事情的進展，又要在完成之後加以維繫，千頭萬緒困難重重，這說來話長而且不容易說清楚。所以，我把它留待比較方便的場合[1]，現在只談公民或君主的策士就重大的決定帶頭提議竟至於擔付起整個提議的責任時所承受的危險。由於人們一向根據結果判斷事情，因提議而來的一切不是之處也就因此歸咎於帶頭提議的人；如果帶來的是好結果，他固然得到讚賞，可是得到的獎賞不足以平衡受到的傷害。

【1】譯註：馬基維利顯然不曾找到這樣的場合，除非是在《君主論》第六章。

〔土耳其與羅馬之例〕

謝里姆是現在的蘇丹，有「土耳其至尊」之稱。他受到派駐波斯邊境抵抗薩非的一名帕夏[2]的鼓動（據當地人士的說法），準備征伐敘利亞和埃及。這個建議使他動了心，他率領大軍出征，進入一片大原野。當地沙漠連天卻水流稀少，他陷入曾經導致大批羅馬軍隊滅亡的困境，苦不堪言，雖然在戰爭中取得優勢，卻有一大半的部隊死於饑餓和瘟疫。於是，他遷怒於獻策的人，把他處死。

我們也讀到有許多公民慫恿某一項行動，後來因爲結果不理想而被放逐。舉例來說，一些羅馬公民帶頭推舉平民出任羅馬的執政官，法案也通過了。無巧不成書，第一個平民執政官領軍出征就吃了敗仗。要不是受益於這個決議的那個黨派夠強勢，當時提議的人可就倒楣了。

〔2〕

〔穩健足以明哲保身〕

因此，非常確定的一件事是，擔任共和國和君主的策士無異於身處這樣的難關：對於在他們看來不論是對城邦或對君主都有益的事，如果沒有積極進言，那是有虧職守；如果積極進言，那麼性命和現職雙雙陷入險境，因爲所有的人在這方面都是盲目的，只根據結果判斷提議的好壞。思索如何避免這樣的羞辱或危險，我看不出有別的方法，除了下面說的這一個：凡事求穩健，切忌自己當起急先鋒彷彿那是

【2】譯註：帕夏，bashaw，亦作pasha，土耳其和北非高級武官的稱呼，一九三四年土耳其明令廢止，但迄今在日常談話中仍用於對社會地位較高的人表示尊重，但有時也含有嘲諷的意味。

你自己的事，提出或辯護自己的看法犯不著慷慨激昂，應該適可而止，這一來如果城邦或君主採納了，那是他們自願採納的，而不是你強力推薦所致。只要這麼做，君主或人民就算採用你的提議也不能理直氣壯怪罪於你，因爲當初的決策並沒有違背公衆的意願。和公衆唱反調得承擔風險，一旦結局不順利，他們會聯合起來對付你。在這樣的情況下，就算結局理想時你享受不到一夫當關獨排衆議所能獲得的榮耀，至少還有兩個相對的好處：第一，沒有危險；第二，如果你以穩健的態度提議，你的提議因爲有人抵制而沒被採納，別人的提議卻造成禍害，那麼你的榮耀可大了。雖然把榮耀建立在城邦或你君主的災殃之上都難有歡欣可言，對你還是有價值的。

〔3〕

〔提供建言與保持沉默各有時機〕

在這方面，我不相信我還能給出別的建議。守口如瓶以免說出自己的意見，這對共和國和君主都沒有好處，你也不可能靠這樣的方法明哲保身，因爲很快就會啓人疑竇，說不定還會遭遇發生在馬其頓王佩修斯的朋友身上的事。佩修斯被庖魯斯．埃米利烏斯打敗之後，帶著少數親信竄逃，其中一個在回顧往事時，對佩修斯說出他所犯的許多錯，導致今天的失敗。佩修斯一聽，轉身對他說：「叛徒，你拖到我窮途末路的時候才告訴我這件事！」話說完，親手把他給殺了[3]。所以說，他受懲處是由於應當說話

【3】譯註：事見普魯塔克*Aemilius Paulus*, 23，引號裡的話看來是馬基維利杜撰的。

時他不說話，應當沉默時卻多嘴。他並沒有因爲避提建言而擺脫危險。所以我相信前面說的方法值得牢記在心，還要切實遵守。

〔36—39：對戰地將領的忠告〕

第36章 何以法國人[1]到現在仍被認為在戰鬥之初男子漢銳不可當，後來卻不如女人

〔1〕

在安紐河向羅馬人下戰帖的那個法國人勇猛無匹，接著他和提圖斯．曼利烏斯搏鬥也一樣，這使我想起提圖斯．李維說過不只一次的話：法國人在戰鬥之初男子漢銳不可當，後續的搏鬥卻不如女人[2]。探討箇中原委，許多人認爲那是天性使然，我相信有道理。可是，這並不表示使他們在開始的階段勇猛異常的天性不可能藉人爲的努力加以調理，俾使大無畏的精神貫徹到最後一刻。

〔2〕

〔羅馬軍兼具豪情與紀律〕

爲了證明這一點，我說軍隊有三種類型。第一種是有豪情也有紀律，因爲有紀律自然有豪情和德

[1] 譯註：恰當的稱呼是「高盧人」。

[2] 譯註：其實李維只說過一次，見《羅馬史》10.28。

性，像羅馬軍隊就是。在所有的史書都可以看出那支軍隊有優良的紀律，那是長期的軍事訓練造就的。在紀律嚴明的軍隊中，每一個人應當做的事情都有明確的規範。因其如此，我們發覺羅馬的軍隊是其他軍隊應當效法的對象，因爲如果沒有執政官的命令，他們不吃、不睡、不嫖，什麼都不做，不論是軍事或勤務，怪不得它征服了整個世界。作風不一樣的那些軍隊不是眞正的軍隊，就算他們軍紀鬆弛卻打勝仗，那也只是一陣豪情加上一股衝動，不是德性所致。可是德性一旦經過訓練，卻能以最恰當的方式在最恰當的時機發揮出來，任何困難都無法降低它的效果或使它消沉。嚴明的紀律能夠振衰起疲並發揚蹈厲，堅定他們征伐必勝的希望，此一希望只要紀律能夠維繫就不虞失落。

〈高盧軍有豪情而無紀律〉

相反的情形發生在有豪情而無紀律的軍隊，像法國就是，因此戰敗難免。他們如果沒有在第一擊就征服對方，那麼軍紀武德無法維繫希望所寄的豪情，他們的信心也就別無倚靠，於是豪情一旦冷卻，他們就失敗了。反觀羅馬人，因爲訓練精良而比較不怕危險，必勝的信念堅定不移，開戰之後自始至終憑同樣的士氣和武德奮戰不懈，在軍隊的激勵下甚至愈戰愈勇。

〈當代義大利的軍隊既無豪情亦無紀律〉

第三種軍隊既沒有天生的豪情，也沒有後天的紀律，就像我們這個時代義大利的軍隊，那根本一無是處。如果不是遇上臨時發生變故而竄逃的軍隊，他們永遠征服不了對方。犯不著多舉事例，每天都看得到他們如何證明自己一切德性付諸闕如。

由於提圖斯．李維言之鑿鑿，每一個人都瞭解優秀的軍隊應當如何打造，差勁的軍隊又是如何形成的。我就舉帕皮瑞烏斯．庫爾索的話爲例，那是他要懲罰騎兵隊長法畢烏斯沒有遵守軍紀時說的：「人和神同樣不受尊重；指揮官的命令和兆象同樣沒人遵守；士兵在友善的地區和有敵意的地區同樣未經允准就外出遊蕩；把誓詞當耳邊風，自己想要就擅離職守；軍旗棄之不顧，集合令也一樣，不管白天或晚上，不管當地的形勢有利或不利；打仗或停戰根本不理會指揮官的命令，既不理會軍旗，也不理會軍令；像一幫土匪，軍事行動盲目又隨性，而不是莊嚴又神聖」（李維8.34）。從這段話不難瞭解我們這時代的軍隊到底是「盲目又隨性」還是「莊嚴又神聖」，到底有多欠缺配得上軍隊這個稱呼的條件，以及距離兼具豪情與紀律的羅馬軍隊或是只具備豪情的法國軍隊有多遠。

第37章　決戰之前是否有必要進行小規模戰鬥；要想避免那些戰鬥，應當如何摸清新敵人的底細

〔1〕

〔福禍總相倚〕

我在前面說過人的行爲，除了想要使事情臻於完美所遭遇的種種困難，看來總是福與禍緊緊相鄰，此起則彼生，想要避禍求福似乎不可能。這在人間一切作爲都看得到。所以說福得之不易，除非機運幫

助你，憑其力量克服那些常見的自然障礙。曼利烏斯和那個法國人的決鬥提醒了我這一點，提圖斯·李維有感而發說：「這一場決鬥對於整場戰爭關係重大，竟至於高盧人的軍隊在驚恐中離開營寨，越過泰柏的疆域然後進入坎帕尼亞」（李維7.32）。一方面，我認為優秀的將領應當完全避免做出可能為他的軍隊帶來禍殃的任何小事：在武力有所保留而運氣全部下注的情況下開始戰鬥根本就是魯莽，就像我在前面譴責防衛隘口時說過的。

〔2〕

〔以前哨戰探測敵人的實力〕

在另一方面，我考慮到明智的將領遭遇名聞遐邇的新敵人，在決鬥之前必然要以小規模的戰鬥為他們的士兵探測這樣的敵軍，好讓他們開始瞭解對方並熟悉戰法以祛除他們對於敵軍的聲譽和名望的恐懼。這一部分對將領來說是非常重要的，因為形勢逼你非這麼做不可：除非你用小規模的戰鬥消除敵人的聲勢在你的士兵激起的恐懼，你顯然是輸定了。

〔3〕

〔前哨戰福禍相倚〕

瓦列瑞烏斯·科維努斯奉命率羅馬軍去抵抗薩謨奈人，因為是第一次交手，他對新敵人的戰力毫無概念。提圖斯·李維說瓦列瑞烏斯讓羅馬人先對薩謨奈人進行小規模的戰鬥，「以免新的戰爭和新的敵人嚇壞了他們」（李維7.32）。然而，假如你的士兵在那些戰鬥中打敗仗，他們的恐懼和畏怯不減反增，效果跟你預計的背道而馳，這危險可就大了。換句話說，計畫用來安他們的心，你反倒把他們嚇壞了。這就是福與禍緊緊相鄰的一件事，而且緊密連結竟至於很容易使得你心裡想著一樣東西，拿到手的卻是另一樣。

〈主動棄守有別於被迫失守〉

就這一點而論，我主張優秀的將領應當全力嚴防可能使他的軍隊士氣消沉的事故發生。士氣可能消沉就是開始要輸了，所以應當慎防小規模的戰鬥，能免則免，除非佔有很大的優勢又握有絕對的勝算。無法部署全部兵力的隘口不應該防守。不應當從事衛城戰，除非其失守必然導致你徹底失敗。決心要守衛的城市應當要有縝密的計畫，使衛戍和守軍密切協調，以便圍城戰爆發時能夠全力一搏；其餘的城市應該全面棄守，這一來你失去的是你主動放棄的東西，軍隊卻完整如初，你的名聲和得勝的希望都不會有損失。反過來說，如果失去的是你計畫要守衛而且大家都相信你將全力守衛的城市，那可是無法彌補的傷害和損失了，就像法國人那樣爲了無足輕重的小戰鬥而輸掉整場戰爭。

〈4〉

〈接手防務得量力而為〉

馬其頓的腓力，也就是佩修斯的父親，是睥睨當世的傑出軍人，有一次遭遇羅馬人的襲擊，他判斷有許多城鎮無法戍守，因此統統放棄，還大肆洗劫。他是個智慮周詳的人，認定著手捍衛卻捍衛不了遠比把不在乎喪失的東西留給敵人搶功更折損名聲。羅馬人在坎尼潰敗之後處境悽慘，拒絕了許多友邦和藩屬的求援，要他們盡量自衛。這樣的策略比接手防務卻提供不了防衛高明太多了，因爲在這個政策之下損失的是朋友和兵力，採取前者則只損失朋友。

〔前哨戰以爭取優勢為首要之務〕

回到小規模戰鬥的問題，我的看法是，如果將領因遭遇新的敵人而被迫進行一些戰鬥，他應當竭力爭取優勢，以防陷入失敗的危險。或者說，應當像馬略那樣，那才是比較妥當的策略。他正出發去對付非常兇悍而且人數衆多的金布里人，他們在義大利四處劫掠，所到之處一陣驚慌。由於金布里人已經征服過一支羅馬軍隊，馬略判斷有必要在開戰之前做些事，好讓軍隊放棄對敵人的恐懼感。由於他是個智慮周詳的將領，他不只一次把軍隊擺在金布里人及其軍隊必經之地。他希望他的士兵在營區的防禦工事裡頭觀察敵人，好讓他們習慣那些人出現在眼前的景象。結果他們看到的是一群烏合之衆，輜重拖累，帶著派不上用場的武器，有一部分甚至沒有武裝，看得他們信心大增急於一戰。那個策略被馬略發揮到淋漓盡致，値得效法，以免陷入我在前面說的那些危險，而不至於像法國人那樣被微不足道的事情「嚇得退入泰柏和坎帕尼亞的原野」（李維7.11）。

〔下一章的主題〕

既然我們在這一篇論述引用瓦列瑞烏斯．科維努斯，我想在下一章藉他的話闡明將領的應對之道。

第38章　將領如何贏得部隊的信任

〔1〕

〔帶兵應當以身作則〕

正如前文所說，瓦列瑞烏斯．科維努斯率軍對抗的薩謨奈人是羅馬民族的新敵人。他爲了奠定部隊的信心，並且讓他們認識敵人，發動了幾場小規模的戰鬥。這在他看來還不夠，他希望在正式開打之前對他們精神講話，向他們說明那樣的對手不值識者一笑，呼籲他的士兵跟他一起發揮武德，結果成效非凡。在這裡可以注意到將領如何使軍隊對他有信心，以李維透過他的嘴巴說出來的話，是這樣的：「不要忘了你們投入戰場是由什麼人領導，又是託什麼兆象的福。你們服從他的指揮，難道是因爲他只是個口若懸河的演說家，說起話來慷慨激昂，對軍事行動一竅不通？還是因爲他本人知道怎麼使用武器，衝鋒陷陣一馬當先，身先士卒奮戰不懈？各位弟兄，我要你們追隨我的行動，而不是追隨我的言詞！我不是只要求你們聽我的命令，我更要以身作則！我三度擔任執政官，贏得最高的榮耀，靠的是我這右手臂，〔而不是靠貴族的結黨營私或陰謀詭計〕」（李維7.32）。這句話值得想要擔任指揮官職位的人細加體會。如果反其道而行，縱使靠機運或鑽營門路爭取到那個職位，終究會名譽掃地，因爲不是頭銜使人增輝，而是人使頭銜增輝。

〔新兵的訓練〕

本書一開始就應該指出的是，名將率領身經百戰的軍隊遭遇不曾打過交道的敵人尚且必須使用不尋常的方式激勵士氣，那麼指揮不曾跟敵人打過照面的新兵更需要仰賴技巧。如果新的敵人會讓老兵害怕，那麼每一個敵人都會讓新兵害怕也就不足爲奇。可是優秀的將領經常憑高超的智慮克服這方面的難題，就像羅馬的葛拉庫斯和底比斯的埃帕米儂達斯，這兩位我們在別個場合提過了，都是牽領新兵戰勝身經百戰而且訓練精良的軍隊。

〔2〕

他們採取的模式是實施幾個月的假想戰訓練，並且讓他們習慣服從和紀律。經過這樣的訓練，他們的信心臻於高峰才投入實戰。這麼說來，只要不缺人手，任何軍人都有可能帶出優秀的軍隊。人員充足但缺少戰士的君主不該抱怨手下懦弱，只能怪自己懶惰又智慮不周。

第39章　指揮官應當瞭解地形

〔1〕

〔戰爭如打獵〕

軍隊指揮官所不可或缺的條件包括對於地形地勢的瞭解，否則必定一事無成。各門各類的學識都需要實務經驗才能徹底理解，戰爭尤其如此。經由打獵可以學到戰爭的實務經驗，效果遠超過其他訓練。所以古代的歷史學家說，他們那時候統治世界的英雄在樹林裡透過打獵接受養成教育，學到的不只是野戰訓練，還包括許許多多戰爭所不可或缺的知識。在居魯士的傳記中，芝諾芬說明居魯士正打算進擊亞美尼亞，在部署兵力時，他提醒他的手下，這只不過是他們經常隨同他一起做的打獵活動。他提醒奉命在山頂埋伏的那些人要像在山脊張網設陷阱那樣，在平原馳騁則要像把野獸驅離獸巢好讓牠陷入羅網。

〔2〕

〔打獵增進對於地形的瞭解〕

這是用來說明打獵被芝諾芬形容為軍事演習，因此偉人視其為是可敬而且必要的活動。瞭解地形地勢的最佳途徑是打獵，因為打獵使人熟悉演習地區的地形地勢。一旦對某個地區瞭如指掌，接著要瞭解陌生的地區就容易了，因為每一個國家及其各部分疆域都有共通之處，因此不難舉一反三，從這方面的知識貫通到那方面的知識。反之，如果沒有類似的操練，任誰要舉一反三都是很困難的，甚至根本不可能，除非經過很長的時間。

〔瞭解地形的軍事作用〕

任誰有過這方面的經驗，眼睛一瞥就知道那一片平原有多大，那一座山有多高，谷地通往何處，以及所有其他這一類的事情，都是他把過去獲得的知識學以致用的結果。這是提圖斯．李維以朴柏里烏斯．德基烏斯為例所表明的實情。執政官科內利烏斯率軍抵抗薩謨奈人，德基烏斯在軍中擔任士兵的護民官。執政官撤退到一個谷地，羅馬軍很可能會被薩謨奈人來個甕中捉鱉。德基烏斯看出處境非常危險，對執政官說：「奧魯斯．科內利烏斯，有沒有看到敵人上方的高地？薩謨奈人無知把它放棄了。只要儘快佔領那地方，我們就有希望突圍而出。」就在德基烏斯說這話之前，提圖斯·李維說：「士兵的護民官朴柏里烏斯·德基烏斯瞥見隘口聳立一座孤伶伶的山丘，俯瞰敵人的營區，對於有輜重拖累的軍隊是可望不可及，輕裝部隊卻輕而易舉。」就這樣，執政官派他帶領三千名士兵上去，解救了羅馬軍隊。這時候天色漸暗，他打算利用夜色掩護脫險，李維讓他說出這樣的話：「跟我走，趁現在還有餘光，去看看敵人把哨兵設在什麼地方，這一來我們的出路就暢通了。為免敵人認出他的身分，他披上士兵的斗篷，〔跟他的百夫長換上平民的服裝，〕把敵軍的營區勘察了一遍」（李維7.34）。

任誰斟酌這一段文本都看得出，瞭解不同地區的地形特性對於指揮官是多麼有用又多麼必要。如果德基烏斯對地形地勢一無所知，他不可能判斷佔領那個山丘對羅馬的軍隊有多大的用途，也不可能從那麼遠的距離斷定是否上得了那山丘。接著，他上了丘頂之後想離開，要突破敵人的包圍回到執政官那邊，也勢必不可能從遠處看到轉進的出路與敵人放哨的地點。可見德基烏斯在這方面的知識非常充分，才有辦法佔領山丘解救羅馬軍，還能找出突圍之道。

〔40—42：人民利益至上〕

第40章　用兵耍詐值得流芳

〔1〕

〔兵不厭詐〕

雖然耍詐令人嫌惡，可是用在戰爭的場合卻值得表揚，是光榮的事，而且使用詐欺克服敵人所受到的讚揚不下於使用武力克服敵人。這從寫偉人傳記的歷史學家所下的判斷可以看出來，他們讚揚漢尼拔和其他以類似的作風知名的人。史書上可以讀到許許多多的事例，不用我重複。我只說一句話：背信毀約不是光榮的事，雖然這種詐欺行為可能為你爭取到政權和王國，就如同前文提過的，卻永遠不可能帶給你榮耀。我說的詐欺是用來對付不講信用的敵人，尤其是在戰爭的場合，像漢尼拔在佩魯賈的一個湖泊佯裝潰逃以便包圍羅馬執政官率領的軍隊，以及為了突破法畢烏斯·馬克西姆斯的封鎖而在牛角點燃火把[1]。

[1] 譯註：漢尼拔誤闖羅馬軍搶佔先機的峽谷，在兩側山坡使用火牛陣，使羅馬衛兵誤以為被敵人包圍，因此安全通過隘口。

〔2〕
〔詐兵切忌走中庸〕

薩謨奈的將領彭替烏斯把羅馬軍團困在科迪姆岔口，就是類似的詐欺。他在山腳部署軍隊之後，指派一些士兵穿上牧羊人的衣服驅趕一大群羊走向平地。他們被羅馬人逮捕，被問到薩謨奈人的軍隊在哪裡，全體異口同聲，依照彭替烏斯給他們的指令，說在圍攻諾切拉。羅馬執政官信以爲眞，結果作繭自縛困在科迪姆斷崖，馬上受到薩謨奈人四面圍攻。假如當時他聽從他父親的建議，那麼即使用詐欺贏得這一場勝利也將會是彭替烏斯莫大的榮耀。他父親建議他，要嘛放羅馬人一條生路，要嘛殺無赦，千萬不要採取中庸之道，因爲「那麼做既交不到朋友，也趕不走敵人」（李維9.3）。正如前面說過的，軍國大事走中庸之道總是有弊無利。

第41章　保衛祖國應該不計榮辱，而且不擇手段

正如前一章說過的，羅馬執政官和他率領的軍隊被薩謨奈人包圍。後者對羅馬人提出非常羞辱的條件，要他們繳械之後套上軛，送回羅馬。執政官當場傻眼，全軍陷入絕望。羅馬的副將魯基烏斯·連圖魯斯說不該迴避任何挽救祖國的策略，既然羅馬的命脈繫於這支軍隊，他覺得應該不計榮羞、不擇手段。如果保住了這支軍隊，羅馬將會有時間雪恥復仇；如果保不住，即使全軍光榮捐軀，羅馬也跟著喪

失自由。於是，他的建議被採納。

這件事值得每一個有機會向祖國獻策的人仔細觀察並細心體會。爲祖國的安全盡心盡力的人不應該考慮正當或不正當、慈悲或殘忍、值得讚揚或該受羞辱，而是應該把所有顧慮擺一邊，完全遵照可以求生保命和維繫自由的策略。法國人言行一致師法這樣的觀念，爲的是捍衛國王的尊嚴和王國的權力。他們最不耐煩聽到這樣的話：這樣的策略對國王來說太可恥了。他們說他們的國王不論做出什麼樣的決定都談不上可恥，因爲不論輸或贏，他們一致認爲是國王分內的事。

第42章　沒必要遵守被迫作出的承諾

兩名執政官帶著被繳了械的軍隊蒙羞回到羅馬。執政官斯普瑞烏斯・波斯圖米烏斯率先在元老院發言，宣稱沒必要遵守科迪姆和約。他說羅馬的人民沒義務遵守和約，有義務遵守和約的是他和其餘承諾和平的人；所以，假如羅馬人民希望解除這個義務，必須把他和其餘承諾和平的人以俘虜的身分交到薩謨奈人的手中。他堅持這樣的看法，元老院不得不同意，以俘虜的身分把他和其餘承諾和平的人送到薩謨奈，宣稱和平無效。就這件事來說，運氣可眞偏祖波斯圖米烏斯，因爲薩謨奈人沒有把他逮捕下獄。回到羅馬時，波斯圖米烏斯因爲打敗仗而在羅馬贏得的榮譽，超過彭替烏斯因爲打勝仗而在薩謨奈贏得的榮譽。

這件事有兩點值得注意。第一點是，不論做什麼事都可能帶來榮譽。獲勝固然獲得榮譽，即使打敗仗，只要讓大家知道失敗不是你的錯造成的，或是在失敗之後隨即以有德可表的事蹟將功贖罪，榮譽仍然歸你所有。另外值得注意的一點是，不遵守你被迫作出的承諾並不可恥，因爲在那種情況下作出的承諾，只要是涉及公衆的利益，一旦脅迫的壓力解除了，總會被破壞，而且違背那樣的承諾並不可恥。史書充斥這樣的事例，當今之世也是無日無之。君主不只是在脅迫的壓力消失時不遵守當初的承諾，甚至在作出承諾的原因消失時也自食其言。這是不是值得讚揚，或君主是不是應當效法，我在《君主論》已經長篇申論過，所以就不多說。

〔43—48：關於薩謨奈戰爭的進一步感想〕

第43章　在同一個地區出生的人幾乎永遠展現相同的天性

〈民族性不變故能鑑古知未來〉

明理的人常說鑑古知未來，這話有道理，絕不是信口開河，因爲人間世事，不論現在或未來，在古代都找得到對應。之所以如此，因爲這一切都是人的作爲，而人類古往今來性情不變，因此必然引出相同的後果。誠然，人的作爲有可能因時因地而有優劣起伏，視各地人民賴以塑造其生活方式的教育形態而定。看到一個國族長期保持相同的習俗，要不是持續貪婪或持續欺詐，就是具有這樣或那樣的惡習或德性，這也有助於我們鑑古知未來。

〈法國人和日耳曼人的民族性〉

看看我們的佛羅倫斯的歷史，並且想想最近發生的事，不難發覺日耳曼和法國充斥貪婪、驕傲、兇殘與背信，因爲這四種劣行在不同的時代對我們造成重大的傷害。就拿背信來說，每一個人都知道，我們經常付錢給法王查理八世，他允諾歸還比薩的要塞，卻從來不曾歸還。就件事來說，那個國王的表現是背信又加上貪婪。

暫且撇下新近的事。大家都知道佛羅倫斯人對米蘭的維斯康惕公爵家族發動的那一場戰爭到底發生了什麼事。佛羅倫斯人在無計可施的情況下，想起讓皇帝[1]進入義大利，借重他的名望和武力襲擊倫巴底。皇帝允諾，只要佛羅倫斯人付給他前金十萬金幣，他進入義大利再付十萬金幣的後謝，他就帶來大軍加入對維斯康惕家族的戰爭，並且保護佛羅倫斯不再受侵犯。佛羅倫斯人同意這些協定，付給他第一筆接著第二筆款項之後，他抵達維羅納，調頭離去，什麼事也沒做，宣稱有人不遵守他們當初達成的協議。所以說，假如佛羅倫斯不是迫於形勢或自作多情，或是讀過又瞭解野蠻人古老的習俗，就不至於一而再、再而三上他們的當，因爲他們向來如此，在任何一個地方對每一個人都使用同樣的手段。

〔高盧人的民族性〕

我們在古時候就見過他們這樣對付對托斯卡納人。後者受到羅馬人的壓力，好多次吃敗仗又被迫逃亡，知道不可能憑自己的武力抵抗羅馬人的攻擊，於是跟定居在義大利阿爾卑斯山這一邊的法國人協議，付給他們一筆錢，他們則必須加入托斯卡納的軍隊，一起對抗羅馬人。結果，這些法國人拿了錢卻沒有爲托斯卡納打仗的意願，說他們接受那筆錢不是爲了跟托斯卡納的敵人打仗，而是爲了不劫掠托斯

【1】譯註：指法國國王。

卡納的疆域。就這樣，由於法國人的貪婪和背信，托斯卡納付了錢卻買不到救援的希望。

〈法國的民族性古今如一〉

從古代的托斯卡納和現代的佛羅倫斯這兩個事例可以看出野蠻民族的手段千古不變，也可以輕易推論對君主應該信任到什麼程度。

第44章　激烈大膽的手段往往獲得常態方式永遠得不到的效果

〔1〕

〈以行動壓迫對方採取行動〉

薩謨奈人受到羅馬軍隊的襲擊，在戰場上無法只靠自己的力量抵抗羅馬人，於是決定把薩謨奈境內的城鎮交給衛戍部隊，主力部隊則轉進當時跟羅馬處於休戰狀態的托斯卡納。他們打的如意算盤是，兵臨城下促使先前拒絕過薩謨奈使節的托斯卡納人重拾武器。在跟托斯卡納人交涉的過程中，薩謨奈人說明自己進行抗戰的主因，出現醒人耳目的一句話：「他們挺身而出是因爲和平對待奴隸比戰爭對待自由民更殘酷」（李維10.16）。就這樣，部分由於凱切陳詞，部分由於兵臨城下，薩謨奈人果然成功誘使托斯卡納人重拾武器。

這裡值得注意的是，君主想要有所斬獲，如果機會允許就不應當讓對方有從長計議的空間，而是應當採取行動讓對方明白有必要即時決定，也就是說讓對方明白拒絕或拖延將引發突然而且危險的怒火。

〔2〕

〔教皇尤里烏斯激烈大膽的手段〕

這個手法在我們這個時代被發揮到淋漓盡致，先後有教皇尤里烏斯二世用來對付法國，以及法王路易十二的將領德·富瓦先生用來對付曼圖亞侯爵。

爲了把本蒂沃廖家族逐出博洛尼亞，教皇尤里烏斯二世判斷必須得到法國的武力協助和威尼斯的保持中立。他向兩方探尋，得到的答覆閃爍其詞，於是決定不給他們有時間推拖，要他們即時配合他的看法。他率領盡他所能召集的大批部隊離開羅馬，朝博洛尼亞進發，同時派人告訴威尼斯保持中立，也派人告訴法王出兵。就這樣，由於這一切都侷限在短短的時間，他們看出假如他們拖延或拒絕，教皇必定火冒三丈，只好屈從於他的意願。於是法王派出援軍而威尼斯人保持中立。

〔3〕

〔德·富瓦劍及履及〕

德·富瓦先生率軍駐紮在博洛尼亞，得知布雷西亞發生叛亂，想要趁機收復該地。他有兩個辦法可以選擇：一個是取道國王的領土，這辦法路程遙遠，緩不濟急；另一個是取道曼圖亞的領土，這是捷徑。可是要走第二條路，不只是必須穿越曼圖亞侯爵的疆域內水澤遍野的地區，還得要通過侯爵沿途設置的重重防禦工事。因此，既已決定抄近路，爲了克服一切困難並且不讓侯爵有時間思量，德·富瓦來個措手不及，帶著他的部隊走那條路行軍，然後通知侯爵把沿途關口的鑰匙送過來。就這樣，侯爵被這個突如其來的決定給嚇著了，乖乖交出鑰匙——假如德．富瓦表現得畏首畏尾，那個侯爵是永遠不會交出來的，因爲他跟教皇和威尼斯人都有結盟，甚至有一個兒子在教皇手中當人質，這些事情使得他有許多正當的藉口拒絕。可是由於這突如其來的一招，他乖乖屈服。托斯卡納人也是因爲薩謨奈人兵臨城下而屈服，只好拿起武器，那是他們先前所拒絕的。

第45章　先守再攻和一開始就全力猛功，哪一個戰術比較可取

羅馬執政官德基烏斯和法畢烏斯各自率領一支軍隊，分別對抗薩謨奈人和托斯卡納人。策略不一樣的兩場戰鬥同時爆發，正好可以比較優劣。德基烏斯卯盡全力對敵人展開猛烈的攻勢；法畢烏斯只是抵抗，因爲他判斷延緩攻勢比較管用，可以把攻擊力保留到最後，而那個時候敵人已經喪失最初的戰鬥熱忱和士氣。根據戰果而論，法畢烏斯比德基烏斯可取，因爲德基烏斯在第一輪攻勢就筋疲力竭，結果眼睜睜看著手下抱頭鼠竄，只好效法自己的父親爲羅馬軍團犧牲，爲的是以死亡爭取他無法憑勝利獲得的榮耀。法畢烏斯得知這件事，爲了在生前獲得他的同事死後才爭取到的榮譽，把原本打算保留到最後的兵力悉數投入，因而大獲全勝。因此可見法畢烏斯的戰法比較穩當，也比較值得效法。

第46章　何以城邦特定的家族長期保持相同的習性

不同的城邦有不同的習俗和制度，結果造成不同的民風，有的比較剛強，有的比較柔弱。類似的差異也見於同一個城邦不同的家族之間，這在每一個城邦都可以獲得證實，在羅馬尤其史不絕書。曼利烏斯家族強悍又頑固，普柏利寇拉家族和藹而且親民，阿皮烏斯家族野心勃勃而作風高傲。其他的家族也有與衆不同的特質。

這些事情的起因不可能只是血緣，因爲血緣隨著不同家族間的通婚會產生變異，而必然是來自各個家庭各不相同的教育。男人從小到大聽著家人對事情的褒貶，長期薰陶必定留下深刻的印象，這會影響他一輩子。如果不是這樣，阿皮烏斯家族不可能像提圖斯·李維注意到的那樣，有那麼多成員具有相同的意願和性情。最後一個例子是，其中人被任命爲監察官，而他的同事在十八個月結束，依照法律的規定卸權，唯獨阿皮烏斯沒有意願離職，說是根據當初設置監察官所訂的法律，他能夠任職五年。雖然爲了這件事召開過許多會議，也引發非常多的動亂，可是沒有任何辦法可以使他去職，雖然這違背人民和元老院大部分議員的意志。任誰讀到他反擊平民護民官朴柏里烏斯·森普羅尼烏斯的演說，都會注意到阿皮烏斯家族的傲慢，也會注意到不計其數的公民爲了遵守法制所表現的那一切善良與仁道。

第47章　好公民為了愛國應該忘記私仇

執政官小馬基烏斯率軍力戰薩謨奈人，在戰鬥中受傷，部隊面臨危險。元老院判斷有必要派獨裁官帕皮瑞烏斯．庫爾索前去支援執政官。依照法定程序，獨裁官必須由另一名執政官法畢烏斯任命，可是元老院擔心當時正出征托斯卡納的法畢烏斯不願意任命他，因爲他們兩人彼此仇視。於是元老院議員派兩名使者向他求情，請他不記私怨，應當爲公益而任命他。法畢烏斯照做了，因爲對祖國的愛使他動了情，雖然他一言不發，在許多方面表達出他對這一樁任命不是心甘情願。法畢烏斯大公無私，每一個想要成爲好公民的人都應當效法。

第48章　看到敵人似乎犯大錯，應當懷疑其中有詐

〔1〕

〔羅馬副將識破敵人的詭計〕

執政官前去羅馬參加儀式，副將富爾維烏斯因而留在托斯卡納領兵。托斯卡納使計設法活捉他，在羅馬軍營附近佈下伏兵，然後派一些士兵穿上牧羊人的衣服趕一大群羊，要他們走到羅馬軍隊的視野之內。這樣僞裝之後，他們逼近營區圍牆；這副將對於他們的目中無人深感訝異，因爲在他看來有違常理，想辦法戳穿他們的詭計。結果，托斯卡納人的計謀失敗了。這裡值得大書特書的是，軍隊的領袖不

應當相信敵人所犯顯而易見的錯誤，因爲其中總是隱含詭計，畢竟如此粗心大意是不合情理的。可是征服的慾望經常蒙蔽人的主見，使人只看得到似乎對自己有利的事。

〔2〕

〔佛羅倫斯人受到慾望的蒙蔽〕

法國人在阿利阿河征服羅馬人之後，來到羅馬發覺城門洞開而且沒有守衛，站了一天一夜沒有進去，因爲擔心其中有詐，無法相信羅馬人如此愚蠢又懦弱竟至於棄守家園。

佛羅倫斯人於一五〇八年對比薩展開圍城戰，一個名叫阿方索·德·穆托洛的比薩公民被佛羅倫斯人俘虜，他允諾一旦獲釋將爲佛羅倫斯軍打開比薩的城門。他獲釋之後，藉口爲了實現承諾，經常前來和佛羅倫斯的代表接頭。他來去自如毫不隱瞞，而且是公然由比薩人陪同；他跟佛羅倫斯人交談時，那些人就留在外頭等著。所以我們可以推測他是兩面人，因爲假如他遵守當初的承諾，那麼他這樣公然進行是不合情理的。可是想要佔領比薩的慾望蒙蔽了佛羅倫斯人，竟至於依照他的指示抵達魯卡門，落了個損兵折將的下場，說穿了就是這個阿方索要詐的結果。

〔結論：共和國保全自由之道〕

第49章　共和國想要維護自由得要天天未雨綢繆；昆圖斯．法畢烏斯憑什麼功績被稱作馬克西姆斯

〔1〕

〔羅馬的嚴懲政策〕

前面說過，偉大的城市隨時都有事故發生，必然需要醫生，而且越重大的事故需要越高明的醫生。如果有哪個城市曾經發生稀奇古怪、意料不到的事故，羅馬也會發生，就像羅馬婦女全體密謀要害死他們的丈夫，其中有許多人眞的下毒，另外有許多人已經把毒藥準備好了[1]。在馬其頓戰爭期間揭發的酒神信徒陰謀事件也一樣，數以千計的男男女女牽涉在內[2]。那些案子如果沒有揭發，或者如果羅馬沒有

[1] 譯註：羅馬城內領導階層的許多男人在公元前三三一年一場疫疾中紛紛暴斃，一名女奴說他們是被羅馬的已婚婦女下毒。有二十名女士被發現在火上用藥。她們說那些東西沒有毒性，可是她們被迫服食之後卻身亡。進一步的調查之後，多達一百七十名已婚婦女被處死。事見李維《羅馬史》8.18。

[2] 譯註：行政長官Q. Naevius Matho在公元前一八四年奉元老院之命，花四個月的時間調查下毒案，被處死的

懲罰集體罪行的傳統，那個城市勢必大禍臨頭。就算其他跡象看不出羅馬共和國的偉大及其貫徹法律的精神，那麼從罪犯所受的懲罰也可以看出來。爲了伸張正義，它毫不猶豫一口氣處死一個軍團，把一個城市趕盡殺絕，一次驅逐八千或一萬人，還設下極其嚴苛的條件，不是只要求一個人遵守，而是全體都遵守。在坎尼打敗仗的那些士兵就有這樣的遭遇，被放逐到西西里，禁止他們在城裡定居，規定他們站著吃飯[3]。

〔2〕

〔什一連坐法〕

所有的懲罰當中，最恐怖的是軍中的什一連坐法，以抽籤的方式處死全軍十分之一的人。集體處罰沒有比這更嚇人的方式。集體犯錯而無法確定罪魁禍首的時候，不可能全體施罰，因爲人數太多了；如果只處罰一部分而另外一部分不罰，這是冤枉被罰的人而鼓勵沒有被罰的人再犯錯。但是集體犯下死罪時，如果抽籤處死十分之一，受罰的人怨嘆自己手氣不順，沒有受到懲罰的人害怕下一次落到自己頭

多達二千人（李維《羅馬史》39.41）。這些案子都跟羅馬城內舉行的酒神祭典有關連。在公元前一八六年，執政官認為酒神祭典傷風敗俗，許多男女被處死或下獄，他們的聚會地點被搗毀，儀式則被禁（《羅馬史》39.18）。

【3】譯註：流放西西里之事見李維《羅馬史》23. 25，其中並沒有提到附帶的懲罰。不過處罰之嚴厲無庸置疑，此所以公元前二一一年他們派人向羅馬求情，抱怨他們所受的待遇比奴隸還不如，並且要求准許報效祖國，即使以奴隸身分也沒關係（見《羅馬史》25.5-6）。

上，會警惕自己不要再犯錯。

〔3〕

〔因罪施罰有輕重緩急〕

下毒案和酒神信徒案就是這樣因罪施罰。雖然這些弊病對大衆產生不好的後果，畢竟不是致命的，總有時間加以糾正。然而關係到國家的罪行卻緩不濟急，如果沒有智慮周詳的人出面糾正，城市就毀了。

〔4〕

〔昆圖斯．法畢烏斯．馬克西姆斯的公民風範〕

由於羅馬在賦予外邦人士公民權所實施的寬宏政策，新公民在羅馬大量出生，他們所佔的投票比重開始大幅增長，政府開始質變，終至於偏離大家習以爲常的制度和原則，對於向來衆望所歸的人士也產生疏離感。擔任過監察官的法畢烏斯對這事有所體認，把造成這亂象的外籍人士全體分成四個部族，限制他們居住在特定地區，以免他們敗壞整個羅馬。法畢烏斯對這事有深刻的理解，採取了妥善的對策，以溫和的手段提供救濟的措施。他的作法深受羅馬共和國公民社會的認同，因此贏得「馬克西姆斯」的稱號可謂實至名歸【4】。

【4】譯註：馬克西姆斯：maximus，拉丁文「出類拔萃」之意。

馬基維利年表

年代	生平記事
一四六九	出生於義大利佛羅倫斯。
一四七六	開始學習拉丁語。
一四八一	在牧師Paolo da Ronciglione的帶領下學習。
一四九五	在共和國政府擔任助理員。
一四九八	出任佛羅倫斯共和國第二國務廳的長官，兼任共和國自由和平十人委員會祕書（Secretary of the Ten on Liberty and Peace）。
一五〇一	與Marietta di Ludovico Corsini結婚。
一五〇五	佛羅倫斯通過建立國民軍的立法，成立國民軍九人指揮委員會，馬基維利擔任委員會祕書。
一五〇六	建立一支小型民兵部隊，並在征服比薩的戰爭中，率領軍隊，親臨前線指揮作戰。
一五一二	麥第奇家族攻陷了佛羅倫斯，共和國隨之瓦解，馬基維利喪失了一切職務。

年代	生平記事
一五一三	以密謀叛變為罪名遭收入監獄，受到刑求拷打，但最終被釋放。之後出版世界名著《君王論》，在西方與東方的宗教界、政界、學術領域和社會上廣泛引起了各種強烈的迴響。
一五一八	完成著名喜劇《曼陀羅》（La Mandragola）。
一五一九	出版《戰爭的藝術》（Dell arte della guerra）。
一五二〇	被麥第奇家族任命為史官，負責佛羅倫斯歷史的編撰。
一五二五	出版《佛羅倫斯史》。
一五二七	逝世。埋葬於聖十字教堂的佛羅倫薩大教堂。

漢英辭彙對照表

二劃

丁努絲 Dymnus

三劃

大理院 Parlement of Paris
大斯基皮奧，阿非坎努斯 Scipio Africanus Major, Publius Cornelius
小加圖 Cato, Marcus Porcius, the Younger
小德基烏斯 Decius Mus, Publius, the Younger
山內高盧 Gallia Cisalpina
山外高盧 Gallia Transalpina

四劃

不列坦尼亞 Britannia
內穆賀公爵 duke of Nemours
尤里烏斯·凱撒 Caesar, Gaius Julius
尤里烏斯二世 Julius II
巴利奧尼，喬凡帕苟洛 Baglioni, Giovampagolo
巴雅傑二世 Bajazet II

五劃

丘西 Chiusi (= Clusium)
加斯科涅 Gascony
加圖，普瑞斯庫斯 Cato, Priscus
包蒙 Beaumont, Jean de
卡皮托 Capitol
卡米尼約拉 Carmignuola, Francesco Bussone
卡米盧斯 Camillus, Lucius Furius
卡米盧斯，富瑞烏斯 Camillus, Marcus Furius
卡西烏斯 Cassius Longinus, Gaius
卡西烏斯，司普瑞烏斯 Cassius Vecellinus, Spurius
卡希納 Cascina
卡里古拉，蓋烏斯 Caligula, Gaius
卡里普斯 Callippus
卡拉卡拉，安東尼努斯 見「安東尼努斯·卡拉卡拉」
卡拉布里亞 Calabria
卡容 Charon
卡斯帖婁，尼寇洛·達 Castello, Niccolò Vitelli da
卡斯泰洛 Castello
卡斯惕柳尼 Castiglione
卡斯楚丘 Castruccio Castracani
卡普阿 Capua
卡薩里亞 Casaglia
四十人執政團 the Forty
尼科馬庫斯 Nicomachus
尼基阿斯 Nicias
布翁狄蒙提，查諾比 Buondelmonti, Zanobi
布匿克戰爭（即迦太基戰爭） Punic War
布雷西亞 Brescia
布魯圖 Brutus, Marcus Junius
布魯圖，尤尼烏斯 Brutus, Lucius Junius

弗利　Forlì
弗里堡　Fribourg
弗拉米尼烏斯　Flaminius, Titus Quintius
弗雷勾梭，奧塔維安諾　Fregoso, Ottaviano
本蒂沃廖，埃爾科萊　Bentivoglio, Ercole
本蒂沃廖家族　Bentivogli
瓦列瑞烏斯　Valerius Potitus, Lucius
瓦列瑞烏斯，朴柏里烏斯　Valerius Publicola, Publius
瓦列瑞烏斯．科維努斯　Valerius Corvinus Publicola, Marcus
瓦洛瑞，法蘭切斯科　Valori, Francesco
瓦倫提諾公爵　Valentino, Duke
瓦羅，執政官　Varro, Gaius Terentius
甘巴廓愓大人　Gambacorti, Piero, Messer
田帕尼烏斯　Tempanius, Sextus
皮西撻托斯　Pisistratus
皮洛士　Pyrrhus
皮叟　Piso Gaius Calpurnius
皮翁比諾　Piombino
皮斯托亞　Pistoia

六劃

伊利里亞　Lllyria
伊斯梅爾一世　Ismail I
列納圖斯，格奈烏斯．波皮利烏斯　Lenatus, Gnaeus Popilius
列奧尼達斯　Leonidas
列圖斯　Letus Quintus Aelimilius
吉洛拉莫　Riario, Girolamo
吉洛拉莫伯爵　Count Girolamo
安尼烏斯　Annius
安東尼　Antony, Mark
安東尼努斯．卡拉卡拉　Antoninus Caracalla
安東尼烏斯．庇護　Antonius Pius
安東尼烏斯．普萊睦斯　Antonius Primus, Marcus
安庫斯　Ancus
安息人　Parthians
安泰俄斯　Antaeus
安紐河　Anio
安寇納　Ancona
安條克大王　Antiochus the Great
安博　Imbault de la Batte
安提帕特　Antipater
安提柯　Antigonus
安齊奧，安齊奧人　Anzio, Anzianti
托夸圖斯　Torquatus
托勒密十三世　Ptolemy XIII
托斯卡納（＝埃特魯里亞）　Tuscany
朱文納　Juvenal
朱比特．阿蒙　Jupiter Ammon
朱古達　Jugurtha
朱諾　Juno
米努基烏斯　Minucius Esquilinus Augurinus, Lucius
米里庫斯　Milichus

米底亞　Media
米洛尼烏斯　Milonius
米特瑞達泰　Mithridatcs
米藍多拉　Mirandola, Lodovico della
老斯基皮奧　Publius Cornelius Scipio
色薩利　Thessaly
西西里的狄奧多羅斯　Diodorus Siculus
西克斯圖斯四世　Sixtus IV [Francesco della Rovere]
西法可斯　Syphax
西迪基嫩　Sidicinum
西庫翁　Sicyon
西庫翁的阿拉圖斯　Aratus of Sicyon
西塞羅　Cicero, Marcus Tullius

七劃

佛羅倫斯　Florence
伯里克利斯　Pericles
伯羅奔尼撒　Peloponnesus
伯羅奔尼撒戰爭　Peloponnesian War
克里托斯　Clitus Melas
克里阿庫斯　Clearchus
克拉蘇　Crassus, Marcus Lucinius
克勞狄烏斯・尼祿　Claudius Nero, Gaius
克勞狄烏斯・普爾喀　Claudius Pulcher, Publius
利古里亞　Liguria
利奧十世　Leo X
努米西烏斯　Numisius, Lucius
努米底亞　Numidia
努馬　Numa
努馬・龐皮利烏斯　Numa Pompilius
呂底亞　Lydia
呂庫古斯　Lycurgus
坎尼　Cannae
坎帕尼亞　Campania
坎茄派　Cancellieri
希皮雅斯　Hippias
希爾提烏斯　Hirtius, Aulus
希羅多德　Herodotus
李維，提圖斯　Livy, Titus
杜里烏斯，馬庫斯　Duellius, Marcus
汪達爾人　the Vandals
沃西拜底斯　Alcibiades
沃爾西人　Volsci
沃爾泰拉　Volterra
沃爾泰拉，安東尼奧・達　Volterra, Antonio da
狄翁　Dion
狄兜　Dido
狄奧尼修斯　Dionysius
狄奧科列斯　Diocles
貝利薩留　Belisarius
貝洛維蘇　Bellovesus
貝爾納博大人　Bernabo, Messer

貝蘭替，居里奧　Belanti, Giulio
邦若梅，鳩凡尼　Bonromei, Giovanni

八劃

亞里斯托替睦斯　Aristotimus
亞里斯提代斯　Aristides the Just
亞美尼亞　Armenia
亞得里亞海　Adriatic Sea
亞歷山大六世　Alexander VI
亞歷薩梅努斯　Alexamenus
佩努拉　Penula, Marcus Centenius
佩洛皮達斯　Pelopidas
佩修斯　Perseus
佩崔烏斯　Petreius, Marcus
佩提納克斯　Pertinax
佩楚齊，潘多否　Petrucci, Pandolfo
佩瑞尼烏斯　Perennius
佩魯賈　Perugia
屈瑞阿科　Ciriaco del Borgo Sansepolcro
居阿薩瑞斯　Cyaxares
帕皮瑞烏斯　Papirius Cursor, Lucius
帕皮瑞烏斯，司普瑞烏斯　Papirius, Spurius
帕皮瑞烏斯·庫爾索　Papirius Cursor, Lucius
帕里波利斯　Palaepolis
帕奇烏斯，奧維烏斯　Paccius, Ovius
帕庫維烏斯　Pacuvius Calanus
帕齊　Pazzi
帕齊，古列莫·德　Pazzi, Guglielmo de'
帕齊，科西莫·德　Pazzi, Cosimo de'
底比斯　Thebes
庖魯斯　Paulus
庖魯斯·埃米利烏斯　Paulus Aemilius
拉丁姆　Latium
拉古薩　Ragusa
拉韋納　Ravenna
拉維尼烏姆，拉維尼烏姆人　Lavinium, Lavinians
昆提阿努斯　Quintianus, Claudius Pomplianus
昆提烏斯　Quintius Capitolinus Barbatus, Titus
昆提烏斯，提圖斯　Quintius, Titus
昆提烏斯·金金納圖斯，提圖斯　Quintius Cincinnatus, Titus
昆提烏斯·金金納圖斯，魯基烏斯　Quintius Cincinnatus, Lucius
明圖奈　Minturnae
波波婁尼亞　Popolonia
波律比烏斯　Polybius
波斯圖米烏斯，斯普瑞烏斯　Postumius, Spurius
波爾塞納　Porsenna
波撒尼亞斯　Pausanias
法布里基烏斯　Fabricius, Gaius Luscinus
法利希人　Faliscians
法拉瑞斯　Phalaris
法恩扎　Faenza
法畢烏斯，昆圖斯　Fabius Vibulanus, Quintus

法畢烏斯，昆圖斯　Fabius, Quintus
法畢烏斯，馬庫斯　Fabius Vibulanus, Marcus
法畢烏斯・馬克西姆斯　Fabius Maximus Cunctator [the Delayer], Quintus
法畢烏斯・馬克西姆斯，昆圖斯　Fabius Maximus Rullianus, Quintus
法蘭切斯科・馬瑞亞　Francesco Maria
法蘭切斯科・馬瑞亞　Rovere, Francesco Maria della
法蘭西斯一世　Francis [of Angoulême] I
芝諾芬　Xenophon
金布里人　Cimbri
金金納圖斯　Cincinnatus
阿方索一世　Alfonso I d'Este
阿方索二世　Alfonso II
阿比齊，魯卡　Albizzi, Luca di Antonio degli
阿弗拉尼烏斯　Afranius, Lucius
阿皮安諾，亞寇剖一世・德　Appiano, Jacopo I d'
阿皮安諾，亞寇剖四世・德　Appiano. Jacopo IV d'
阿皮烏斯　Appius Claudius Caecus
阿皮烏斯・艾爾多尼烏斯　Appius Erdonius
阿皮烏斯・克勞狄烏斯　Appius Claudius
阿皮烏斯・克勞狄烏斯・克拉蘇　Appius Claudius Crassus
阿皮烏斯・克勞迪烏斯 Appius Claudius
阿皮烏斯・普爾喀　Appius Claudius Pulcher
阿米達　Amida
阿利阿河　Allia
阿拉貢　Aragon
阿波羅尼代斯　Apollonides
阿奎婁尼亞　Aquilonia
阿革斯三世　Agis III
阿革斯四世　Agis IV
阿格西勞斯　Agesilaus
阿格里帕　Agrippa, Furius
阿納迪洛　Agnadello
阿畢多戰役　Arbedo
阿凱阿　Achaean
阿塔陸斯　Attalus
阿瑞佐　Arezzo
阿爾巴　Alba
阿爾巴努湖　Lake Albanus
阿爾代亞　Ardea
阿爾卑斯山　Alps
阿爾維阿諾　Alviano, Bartolommeo d'
阿德里亞　Adria
阿魯基烏斯　Allucius
阿噶托克利斯　Agathocles
阿諾　Arno

九劃

侯貝賀　Robert of Anjou
哈斯竹巴　Hasdrubal
哈德良　Hadrian

十劃

索拉 Sora
索德瑞尼，皮埃羅 Piero Soderini
索德瑞尼，帕戈蘭托尼歐 Pagolantonio Soderini
索德瑞尼，法蘭切斯科 Soderini, Francesco
納比斯 Nabis
納塔里斯 Natalis
翁布里亞 Umbria
貢扎噶，弗蘭切斯科 Gonzaga, Francesco
貢薩瓦 Gonsalvo da Cortona
酒神信徒 Bacchanals
馬丹娜·卡悌瑞娜 Sforza-Riario, Madonna Caterina
馬木路克 Mamelukes
馬可瑞努斯 Macrinus, Marcus Apellius
馬古斯 Magus
馬西里人 Massilians
馬佐科 Marzocco
馬克西米努斯 Maximinus
馬克西米連一世 Maximilian I
馬希安諾，瑞奴齊歐·達 Marciano, Rinuccio da
馬投 Matho
馬辛尼撒 Massinissa
馬里尼亞諾戰役 Marignano, Battle of
馬拉底 Marradi
馬侯梅特二世 Mahomet II
馬姬雅 Marcia
馬庫斯·奧瑞利烏斯 Marcus Aurelius
馬特尼阿努斯 Maternianus, Flavius
馬基烏斯 Marcius Rutulus, Gaius
馬略 Marius, Gaius
馬莫丁人 Mamertines
馬莫庫斯 Mamercus, Manlius Aemilius
馬提阿利斯 Martialis
馬爾凱 Marches
馬薩給提人 Massageti
高盧 Gaul

十一劃

曼尼利烏斯，蓋烏斯 Manilius, Gaius
曼利烏斯，提圖斯 Manlius, Titus
曼利烏斯，魯基烏斯 Manlius Imperiosus, Lucius
曼利烏斯·卡皮托利努斯 Manlius Capitolinus, Marcus
曼利烏斯·托夸圖斯 Manlius Torquatus, Titus
曼圖亞侯爵 marquis of Mantua
曼圖斯 Mentus, Gnaeus Julius
基米納森林 Ciminian forest
基翁 Chion
基凱伊 Circeii
執政團 Signoria
康布雷聯盟 Cambrai, League of
康茂德 Commodus
惕馬席透斯 Timasitheus
敘拉古 Syracuse

十二劃

斯福爾扎，魯多維科　Sforza, Ludovico
斯福爾扎家族　Sforza
斯噴迪烏斯　Spendius
普拉托　Prato
普柏利寇拉　Publicola
普勞提阿努斯　Plautianus, Gaius Fulvius
普萊維嫩　Privernum
普瑞內斯提　Praeneste
普魯塔克　Plutarch
普羅科匹俄斯　Procopius
森普羅尼烏斯　Sempronius
森普羅尼烏斯，朴柏里烏斯　Sempronius, Publius
湯迷瑞絲　Tamyris (=Tomyris)
腓力　Philip
菲洛，朴柏里烏斯　Philo, Quintus Publius
菲洛塔斯　Philotas
菲迪奈　Fidenae
菲索列　Fiesole
費拉拉　Ferrara
費拉拉公爵　duke of Ferrara
費德里科　Federico da Montefeltro
費蘭帖，鞏薩沃　Ferrante [Ternandez de Gorduba], Gonsalvo
隆戈巴第人　Longobards
雅典公爵　Walter de Brienne, Duke of Athens

十三劃

塞米拉米絲　Semiramis
塞克圖斯　Sextus
塞揚努斯　Sejanus, Lucius Aelius
塞替努斯，安尼烏斯　Setinus, Annius Lucius
塞爾吉烏斯　Sergius Fidenas Manlius
塞爾維烏斯，昆圖斯　Servilius Fidenas, Quintus
塞爾維烏斯・圖利烏斯　Servius Tullius
塞維魯斯　Severus, Septimus
塔西陀，科內利烏斯　Tacitus, Cornelius
塔昆・普瑞斯庫斯　Tarquin Priscus
塔昆尼烏斯，塞克圖斯　Tarquinius, Sextus
塔昆尼烏斯，魯基烏斯　Tarquinius, Lucius
塔蘭托　Taranto (=Tarentum)
奧古斯都　Augustus, Gaius Octavius
奧地利公爵　Austria, duke of
奧狄　Oddi
奧提社　Orti Oricellari
奧塔內斯　Ortanes
奧塔基利烏斯　Ottacilius, Titus
新迦太基　New Carthage
新路　Via Nuova
瑞吉盧斯湖　Lake Regillus
瑞多菲，鳩凡巴替斯塔　Ridolfi, Giovambatista
睦給婁　Mugello
聖文千叟　San Vincenzo

聖方濟　Saint Francis
聖多明我　Saint Dominick
聖格列高利　Gregory the Great, Saint
聖焦爾焦樞機主教　San Giorgio, Raffaelo Riario, cardinal of
聖塞西利亞　Santa Cecilia
聖瑞杰洛　Santo Regolo
葛拉庫斯　Gracchus, Tiberius Sempronius
賈內斯　Giannes
賈科米尼，安東尼奧　Giacomini, Antonio
雷古盧斯，馬庫斯　Regulus Attilius [Atilius], Marcus
雷吉姆　Rhegium
雷穆斯　Remus

十四劃

圖拉眞　Trajan
圖盧斯　Tullus Hostilius
嫩　Nun
漢尼拔　Hannibal
漢諾　Hanno
維吉尼烏斯　Virginius Tricostus Esquilinus
維吉尼烏斯　Virginius, Lucius
維吉妮雅　Virginia
維吉爾　Virgil [Publius Vergilius Maro]
維利翠　Velitrae
維帖利兄弟　Vitelli, Paolo and Vitillozo
維拉　Vailà
維特利烏斯　Vitellius
維斯康惕　Visconti
維斯康惕，貝爾納博　Visconti, Bernabo
維斯康惕，菲利波　Visconti, Filippo Maria
維斯康惕，鳩凡尼・噶雷阿佐　Visconti, Giovanni Galeazzo
維愛　Veii
維羅納　Verona
蒙泰塞科　Montesecco, Giovambatista da
赫爾尼基人　the Hernici
齊瑞奴歐拉　Cirignuola

十五劃

德基烏斯，朴柏里烏斯　Decius Mus, Publius, the Elder
歐邁尼斯　Eumenes
潘多否　Pandolfo
潘奇派　Panciatichi
潘諾尼亞　Pannonia
潘薩　Pansa, Gaius Vibius
熱那亞　Genoa
魯卡　Lucca
魯卡納人　Lucanians
魯多維科大人　Ludovico, Signor
魯貝瑞烏斯，朴柏里烏斯　Ruberius, Publius
魯柯瑞替雅　Lucretia
魯姬臘　Lucilla
魯提利烏斯　Rutilius
黎帕里　Lipari

十六劃

噶巴代斯 Gabades
噶雷阿佐，鳩凡 Galeazzo, Giovan
噶爾巴 Galba Servius Sulpitius
激進黨 Arrabbiata, Arrabiati
盧且萊，柯西莫 Rucellai, Cosimo
盧庫盧斯 Lucullus, Lucius Licinius
穆托洛，阿方索・德 Mutolo, Alronso del
穆替安努斯 Mutianus, Gains Lucinius
穆替烏斯・斯凱沃拉 Mutius Scaevola, Gaius
諾切拉 Nocera [Lucera]
諾瓦拉 Novara
諾拉 Nola
錫耶納，錫耶納人 Siena, Sienese
霍拉提烏斯 Horatius Barbatus, Marcus
霍拉提烏斯 Horatius Pulvillus, Lucius
霍拉提烏斯・柯可魯斯 Horatius Coclus
龍科 Ronco

十七劃

戴梅崔俄斯一世 Demetrius I
戴諾可勒惕斯 Deinocrates
謝里姆一世 Selim I

十八劃

歸多巴多 Guidobaldo da Monlefeltro
歸恰迪尼，鳩凡尼 Guicciardini, Giovanni
薩丁尼亞 Sardinia
薩沃納羅拉 Savonarola, Girolamo
薩拉森 Saracen
薩非 the Sophy
薩貢屯 Saguntum
薩替魯斯 Satirus
薩圖尼努斯 Saturninus
薩賓人 Sabines
薩盧斯特 Sallust, Gaius Crispus
薩謨奈 Samnium

十九劃

龐培 Pompey, Gnaeus Pompeius Magnus
羅波安 Rehoboam
羅馬涅 Romagna
羅得 Rhode
羅穆盧斯 Romulus

二十劃

蘇皮提烏斯 Sulpitius
蘇皮提烏斯，格奈烏斯 Sulpitius, Gnaeus
蘇皮提烏斯，蓋烏斯 Sulpitius, Gaius (=Gnaeus Sulpitius)
蘇拉 Sulla, Lucius Cornelius Felix
蘇翠 Sutri (=Sutrium)

二十一劃

蘭帕拿諾 Lampagnano, Giovanni Andrea da

經典名著文庫 097

論李維羅馬史

Discourses on the First Ten Books of Titus Livy

作　　者── 馬基維利（Niccolò Machiavelli）
譯　　者── 呂健忠
發 行 人── 楊榮川
總 經 理── 楊士清
總 編 輯── 楊秀麗
文庫策劃── 楊榮川
主　　編── 陳姿穎
責任編輯── 沈郁馨
封面設計── 姚孝慈
著者繪像── 莊河源
出 版 者── **五南圖書出版股份有限公司**
地　　址── 臺北市大安區 106 和平東路二段 339 號 4 樓
電　　話── 02-27055066（代表號）
傳　　眞── 02-27066100
劃撥帳號── 01068953
戶　　名── 五南圖書出版股份有限公司
網　　址── http://www.wunan.com.tw
電子郵件── wunan@wunan.com.tw
法律顧問── 林勝安律師事務所　林勝安律師
出版日期── 2019 年 9 月二版一刷
定　　價── 500 元

國家圖書館出版品預行編目資料

論李維羅馬史 / 馬基維利 (Niccolò Machiavelli) 著，呂建忠譯. -- 二版. -- 臺北市：五南，2019.09
面；公分
譯自：Discourses on the first ten books of titus Livy
ISBN 978-957-763-550-1（平裝）

1. 民主政治　2. 政治思想　3. 歷史　4. 羅馬帝國

570.9402　　108012221